U0139170

凝煉知識品味閱讀

教學理論與方法

林 進 材 著

國立臺南大學教育系教授

五南圖書出版公司 印行

序

人類自從有教育活動以來，即面臨了「教什麼」與「如何教」的問題。前者需要以堅實的理論作為基礎，從理論的詮釋、實踐與經驗的思索中，累積更多不同的思考和議題，以決定在教育活動中需要將那些素材納入正式的教學活動？那些是教學活動的主體？那些是教學活動所要達成的目標？那些是教學的範圍？等。後者需要以豐厚的方法為基礎，從方法的研擬、驗證與運用中，延伸更多不同的策略和實務，以決定在教學過程中需要運用那些方法？採用那些策略？方法與方法之間如何統整？策略與策略之間如何相互對照？那些經驗可以用來提昇教學效果？等。因此，理論與方法的論證與對話過程，成為提昇教學品質的重要途徑。從理論與方法的論證對話和相互調適中，解決教學所面臨的各種問題，掙脫傳統觀念的束縛，將衝突、矛盾與對立化為融合的源源動力。

教學是一種科學，也是藝術。科學是一種求眞、系統化、組織化、客觀性高的活動，其精神在於自然法則的建立，是可預測性的，透過各種實驗過程，描繪眞理。因而，需要透過理論加以詮釋、理解。藝術是屬於欣賞，理解部分較少，主觀性較強，主體意識較濃厚，目的在追求美，使個體達到賞心悅目。因而，需要透過方法加以融合感性和理性。透過教學理論與方法的結合、理論與實務的印證、傳統與革新的融和，引導更多的思考，摭拾更多的啓發。讓教學者與學習者從雙向互動過程中，得到更多的成長和改變。如此，才是教學活動最終的目的。

本書的內容計分成十二章，第一章教學的基本概念中，分析教學的基本概念、教學的因素、教學是科學還是藝術、有效的教學行為、教學法的舊愛與新歡、對教師有效教學的建議等議題，讓讀者對教學所含涉的範圍有初步的瞭解，同時對新舊教學法的運用有新的認知。

第二章教學的理論基礎中，分析教學的心理學基礎、社會學基礎和哲學的基礎。從教學的理論分析中，瞭解教學行為所涉及的知識論、認識論、本體論、價值觀等議題，才能在教學歷程中，去蕪存菁，透過理論的思考作為改進教學的依據。

第三章和第四章重要教學理論中，探討斯金納、蓋聶、布魯納、赫爾巴特、布魯姆、奧斯貝爾、陶倫斯、羅吉斯、郭爾堡、瑞斯等人的教學理論，從理論的思索、研擬、實驗、驗證、應用、推廣過程中，認識各種教學法的構成。

第五章和第六章傳統教學法中，介紹講述法、觀察法、問題教學法、啓發法、討論法、自學輔導法、社會化教學法、練習法、設計教學法、發表教學法、單元教學法等常用的傳統教學法。讓讀者對傳統教學法的精神有更深入的認識，除了熟悉傳統教學法的實施之外，更涵養學科教學法的運用。

第七章和第八章個別化教學法中，介紹文納特卡計畫、道爾敦計畫、莫禮生的精熟理念、卡羅的學校學習模式、凱勒的學習模式、編序教學法、精熟學習法、個別處方教學、適性教學模式等。讓讀者對教學活動的進行，具備另類思考與作為。尊重學習者的特性與獨立需求，讓學習者在學習中適得其所，完成學習活動。

第九章群性發展教學中，包括群性化教學模式、合作教學法、協同教學法、分組探索教學。讓讀者瞭解教學歷程中，發揮同儕學習的精神，引導學習者相互激勵與協助，透過學習共同體的理念，達到教學目標。

第十章概念與思考教學中，介紹創造思考教學與批判思考教學法。從引導學習者面對生活問題，蒐集相關資料、分析資料，發揮創造思考與批判思考的心理能力，解決周遭的問題，完成學習目標。

第十一章認知發展教學中，包括道德討論教學法、價值澄清法、角色扮演、探究教學法、電腦輔助教學。讓讀者瞭解教學過程中，如何引導學習者的認知發展，瞭解認知發展的特徵，並運用在教學中。

第十二章教學研究篇，探討教學的研究發展及其對師資培育的啓示、自我導向學習理論在教學上的意義、教師效能的研究及其在教學上的應用、迷失概念的研究及其在教學上的應用、有效的班級經營、教師教學效能與班級秩序、從時代的變遷談師生倫理的重建等議題，引導對教學研究的興趣，從關心教學研究問題，到投入教學研究行列，並成爲教學的行動研究者。

本書之完成，從內容的構思，資料的蒐集、整理、歸納、組織、分析、評論，內文的撰寫、交稿、校稿、打字、排版，到全書付梓，計費時年餘。雖然，本書內容力求完備和淺顯，但疏漏之處在所難免，敬祈方家不吝指正。本書之出版，首要感謝引導我進入學術研究領域的碩士論文指導教授李咏吟博士，博士論文指導教授黃光雄博士與簡紅珠博士，由於他們的耐心指導與研究上的啓迪，讓我在學術研究上奠定基礎，不斷地自我鞭策。其次，要感謝五南圖書公司楊發行人榮川慨允出版，以及工作群的費心規劃設計，至爲感紉。此種關照教育的情懷，自爲學術研究者的源源動力。馬丹鳳小姐協助打字及文書處理，王雅玲小姐費心校正使錯誤降至最低，是本書問世的幕後功臣。

最後，最要感謝的是內人林君英老師多年來的付出、等待和爲我所做的一切。十年的相依相偎、相愛相惜、相扶相持，讓我感受到女性溫柔的一面和堅強的毅力。雖然，內人君英於八十七年的教師節圓寂別世，留給我們無限的哀思與不捨，但唯有更堅強與獨立地生活，銜哀完成她生前的遺願，才能回報她多年的付出。我的岳父母，林聰源老師、邱碧霞老師對我視如己出的恩惠，生我劬我的年邁父母的養育之恩，是我一生努力的動力。謹以本書的出版，獻給曾經關懷我、眷顧我的每一個人。

林進材謹識

一九九九年元月

於臺南師院初等教育系

目次

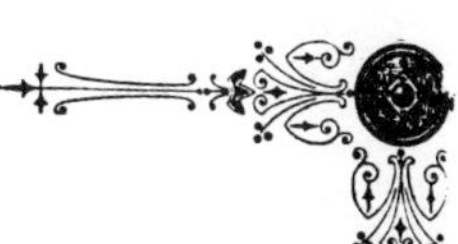

Chapter 1

教學的基本概念

- 教學的意義
- 教學的因素分析
- 教學是科學還是藝術
- 有效的教學行為
- 教學法的舊愛與新歡
- 對教師有效教學的建議
- 邁向教師教學專業成長

教學的意義

壹 教學的意義

「教學」一詞的概念相當模糊，教育學者之間因著眼點不同而見仁見智，莫衷一是。教學雖然是教育工作者耳熟能詳的名詞，但是不容易釐清其意義。Smith 在其主要著作「教學與師範教育國際百科全書」中將教學的定義歸納界定如後（Smith,1987）：

⑴由教學的敘述性定義而論，教學是「知識或技能的傳授」（teaching is imparting knowledge or skill）。

⑵「教學即成功」（teaching as success）。從教與學的相互作用加以定義，有教就有學，無學就無教，教學必有人教，有人學。因此，學習的成功才能算是教學。

⑶「教學是有意的活動」（teaching as intentional activity）。教學指的是從事某項活動，並注意在進行中的活動，透過診斷，並改變個人的行為。

⑷「教學是規範性的行為」（teaching as normative behavior）。

⑸教學的科學性定義應該更明確更複雜。

教學是運用對於人類特性的實徵性知識，以達到有效行為的改變。

從 Smith 對教學的定義及界定中，教學的定義至少應該包含下列三個層面，茲分析討論如下：

一、教學即成功

「教學即成功」意指學習包含在教學裡面。此一論點將教學界定為一項活動，在這項活動中，學習者學習了教師所教導的東西。如果學生沒有學習，則教師沒有教學（黃光雄，民 85 ： 176 ）。這個定義又隱含著教學是「工作—成效」的概念，將教學活動視為歷程與結果的總和。因為就教育理論而言，任何的教學活動都應該遵循著適切的歷程，進而預估適切的成果，如此的教學活動才真正符合教育概念的涵義。

因此，教學活動除了重視歷程，也要重視結果。只有教學工作歷程而沒有學習成果，或是只重視學習成果而忽略歷程，都不能稱之為教學。教學是施教者與受教者進行互動，藉以達到教育目的和理想。教學必備的條件是有教者與受教者，缺少任何一個條件，教學就無法順利的進行，學習目的就無法達成。此外，教學同時指涉著一組繁複的概念或活動歷程（歐陽教，民 77 ： 7 ）。教學是一種多樣態的認知活動或歷程，單一的認知方法或是活動，並不能代表教學的全部歷程，而且較難達到教學的效果。

二、教學是有意的活動

教學是教師有計畫、有組織地指導學生學習的活動。因此，在教學活動中，教師與學生沒有輕重或是從屬之分，教師是教學和學習的指導者，學生是學習和受教者，二者的重要性不分高低或上下。在教學過程中教師依據學生的起點行為與舊經驗，激發學生的學習興趣，指導學生的學習方法，解答他們的疑惑，協助他們解決問題，提供資料，增進技能，並建立正確的學習態度等（高廣孚，民 78 ： 7 ）。學生方面，則專心地學習，聆聽講解、說明和解釋，參與課堂活動，主動地發明、質疑並悉心的練習自動自發以解決問題。

從以上的說明，可以瞭解成功的教學是從事某種活動，而且專注於正在進行的事情，診斷並改變個人的行為。教學是一種有意的行為，其目的在引導學習活動的進行，以達到既定的目標。

三、教學是規範行爲

教學的規範性意義要求教學的活動必須要符合特定的倫理規範或條件。也就是認為教學必須符合教育的認知性、價值性及自願性等規準，否則不能稱之為教育性的教學。以此規準而言，「訓練」(training)、「施教」(instructing)、「灌輸」(indoctrinating)、「制約」(conditioning)、「宣傳」(propagandizing) 和「恐嚇」(intimidation) 等幾個概念是否屬於教學行為，則需要加以釐清界定。一般從事教學研究者認為訓練和施教包含在教學的範疇中，至於制約和灌輸等概念是否屬於教學的概念，則尚未有定論，見仁見智。

綜合以上的討論及學者對教學所下的定義，可瞭解教學是指在他人身上產生學習的行動。倘若以綜合的方式加以說明教學的意義如下：

⑴甲和乙相遇（通常是在面對面的情況之下）；

⑵剛剛相遇時，甲會某些乙不會的東西（丙）；

⑶甲有意協助乙學習丙；

⑷甲設法設計或安排良好的教學過程，以促進乙學習丙；

⑸甲以符合規範性的方式將丙傳授給乙；

⑹甲的教學活動是否成功，必須看乙學習的結果如何，亦即為乙學會丙的程度。

從以上對教學所下的定義，其中包含教育性與非教育性的概念，此即為學者倡導「教學為一價值中立活動」的源由。其實，教學的範圍是相當廣泛的，其內涵包括知識、經驗、技能之外，更及於品格陶冶、理想的培育、情操的啟發、道德的訓練等活動。

貳 教學與其他相關的活動

教學的範圍相當地廣泛，對教學的定義相對地就難以明確規範之。因此，與教學相關的概念常被混淆，莫衷一是。教育領域中和教學相關的活動，通常包括施教、訓練、灌輸與制約等四個概念。茲詳述如下：

一、教學與施教

Green(1971) 在其「教學模式」中將教學與其他概念之間的關係以下圖表示：

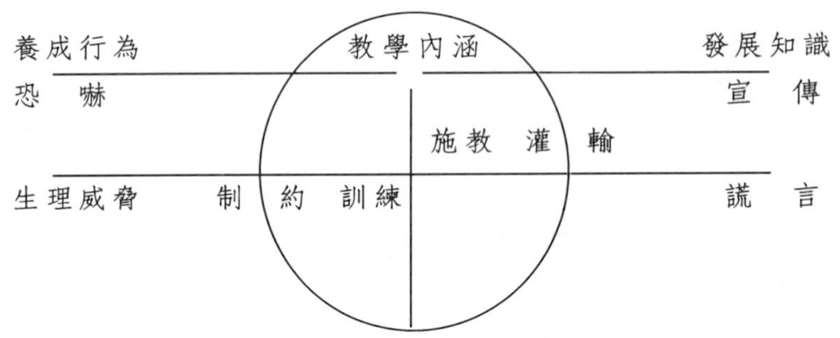

圖 1-1 教學模式圖（Green,1971）

教學與施教一詞，表面上看來意義相近。然而，依據 Green 的概念分析圖中，教學所指涉的範圍較廣。其內涵包括施教、訓練、灌輸和制約。一切的施教均可稱之為教學，但一切的教學不能稱之為施教。

二、教學與訓練

教學和訓練是兩個不同的概念。訓練通常較偏重於方法和技術的指導和練習，因而較屬於教導例行性工作的狀況。例如在教導某人一種技能，需要發展學習者的能力，以反應偶發的情況，瞭解他的所做所為，以及在訓練技能的時候如何需要用心和反省（黃光雄，民 85 ： 180 ）。訓練與教學常被視之為同義字，殊不知，訓練可稱之為教學，但教學並非等同於訓練。

三、教學與灌輸

教學與灌輸兩個概念依據分析學家的論點，其意義不甚相同。灌輸一詞通常可從方法、內容和意圖三方面和教學的定義加以區隔（高廣孚，民 78 ；黃光雄，民 85 ； Snook,1972 ）：

從「方法」而言，教學是教師採用民主方式，允許學習者發問，並充分說明所表達的概念、知識和內容。灌輸的特徵是教師採專斷獨裁，不允許學習者提出疑問或討論，要求學生將教師所表達的概念、知識和內容反覆練習或熟背，而不加以說明來龍去脈，並且以恫嚇方式要求學生配合。例如，國中數學教師在教「畢氏定理」這個概念時，將公式的來龍去脈詳加解釋讓學生理解，則為「教學」；如果只一味要求學生將公式背起來，否則施以懲罰，則為「灌輸」。

從「內容」而言，教師所教導的內容如果是一些經過證實的信念，且符合某種程度的規準就稱之為教學。如果所教導的內容是一些未經證實且為人民口耳相傳的信念，而強將此種信念視為真實的知識，要求學生學習，就稱之為「灌輸」。例如：「男主外、女主內」；或是「圓形的直徑是半徑的三倍」等等。

從「意圖」而言，教師如果將一些與自己體驗，或是誤以為真的錯誤認知，有意或無意地傳輸給學生就稱之為灌輸。反之，即可視之為教學。例如，教師教導「女人是禍水」、「男人沒有一個好東西」等概念，即為不當的灌輸。

由以上三方面的分析討論，教學和灌輸顯然有所不同，教學是要使學生徹底的瞭解，在教材的邏輯和意義上不斷的研究修訂，以訓練學生富有挑戰性；而灌輸的方法和教材只是一味要求盲信盲從，不許學生發問、探求事由（王培光，民 83 ： 357 ）。

四、教學與制約

教學與制約最大的差異在於智慧的表現上不同。通常制約在表現智慧上的成份較少，教學則全部集中在智慧的開展之上。如果教學過程中智慧的陶冶逐漸減少，教學將變成制約或訓練。在訓練或制約的過程中，智慧的陶冶如果隨著遞增，則逐漸形成正式的教學活動。

參 教學的規準

英國教育學者 Peterson 指出教育活動必須符合三項規準 (criteria) ：合認知性 (cognitiveness) 、合價值性 (worthwhileness) 、合自願性 (voluntariness) 等。茲分別詳述如下 (Peters,1966 ： 58) ：

一、教學的合認知性

教學的合認知性規準是奠定在知識論或認識論的基礎之上，從哲學的論點而言，知識論或認識論的主要目的在於尋求真理，鑽研知識生成的真實性。因而，教學的合認知性，主要用意在於規範教學時，求真的嚴謹態度。在教學過程中，所有的「教」與「學」成份，皆合乎認知的本質，才符合教學的規準。

二、教學的合價值性

教學的合價值性規準是奠定在倫理學、道德哲學與美學的基礎之上。教育工作應該界定在「價值中立」或「價值涉入」層面，學者的討論正反皆有。相對的，怎樣的教學才合乎價值性，目前尚無定論。一般而言，合價值性的教學就是「教善」（高廣孚，民 78 ： 26 ）。

三、教學的合自願性

教學的合自願性規準是奠定在心理學的理論基礎之上。例如，從發展心理學的論點，主張人類身心發展歷程，是循序漸進而無法踰越等級的。因而，教學過程中，施教者對學習者的身心發展狀態應該具備相當程度的瞭解。依據學習心理學與認知心理學的觀點，施予學習者適時、適性的指導，不可過於苛求或是揠苗助長，違背身心發展的原理原則，使學習者能自動自發的求知，避免淪為被動的灌輸或洗腦。

除了上述 Peters 所提出的三個規準之外，教學也應考量效率性 (efficienciness) 和精緻性 (exquisite) 的問題。教學的合效率性規準是以往教學活動中被忽略或是避之不談的議題。教育學者總認為教育是一項十年樹木、百年樹人的任務，教育工作更不可能立竿見影、一步一腳印，今日做明日馬上就收到效果，更遑論效率問題。教學的合效率性規準是植基於經濟學上求效率的理論之上。希望學校的教學除了講求認知性、價值性、自願性外，也要重視效率上的問題。教師在設計或規劃教學活動時，要能針對主題、內容，作經濟效益上的考量。講求效率，以達到「最小的投資、最大的效益」目標，使教學活動得以提昇效能。其次，教學需要達到「高附加價值」的訴求，過程與結果兼重，理論與實際相結合，國際觀與本土化相互調適融合，質與量相互均衡，以達到「精緻化」的效應。

第二節 教學的因素分析

教學是教育活動的核心。教學往往被視之為意圖引發學生的種種活動，且必須具有導致學生學習成就的實用價值（簡紅珠，民 81 ： 1 ）。因而，成功的教學所牽涉的因素除了學校、班級目標、課程、教法、教學環境等因素，重要的是在此過程中能否有效地在事前分析這些因素，並且瞭解各種因素對教學可能帶來的正、反面影響。

一般而言，構成教學活動的因素可分成靜態和動態因素兩類（高廣孚，民 78 ： 29 ）。動態的因素方面包括教學者與學習者；靜態因素則包括目標、課程、方法、環境等項目。本節中將教學的因素粗分成個人屬性、經驗屬性和環境屬性三方面加以論述：

壹 個人屬性

通常論及個人屬性不外包括性別、服務年資、人格特質、過去受教經驗等方面。

一、性別

來自於教師性別上的差異，是否會影響教師的教學活動，一直是中外學者相當關心的議題。例如： Dunkin(1987) 研究教師的性別在教學上的意義，發現男教師比女教師在教學過程中較具有決斷力，班級的教學顯得較有組織，學生的秩序較好，教學活動是由教師主控。女教師比男教師較能容忍學生的反社會行為，班級教學較溫暖、接納學生具有同理心。其次，男教師在教學過程中，學生較少有機會提出問題或是發表意見。在班級中，不常稱讚學生，學生不會或不回答的問題，缺乏耐心及引導工夫。男教師在班級教學中，比女教師有組織並且偏重功課導向的教學。女教師的班級教學較會呵護學生，對學生較溫暖及接納的胸襟，對學生的相反意見較具有包容力和容忍度。

此外，教師教學計畫信念方面的研究指出，國小女教師的教學計畫信念，顯然高於男教師（林進材，民 86 ）。性別的差異對教師的教學產生品質上的問題。顯然的，性別上的差異支配教學活動的發展方向。

二、服務年資

教育界流行一句名言：「年輕一定有為，資深一定優良」。傳統的觀念認為只要年輕就可率性而為，也願意為。資深者在累積多年的教學經驗之後，形塑自己的教學風格 (style) ，擁有豐富的經驗與乙套屬於自己的教學理論，此種理論是巔撲不滅的道理，只要教學者具備某種程度的年資，就不會出差錯和出紕漏，資深一定優良。 Barne 研究教師的年齡、服務年資、教學型態與教學效能之間的關係指出，教師隨著年齡與服務年資的增長，其教學效能「每況愈下」。其次，在面對教學方式的革新問題時，新手教師偏向嘗試新穎的教學方式，也較能接受變革的事實。相形之下，年資較深的教師可塑性較低，面對改革問題，偏向採取冷漠的態度。此種情形，或許是資淺教師缺乏實際教學經驗，在理論尚未成熟之前，比較敢於去嘗試和改變，而資深教師在教學多年後，形塑經驗和個人見解而形成個人獨特的教學理論。林進材（民 86 ）研究國民小學教師教學思考指出，年資較深教師無論在教學計畫實務或信念方面，分數顯然高於其他教師。因而，資深教師的經驗傳承是一項相當重要的工作。

三、人格特質

一般而言，人格特質包括個體的所思、所感、所言、所行等方面的趨向。依據研究，性別、年齡、經驗、價值觀、態度、興趣、需求和焦慮等對人格特質產生正負面的影響，並進而影響教學方式。

四、過去受教經驗

教師教學方式的形成，受到以往本身求學時代的受教經驗影響很大(Feman-Nemser,1983)。Lortie(1975)研究教師的社會化指出，從小在教室與教師數千小時的接觸中，每個人已將教學模式內化成為心理的一部分，等到正式任教時，過去的潛在文化(latent culture)即開始發生作用，影響此人對教師角色及行為的觀念，教師在從事教學決定時，受到早年學習經驗的影響。在教學中常引用以往受教老師上課中所舉的例子或故事，以往求學過程的舊經驗、實例經常出現在思考中，成為教師的教學參考架構，影響所做的決定（林進材，民 86）。Cruishank, Bainer, Metcalf (1995)指出，教師會循著以往受教的方式來教育學生(we teach as we taught)。換言之，教師的教學方式，大部分是模仿過去受教時老師的教學方式，或是援引以往老師所使用的例子，這也是研究教師社會化過程(teacher socialization)的學者關心的議題。此外，過去受教經驗影響教師對教學所持的信念或觀點，此種信念與觀點又影響教師的教學行為。

五、教師情緒

情緒是人類行為中複雜的一面，也是人類生活中重要的一環。人的情緒常常影響一個人的行為與決定。教師在教學過程中，經常因情緒因素而影響教學活動的進行。教學決定容易受到情緒狀態的影響。教學前的教學計畫、教學互動中的思考與決定、教學後的反省思考評鑑等活動受到情緒因素所左右。例如，在教學中，隨著個人的情緒起伏而改變教學計畫或教學策略（林進材，民 86）。

貳 經驗屬性

經驗屬性包括教與學經驗、教學信念、學科知識、學科教學知識等方面。

一、教與學經驗

影響教師教學過程中的教與學經驗包括早年學習經驗、教學經驗、生活經驗與參加研習經驗。早年學習經驗方面，在從事教學決定時，經常出現以往的舊經驗、實例等。在教學經驗方面，教師不管在教學前、教學中、教學後，以往的教學經驗在腦中不斷浮現，成為教學決定的參照，影響教學決定的形成。在教學計畫階段，教師經常將教學活動與以往的經驗相互對照，形成各種決定。例如預測學生可能的反應，對那些主題較有興趣，有那些舊經驗等。在互動教學時，教師偏向採用以往的教學經驗進行教學活動。依據以往的教學經驗作為評鑑教學的參考（林進材，民 86 ）。

在生活經驗方面，教學過程中教師經常將生活經驗帶到課堂中。為了讓教學更生動活潑，教學概念表達得更清楚，常以生活經驗作為教學素材。此外，參加各種研習活動，不僅讓教師充實一些本職學能，同時也讓教師從研習中得到一些新的啟發與教學經驗。

二、教學觀點

教師本身所持的教學觀點，影響教學活動的進行。例如，將教學視之為以教師為主體，重視知識、情意、技能等層面，在教學中偏向於準備各種補充資料，希望讓學生從學習中得到基本知識、培養基本技能，並注重情意上的陶冶。如果認為教學是一種經驗的分析，重視講解方式的教學，在教學中偏向以講解方式進行教學，並以各種生活經驗作為分析題材。認為教師應該從教學中自我成長者，在教學時遇到各種抽象概念或是本身不是很熟的概念時，會從各種參考資料中尋求解答（林進材，民 86 ）。

三、教學信念

教學信念是教師在教學歷程中，對於歷程中所有的相關因素及變項所持有且信以為真的觀點。這些觀點是由個人所持有各種信念單位組織而成的系統。內涵包括對自我概念、課程發展、教材教法、教學理論、教學方法、教學活動、學習活動等方面的信念。而教學信念會影響教師本身對教學的評估、知覺、計畫，並且決定教學活動的進行。教學信念有助於教師在實際教學中界定教學任務、選擇教學策略、運用實務知識與處理教學問題。

在教學任務的界定方面，教師在教學過程中習於用屬於自身所擁有的信念去詮釋環境、解釋新的訊息，並依此決定適當的作法；在教學策略的選擇方面，教師以往當學生的經驗中對教學概念已存有深刻的意象，此種意象影響未來教學時對課程與班級實務方面的闡釋，並且支配教師如何將本身的知識轉化並適當地使用 (Calderhead & Robson,1991) 。在教師實務知識的運用方面，教師實務知識的建立是教師在複雜的教學工作脈絡中，配合其專業教育及生活經驗，經過各種反省與思考，所鎔鑄出來的知識體系。教師在實際教學進行中，必須不斷地運用實務知識進行一連串的教學思考與決定。在教學問題的處理方面，教師在教室現場中，面對各種複雜多變的教學問題，必須作立即而迅速有效的判斷與決定。教學信念有助於教師因應外界瞬息多變的事件。協助教師在不確定與多變的班級情境中，主動將外在事件意義化，形成判斷的因素，並作成立即而正確的決定。

四、學科內容知識

學科內容知識是教師對所任教的教材內容、知識結構、事實與概念形成和演變，必須有充分的瞭解與認識。Shulamn(1987) 將教師的知識基礎分成學科內容知識、其他學科知識、課程有關知識、學習者的各項特質及學習活動過程的知識、教師周遭環境知識、教學目標知識、教師自我知識等。其中學科內容知識指的是教學活動中所包含的知識內容。教師的主要任務之一是協助學生學習學科知識的內容。學科內容知識有助於教師在教學中瞭解各學科的概念，如對學科的認識與理解、教材組織與內容結構、學科的特性等。教師的學科內容知識越為豐富，就不會照本宣科、按圖索驥，只將教科書視為聖經，將內容的事實與概念未加思考就傳達給學生，還能將其中的原理原則加以解釋說明，讓學生瞭解學習的意義何在？概念與概念之間，原理與原則之間的邏輯架構和關聯性何在？如此才能有效地將形式課程轉化為實質課程。

此外，學科內容知識越豐富的教師，懂得兼顧學科內外的知識，兼顧理論的內涵和實際層面的應用。因而，對自己的教學活動具備相當的信心，能靈活地運用各種有效的教學策略，發揮各種教學法的特色，落實教學活動。

五、學科教學法知識

學科教學法知識是從事各科教學時所需要的專門教學法。例如社會科教材教法、社會科教學概念、社會科知識的獲得等。學科教學法知識通常是融合教材內容、學科知識、教學方法與策略的知識。教師在教學中，具備豐富的學科教學法知識，才能理解教材內容、教學方法與教學對象之間的關係。透過學科教學法知識讓教師具備教學過程中使用的範例、演示、解釋、譬喻、類比等形式。

參 環境屬性

教學的環境屬性因素包括學習者的特性、班級規模、教學資源、教學時間、教學目標、時代特性等層面。茲分述如後：

一、學習者特性

學習者的特性對教學活動產生相當大的影響。學習者特性通常包括學籍資料、個人與社會特質、特殊的學習特性、學習型態等方面。在學籍資料方面，包括學習者以往的學習成就、測驗結果、教師的建議等；在個人與社會特性方面，包括動機、態度、期望水準、經驗、特殊才能與表現等；在特殊的學習特性方面，包括文化不利兒童、少數族群等；在學習型態方面，包括學習情境、認知學習型態與生理功能等方面（林進材，民86）。教師在教學前對學習者的特性應該要有深入的瞭解，充分地掌握，才能有效設計教學，並展開自己的教學活動。

二、班級規模

班級規模包括班級人數的多寡與教室空間的大小。班級人數的多少通常會影響教師教學情緒、教學方法與策略的採用。例如學生人數多的班級，教師偏向採用傳統的講述法為主。學生人數較少的班級，則教師偏向採用個別化教學或分組教學法。教室空間的大小，通常會影響教師的教學品質。空間較寬敞的教室，教師與學生擁有更多自主與充裕的空間，空間的運用較自由，教學方式與策略的運用較具彈性。空間擁擠的教室，教師與學生使用的空間有限，教學活動的進行容易受阻礙，各方面的選擇性較低。

三、教學資源

有效的教學活動與學習活動通常需要運用相當的教學資源。教學資源的運用有助於教學進行中引發學習動機，使學習者獲得有意義的學習經驗，並協助補充解說教學內容及提供學習者個人能力表現的自我評估。教師在教學前蒐集與教學有關的資源，並融入教學活動中，可使教學更具彈性化，更適應個別差異。一般而言，教學資源泛指教師用來作為輔助教學活動進行的各種實物、非放映性教材（如圖書、圖解、圖表、相片）、錄音器材、教學媒體等各種設備。

四、時間因素

教師在從事教學時必須掌握時間的要素，瞭解多少時間做多少事。時間的變化與消逝使教師瞭解教學活動進行的情形；改變時間控制時間也改變並支配行動，創新教學可以由時間的更新安排與控制入手（林生傳，民79：79）。

五、教學目標

教學目標是教學活動的前導指引方針，使教師對教學內容與程序有更清楚的瞭解，是教師選擇教學活動及組織教學資源的依據，可用來研擬評鑑學生的方法。唯有教師瞭解教學目標，教師才知道該教些什麼？並且依此衡量教學成果。一般而言，教學目標應包含下列五項要素：(1)「誰」要完成這項合宜的行為；(2)用來證實熟達目標的「實際行為」；(3)用來評鑑以確定目標是否熟達的行為「結果」；(4)完成行為的「有關條件」；(5)用來評鑑結果或行為表現成功的「標準」等（黃光雄，民77：83）。教學目標又可分為三個領域：一是認知的領域（cognitive domain）——知識；

二是情意的領域 (affective domain) ——態度；三是技能領域 (psychomotor domain) ——技巧。而一套良好的教學目標至少應符合明確性、可行性、周延性等要件與效標（黃炳煌，民 76 ： 189 ）。

六、時代特性

時代特性影響教師的教學行為。例如：一九七〇年代，美國中小學受到國際經濟和政治競爭的影響，中小學教育發展強調教學的績效責任 (accountability) ，發展以系統化教學設計，提昇學習者的成就和表現，促成了能力本位教學 (performance based instruction) 及精熟教學 (mastery teaching) 的趨勢。國內自新課程標準修訂以來，有鑑於以往強調世界觀的課程發展，造成學生忽視對鄉土的熱愛與人文的關懷，因而加入「鄉土教學活動」，使學生對周遭的生活環境更加重視，期望發展出愛護鄉土的情懷。

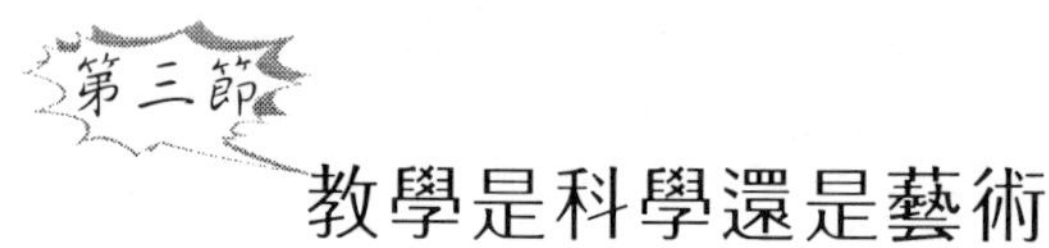

第三節 教學是科學還是藝術

教學是一種科學？或是藝術？是鑽研教學者感到相當興趣的問題。要瞭解教學究竟是屬於科學還是藝術，首先應解析科學與藝術的基本意義及其內涵。藝術基本上是一種屬於創作的活動，其目的在追求美，在使個體達到賞心悅目，有賴於直覺與靈感，所要達到的境界相當地難以預測（林生傳，民 79 ： 29 ）。藝術，是客觀社會生活在藝術家頭腦中反映的產物。因而，藝術自由心證的成分居多，是難以加以描述、預測的，也難以詮釋理解。藝術是屬於欣賞，而理解部份較少，主觀性較強，主體意識較濃厚。教學如果純粹從單一層面來看，自不應屬於藝術。因為教學有其意向性、有其規準，它是具體明確的，可以被詮釋、被理解的。然從多層面而言，教學當然是藝術，透過追求知識途徑，融和感性與理解，化不可能為可能。

科學是指有系統、組織的學科而言，注重實證的精神。科學是一種追求真、系統化、組織化、客觀性高，以預測與控制的活動。因而，科學的精神在於自然法則的建立，實事求是，一分證據說一分話，它是可預測性的，透過各種實驗過程，描繪真理、公式，預測經由何種過程，可形成何種結果。教學活動理應具備可預測性，透過各種教學計畫作業，規劃教學活動，並付諸實現，透過評鑑可理解教學目標達到的程度。教學從某個層面而言，當然得符合科學應具備的條件，不能僅憑自由心證，依靈感而發，如此就會變成捕風捉影。

再則，教學雖然有其可預測性，透過預測與控制，可預期其成效。然而，教學是一種複合的概念 (a complex concept) ，而非單一的概念 (simple concept) 。它同時指涉著一組繁複的概念或活動歷程。既然教學是一種繁複的歷程，那麼教學問題大半都是在此種複雜而無法事先預測的情境之下發生。教學既然是在無法精確預測與控制的情境中進行，其變項相當複雜，變項之間的交互作用難以完全瞭解。因此，教學活動有其可預知與無法預知的層面。

Gage(1978) 在其著作《教學藝術之科學基礎》 (The scientific basis of the art of teaching) 一書中指出，教學活動的最高境界是達到藝術之境，但必須以堅實的科學為基礎，而真正想瞭解教學的意義或成功地從事教學者必須精研教學之科學。從 Gage 對教學的詮釋與理解，可以清楚地釐清教學是科學，同時也是藝術。從教學過程而論，教學需要以科學精神與方法為基礎透過科學的求真、求實、系統化、組織化及客觀性的精神作為教學活動的理論基礎，經由科學新知與研究精神，使教學達到求善、求美的藝術之境。

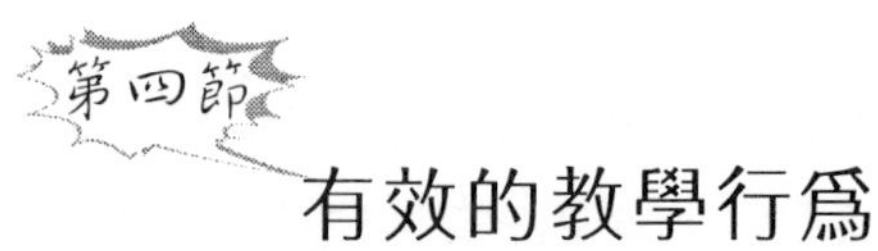

第四節 有效的教學行爲

教學活動是一種「教」與「學」雙向回饋的歷程，所涉及的因素相當繁複。欲期教學順利進行，展現有效的教學行為，必須掌握與教學有關的各種因素，強化各種有利教學的因素，降低其他不利於教學的因素，才能達到預期的目標。教師在教學時，必須運用科學的方法使教學目標清晰、熟悉教學內容、研擬有效學習策略、瞭解學習者的身心狀態、起點行為、先前概念，提出認知與反省策略，追蹤理解狀況等；透過藝術的鑑賞提昇學習目標（如情意目標）、發揮情感陶冶作用等增進教學效能。所以有效的教學行為是一種科學，同時也是一種藝術。教師如欲使教學行為達到有效，必須掌握下列各要素：

一、清楚地界定教學目標

教學目標是課程與教學的重心所在，引導教師作教學決策的方向。教學目標的界定影響教學內容和策略的選擇、教學方法、教學材料的使用，同時也提供教學成果的評鑑標準和程序。因此，教師在教學時必須清楚地界定教學目標，讓學習者清楚地瞭解所要達到的目標何在？教學活動中的任何策略、方法、活動、資源、教具悉以教學目標為依歸。如此，教學活動不致於產生偏頗或與預定的目標相去甚遠，使教學效果打折扣。

二、熟悉教學內容和策略

教師在教學中所扮演的主要角色是將「形式課程」轉化成為「實質課程」。換言之，即運用各種策略、語言、符號、例子等將教學內容轉化成為學習者可以理解的形式。在課程轉化過程中，教師以其所持的「專門知識」和「專業知識」為基礎，將理論和實務有效地結合起來。因而，教師必須對教學內容和策略具有相當程度的熟悉，才能揉和「專門知識」和「專業知識」，將課程具體地表徵出來，作有效的轉化。

三、具備有效教學溝通能力

教學溝通能力影響教師教學品質及教學成效。教學溝通能力強的教師，懂得運用各種符號、形式，將自身的意念有效地傳達給學習者，和學習者之間容易產生「互為主體性」，也容易達成共識。教學溝通能力弱的教師和學習者之間常因溝通不良而產生各種障礙，影響教學品質，降低教學成效。因此，教師應不斷地汲取新知，充實專業知能，強化教學溝通能力，方有助於展現有效能的教學行為。

四、善用教材、充實教學內容

教學內容的掌握有助於教師清楚地表徵課程，順利進行教學活動。教材的運用有助於教師將抽象的教學內容具體化，以利於學生學習。教師在教學前應該蒐集各種教學材料，將教學材料作有效的整理、歸類、分析、統整，善用已有的教學材料，作為教學的輔助，使教學更生動、具體、活潑。其次，教師應該利用時間充實教學內容，擴充學習經驗層面，使學習者從各種活動中吸收更多的概念和事實。教師在教學內容的澄清技巧上需要多加模擬，萃取有效的策略和方法，建立屬於自己的教學理論。

五、瞭解學習者的特質

學習者是教學的主體。再好、再精彩的教學也要學習者能夠接受，教學活動才會產生意義。如果教是一回事，學又是一回事，教學活動就會失去意義，忽略本質。有效能的教師在教學中，瞭解學生的身心特質、先前經驗、起點行為、學習動機等，襄機調整教學活動來滿足學生之需求，不斷地修正預定的教學計畫，以符合學習者在學習過程中的「動態需求」。教師除了預定的教學計畫之外，也應準備各種「備選方案」，作為教學活動進行時的因應。其次，教師也應透過各種途徑，預先瞭解學習者的先前經驗，可能存在著那些「迷思概念」，對教學足以產生不利的影響，將不利學習的內、外在因素降低，才能提高學習效率。

六、擬定認知反省策略

教學的最終目的是讓學生從學習中學到既定的課程內容。教師運用各種有效的教學策略，輔以各種教材，使學習者達到精熟狀態，完成預期的教學目標。教學包含教師的教學活動之外，同時涵蓋學生的學習活動。因而，學生能否有效學到預定的課程內容，成為教師教學效能的重要指標。有效能的教師除了擅於展現教學行為之外，同時也教導學生認知反省策略，提供讓學生精熟課程內容的各種機會。

七、兼重高、低層次的目標

教學目標的界定使教師對教學內容與程序有更清楚的瞭解，同時是教師選擇教學活動及組織教學資源的依據，並用來研擬評鑑學生的方法。有效能的教師在教學中，除了清楚地界定各種目標之外，兼重高、低層次的目標，以低層次目標為基礎循序漸進，分析目標與目標之間的邏輯關係和關聯，以實現低層次目標為實現高層次目標的起始，使高、低層次目標均能在教學活動中同時達到。

八、評鑑學習者的理解以作爲適時的回饋

學習者的理解是決定教學活動成敗的關鍵因素。有效能的教師教學是師生之間在短期間即建立共識，產生共鳴現象以強化教學的雙向回饋作用。因此，教師在教學中必須不斷透過各種評鑑活動，瞭解學習者對課程與教學的理解狀態和程度，作為教學活動的修正和回饋。如果學習者的理解狀況佳，則教師可確認教學進行順利，可以隨時轉換下一個活動。否則，教師必須從學習者的理解情形中，立即決定是否中斷教學，或是採用另一「備選方案」，以適時修正教師的教學活動。

九、評鑑學習結果以形成新的教學計畫

教學評量的作用是教師在教學活動之前，先衡量學生的起點行為，而後配合教學目標，依據學習者的需求，提供各種學習活動，學習活動結束後，再加以評量學習成果，以作為適時修正教學目標並改進教學活動以其使用的教材教法。因此，教師從評量學習者的學習結果中，瞭解教學活動的實施成效。透過學習結果的評鑑活動，讓教師瞭解教學的優、缺點及需要改進的地方，進而形成新的教學計畫。

十、反省思考自己的教學活動

反省思考是教師教學成長的主要核心，教師必須具備反省、評鑑自己教學的能力。有效能的教師在教學結束後會反省自己的教學和學習者的反應，並以此作為檢討教學得失並修正實際教學活動的依據。教師在教學反省思考過程中，必須以先前經驗為基礎，對照實際的教學活動，檢討那些地方未處理好？那些概念需要再舉例加以說明？學習者的那些常規或反應必須加以釐清？……等。從反省思考自己的教學活動中，讓教師修正「所

持理論」與「使用中理論」，使教學理念更清楚、更具體。

教學大半都是在無法精確預測與控制的情境中進行，變項之間的交互作用難以完全瞭解。教師在教學前、中、後應該發揮專業知能，有效地掌握各種影響教學的因素，強化有利於教學的因素，減少不利於教學因素的影響。在教學活動中清楚地界定教學目標、熟悉教學內容和策略、具備有效教學溝通能力、善用教材、充實教學內容、瞭解學習者的特質、擬定認知反省策略、兼重高、低層次的目標、評鑑學習者的理解以作為適時的回饋、評鑑學習結果以形成新的教學計畫，反省思考自己的教學活動才能使教學更有效率，學習者的學習成效更佳。

〔本文載於師友月刊三七〇期〕

第五節 教學法的舊愛與新歡——論傳統式與開放式教學

壹 前言

近年來，由於「教育改革」與「開放教育」的呼聲甚囂，儼然成為教育上一股不可抵擋的潮流。過去，我們視之為懷中瑰寶的傳統教育理論，受到相當程度的挑戰與質疑，傳統就是守舊、迂腐、落後的指責似乎被視為理所當然。傳統式教學已然失去長久以來主導教學活動的優位性，其正當性與正確性在改革的浪潮中逐漸褪去。新的教學法取代傳統教學法的主導地位，藉助理論導引教學的實踐、協助教學疑難問題的解答，給學習者更多來自人文方面的關懷。然而，傳統教學法與開放式教學法應該透過各種對話、理論驗證與相互調適，使教學活動結合理論、詮釋與實踐，以建立教學專業的新風貌。

貳 傳統式教學與開放式教學的比較

傳統式教學與開放式教學在理論依據、學習主體、教材選擇、教法運用、教學重點、學習環境、學習氣氛、教學方式、教學過程、學習評量方面都有其不同的形貌，教學者應該深入瞭解其特色與差異，以作為教學活動設計的考量。

一、理論依據

傳統式教學的理論是以成人本位的教育理念，即精粹主義的哲學思想。精粹主義強調課程的重要性，重視理論與概念方面的訓練，並主張教育的動力是靠老師而非學生自己。開放式教學的理論是以學生本位的教育理念，即進步主義的哲學思想。進步主義反對傳統教育過於形式化、嚴格訓練、被動學習以及沒有任何理由的練習。進步主義強調教育就是生活本身而非未來生活的準備，學習必須直接與學生的興趣有關，教師的任務不是指導學生，而是學生學習上的顧問。學校教育應該鼓勵學習者相互合作，而非競爭的觀念與行為。

二、學習主體

傳統式教學的學習主體為學校教師或父母，學生處於被動的地位。對於學習主題、內容、概念與原理原則，沒有選擇的權利，只有被動的吸收，學習方面的決定權在於成人，學習者的能力、興趣容易被忽略。開放式教學的學習主體為學生，學生處於主動的地位，有權利選擇屬於自己的學習主題、內容、概念與原理原則，學習的選擇權在於學生，教學的考量完全以學習者為主，學習者容易從教學中得到自我實現。

三、教材選擇

傳統式的教學在教材選擇方面較強調「分科」的學習，科目與科目之間無法有效統整，達到上下聯貫、左右聯繫的效果。教材選擇是由成人預先針對學習者的特性、學校教育需求及各方面的考量設計而成。由成人預先設計的教學容易忽略學習者的特性（如興趣、學習經驗、起點行為、身心發展狀況等），同時也無法符應快速的時代變遷，掌握整個社會的脈動。開放式的教學在教材選擇方面較強調「合科」的精神，科目與科目之間得以相互統整。教材是由學生針對自身的興趣與需求作適性地選擇。因此，教師的教學準備摒除以往由教師一人準備的傳統，轉而由教師、學生與家長共同準備。

四、教法運用

傳統式的教學將教師視為教學的動力，認為學生需要教師的指導與控制才能熟悉學科的邏輯組織，吸收學科知識的菁華。因此，在教學方面以灌輸記憶為主，兒童只能被動地學習。教學是屬於由教師扮演獨腳戲，一言堂的教學型態。開放式教學主張兒童完整教育的概念，學習過程主要由兒童決定，認為知識是一種解決生活問題的能力，增進重建經驗的能力。既然是一種解決生活問題的能力，學習就必須與學生的興趣有直接關係。因此，教學必須放棄以往灌輸記憶的方式，引導學生發現問題與主動學習的精神。

五、教學重點

傳統式的教學在教學過程中重視教師「如何教」的問題。因此，教學策略的運用、教材教法的選擇、如何轉化形式課程等問題，遂成為教學的重點，教學研究的焦點也集中在教學者身上。開放式教學在教學過程中重視學生「如何學」的問題。因此，學生的認知型態、學習思考歷程中觀察、類推、隱喻、舉例等思考活動的引導是教學的重點，教學問題的研究通常集中於學習者身上。

六、學習環境

傳統式的教學強調學生的記憶及知識方面的汲取，因此對於學習環境的營造方面容易忽略，不重視學習環境的佈置。開放式教學重視學習者的學習問題，學習者主動學習的精神，因此在學習環境方面相當的重視，強調學習環境的佈置與更換，才能達到應有的教學效果。

七、學習氣氛

學習氣氛是由教師與學生同儕之間的交互作用而形成一種獨特的氣氛。傳統式的教學在學習氣氛方面較呆板與嚴肅，缺乏彈性與變通性，學習者無法充分發揮其特質。開放式的教學在學習氣氛方面，主張自由、活潑與開放，唯有在此種情境之下，學習者才能將自身的潛能釋放出來，從此種輕鬆、活潑的學習氣氛中，發揮高度的創造力。

八、教學方式

傳統式的教學重視理論與概念方面的訓練，在教學方式方面著重團體學習的成效，認為透過團體學習歷程，才能收到更大的效果，教學成效才會達到預期的水準。開放式教學在教學方式方面，重視學習者的個別差異。為了讓每一個學習者得以適性發展，因此採用團體、分組及個別化、適性化教學輪替的方式。

九、教學過程

傳統式的教學在教學過程方面，強調「結果」重於「過程」的觀點，教學講求的是結果而不是過程。開放式教學對教學過程的觀點，有別於傳統式教學，認為「結果」雖然重要，但是「過程」才是教學所要重視的。

十、教學評量

傳統式的教學著重學科知識的獲得與課程的重要性，在教學評量方面偏向於總結性評量與紙筆測驗，較缺乏彈性。開放式教學重視學習過程與個別差異及適性化，在教學評量方面著重形成性評量與多元化的動態評量。

參 兩種教學法如何水乳交融

傳統教學法與開放式教學法在各方面展現出不同的風貌，各有特色與需要突破的地方。如何在兩種教學法中作理性的抉擇與運用，是現代化教師必須不斷加以思考的議題。

一、傳統教學法必須熟悉

在教學過程中，無論是教材的選擇、教法的運用、重點的掌握、環境的佈置、氣氛的營造等過程中，對於傳統的教學法必須熟悉。瞭解傳統教學法利弊得失與優缺點之後，才能加以改善，並且在新舊教學法中取得平衡點，互相截長補短。

二、各科或各單元教學法適時更換

傳統式教學法與開放式教學法各有優缺點及特色，如果太過於偏向於其中一種教學法，則教學活動勢必無法因應時代的變遷與學習者的需求。因此，在進行各科或各單元教學時，教學法的選擇應該針對實際上的需要作適時的更換。新有新的好，舊有舊的妙，只要針對學習者有正向的效應，則教學者應該不斷作調整，以學習效果的提昇為鵠的。

三、分散學習與集中練習適度調配

傳統式教學與開放式教學不管在理論依據、學習主體、教材選擇、教法運用等方面，都各有主張與重視之處。教師在使用時，必須依據學科性質、學習者的需求與實際情境需要，作適當的調整與運用。學習者在此過程中是採用分散練習或集中練習方式，必須考量學科性質等作適度的調配。

四、教學中增加師生之間的互動

傳統式教學的重心是教師，課程是由成人預先依據其視為理所當然的理論架構或理念設計而成。開放式教學的重心是學生，課程是學習者針對自身的特質、身心發展狀況、興趣、舊經驗等作自由性選擇。此二種型態的教學或偏向學習者，或偏向教學者，而忽略了教學者與學習者之間的雙向互動。因此，教學中增加師生之間的互動，使訊息傳遞由單向傳輸，轉而成雙向回饋，才能提高學習成效與教育品質。

五、運用多種感覺器官的學習方式

在教學過程中，教師要能透過各種教學方案的規劃設計，提高學生的學習興趣。要提高學生的學習興趣，除了教學活動的規劃之外，也要摒除以往傳統的學習型態。運用多種感覺器官的學習方式，讓學生在學習過程中，眼、耳、口、鼻等感覺器官多加使用，如此才有助於學習效果的提升。

六、熟練的教學技術與班級經營技巧

教學技術的運用決定教學的成敗得失。熟練的教學技術使教師的教學運作自如，生疏的教學技術不但有礙學習活動的進行，更使教學成效打折扣。班級經營與教學活動更是相輔相成的，教師在任何形式的教學中，都應隨時充實班級經營方面的專業知能，使班級經營導入正軌，為教學活動作好整頓工作，減少教學中來自班級經營與管理的困擾，使教學活動更順利進行。

肆 結言

由於「教育改革」運動的推展，隨著政治人物的口號翩翩起舞。以往，我們視之為珍寶的教學理論與實際教學活動逐漸出現差異，教學過程出現不符合理論要求的因素。因此，使得我們對一些存在已久的教學理論或參考架構，產生專業上的質疑。一般總以為傳統就是落伍、就是守舊、故步自封，全盤否定一些傳統性的理論與實踐。殊不知，任何新的理論架構，皆來自對傳統的思考與質疑，而後才產生新的理論與架構。教師在教學中，不管使用傳統式教學或是開放式教學，皆要有此種體認。如何在舊

愛與新歡中取得平衡、水乳交融，是教學過程中的科學與藝術。

〔本文載於師友月刊三六八期〕

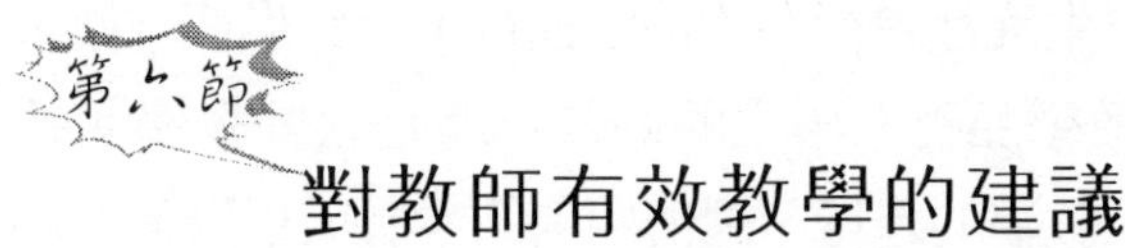

對教師有效教學的建議

教學是一種複雜、多面向的認知活動，需要教師發揮嫻熟的專業知能，使教學工作順利進行。此種專業知能的開展，包括決定教什麼、如何教、時間的分配、教材的使用、學生的評鑑工作等事項。教學是藝術也是科學，教學需要有堅實之科學基礎，其至高境界是達到藝術之境，因而欲從事教學活動者必先鑽研教學之科學（Gage,1978）。教師在教學歷程中，如何有效提昇教學效能，確定教學品質是每位新手教師與專家教師需要不斷琢磨與成長的議題。針對教師有效教學行為的觀點，MacKay 在其著作「有效教學研究」中（MacKay,1982），提出相當精闢的看法，對有效教學的提昇策略多所著墨。本文援引其中數項觀點加以論述，提供教育界同好參酌。

一、建立制度化的規則

教師在面對班級經營時，應該針對班級常規的訂定、座次的安排、班級目標的設定、行事曆的擬定和執行、檔案資料及班級事務的處理等問題，使用一套有制度的規則來處理個人與程序等事務。唯有在制度化的規則中，才能讓班級的運作邁入常軌而不致於紊亂，阻礙教師教學活動的進行。

二、減少干擾教學行爲

教師應該防止學生反社會行為的持續進行，以免過度干擾教學活動的進行，影響教師的教學品質。學生的偏差行為是教師教學活動中的致命傷，對於班級活動、教學的進行、同儕關係的發展與學習氣氛均有相當大的影響。教師應該透過各種有效策略的擬定，掌握學生的次文化，體察學生的心靈深處，才能有效提昇教學品質。

三、隨時監控學生活動

教師在教學中應該明確地執行懲誡行動，讓學生瞭解行為的後果。從獎懲原則的建立與實施中，明確地訂定班級規則，用來規範學生的學習行為。其次，教師應該多在教室中走動，移動所處的位置，隨時監督學生在座位中的活動，有效掌握學習者的一言一行、一舉一動，並隨時給予適度的指導。

四、低調處理脫序行爲

依據相關的研究文獻指出，班級教室常規的管理是有經驗教師與初任教師最感無力與沮喪的一環，教師常因學生的脫序行為而感到困惑。教師在教學中應該透過非語文的訊息、身體趨近與目光的接觸低調處理學生的脫序行為。以免在教學歷程中本末倒置，使管理凌駕教學之上，教學屈於管理之下，降低教學品質。

五、增進學習的趣味性

學生在學習任何概念或原理原則時，「喜歡」比「會」更重要。基於此原則，教師應該設法提高學生在學習上的樂趣，尤其是確認作業的趣味性和意義性，特別是讓學習者獨自進行的作業。如此，學生才能在學習過程中，擁有成功的機會並得到自我實現。

六、有效運用學習時間

學習時間的運用是教學上不可忽視的一環。教師在教學時必須掌握時間的要素，瞭解多少時間做多少事。時間的變化與消逝使教師瞭解教學活動進行的情形。教師應該在學習時間的安排上，依據學科性質作有效的分配，設法讓學生積極投入學習任務（learning task）中並有所收獲。

七、使用固定指示信號

班級的組成通常來自於不同社經地位的家庭，學生的異質性較高。來自不同社經地位與文化背景的學生，擁有特殊的族群表徵與文化符碼。教師在面對學生時，往往無法在短時間內有效控制學習行為。因此，教師應該在平日與學生相處的過程中，指導學生熟悉教師固定的指示訊號及其內涵。讓學生瞭解當教師出現某種指示訊號時，所代表的行為意義（例如食指放在嘴唇前代表需要安靜），並依據教師的指示訊號配合行動。

八、確認有效學習情境

教學活動的進行必須配合有效的學習情境，才能確保學習的效果。教師在教學時，必須確認有效的學習情境，評估學習者的身心狀態，不應該在所有學生都集中注意力前就開始上課。因此，教學要能掌握各種有效學習情境，將學習者的注意力集中，俟機而發才能達到預定的效果。

九、熟練學科教學技巧

學科教學知識的運用是教師從事各學科教學時所需要的專門知識，教師在教學前應該針對主要的概念，擬定多種備選方案，在教學中加以襄機調整轉化，應用於個別的問題狀況，並從互動教學中選擇適切者加以應用。擁有多種學科教學技巧，並配合學習者需求而加以使用，讓教師在教學中得以游刃有餘。

十、使用現場檢查制度

教學活動的進行，重點在於教師與學生是否建立「互為主體性」而達到雙向溝通之效。因此，教師在教學中要建立一套有效的溝通模式，透過各種途徑與策略評鑑自己的教學是否達到預定的目標。其次，使用現場檢查制度，讓教師在教室教學中隨時瞭解教學成效如何？是否需要延長練習時間？學習者的理解情況如何？需要調整教學計畫嗎？等問題，作為確保教學品質的方法。

十一、有效聯結學習概念

教師在教學時，應該設法將各種教學策略及獨立的活動，與教過的概念產生聯結，讓學生在學習過程中新舊經驗相互類推，減少順攝抑制與倒攝抑制對學習產生的負面影響。教師在教學前應該將學習概念作有效的分析，瞭解新概念與舊經驗之間的邏輯關係，才能在教學時有效聯結學習概念。

十二、轉化抽象學習活動

教師在教學時，應該運用技巧使抽象的活動逐漸轉化為具體的活動，將形式課程轉化為實質課程。轉化的過程中，教師需瞭解教學是由學習者在學習環境中與相關的人、事、時、地、物，不斷交織而成的意義世界，教師必須先瞭解學習者的思考歷程、情感及行為架構，才能瞭解並詮釋行為的意義。如此，教學行為才能成為有意義的活動。

十三、配合各種發問技巧

教師在教學中，透過發問技巧得以瞭解並評鑑教學與學習成效。因此，教師應該有效運用各種發問技巧，適度混合困難與容易的問題，培養同時注意一個以上問題的能力。透過問題的發問瞭解學生在學習方面的反應，作為教師修正教學行為的參考，及作為擬定新教學計畫的依據。

十四、兼顧課程銜接問題

傳統課程的發展與實施往往無法兼顧課程的銜接問題，各科之間課程的呈現與協調配合方面較弱，顯著課程與潛在課程之間的聯繫無法周延。因此，教師應該設法使課程內容流暢，課程重點之間的接合有良好平滑的銜接。

十五、教學表徵清晰流暢

教師教學行為的展現是一種將形式課程轉化為實質課程的過程，在此過程中需要運用各種教學表徵，才能有效地詮釋課程內容。因此，教學表徵的運用影響教學成效。教師的行為除了應該顧及課程進度之外，授課時的表達應該清晰具體，以學習者可以接受的形式詮釋課程。

十六、適度激發學習動機

動機是行為的動力，在學習過程中扮演重要的角色。學習動機是個體學習任何事物的內在趨力，有了動機，學習才具有意義。學生的學習成效與動機有正面的關聯。學習表現欠佳的學生，往往是缺乏動機所致。教師在教學時，應該不斷引發學生的學習動機，讓學生瞭解學習的意義何在？對自己的日常生活有那些正面的效益？

十七、善用各類提示言語

教師在教學時，應該具體表達對學生關心、接納與重視的情懷，讓學生感受到來自教師本身的人文關懷。其次，教師應該準確回應學生明顯與不明顯的意思、情緒與經驗，讓學習者從師生互動過中，體會學習歷程中由師生共同建構出來的意識的重要性。教師對於學生正確或不正確的回應，可藉著言語的改變、措辭的轉換，給與提示並協助學生擬定更好的答案。

十八、讚美批評交相運用

教師教學時，鼓勵與增強策略的運用，有助於教學效果的提昇。教師應該運用讚美獎勵表現優異的學生，並運用讚美鼓勵表現較差的學生，讓每一位學生的學習興致得以提昇。當然，教師也應偶爾對較有能力的學生做輕微的批評，以傳達教師對學生較高的期望，讓學生養成適度的挫折容忍力。

十九、整合接納學習互動

教師在教學中，除了扮演課程的詮釋者之外，同時也應扮演學習活動的統整者，有效地統整教與學的活動，控制各種教學事件中的線索，統整並瞭解線索所代表的意義，作為教學活動的樞紐，調整或修正教學活動的參考。在教學中能接納與整合學習者與教師的互動，透過各種策略增強彼此之間的雙向回饋，提昇教學效能。

二十、掌握個別學習情緒

歸因是個人對行為或事件發生的原因解釋的過程，會影響個人日後對該事件的期望、動機與表現。教師在教學中，要清楚地瞭解學生對學習活動的歸因現象，準確掌握學生的心理狀態，才能針對學習不利的因素作有效的因應。瞭解個別的學習情緒，才能洞悉隱而未現的心智生活，作為擬定或修正教學活動的參考。

教學活動是一種師生雙向互動與回饋的歷程，透過教師與學生對話的形式，建立共識以達到預定的教學目標。因此，教學不僅僅是教師的行動，同時也包括學習者的反應。從教師的層面而言，教學活動應該考量效能的問題，提昇並反省教學效能問題，才能提高教學品質。從學習者的層面而言，隱而未現的心智生活（如學習思考、學習歸因等）與教師的教學行為是否有交集？學生的學習狀態是否處於最佳狀態 (at the best) ？等都是教師教學效能需要考慮的因素。掌握提昇教學效能的因素，針對各類影響因素而改變教學行為，才能確保有效的教學品質。

第七節 邁向教師教學專業成長

壹、前　言

教育工作是否為一項專業，是一個爭議相當久的問題。教育專業化一直是各主要國家提升教育品質所努力的方向，而攸關教育是否能成為專業化的主要因素，是教育人員本身的作為是否能符合有關的專業規準（張鈿富，民 81）。因此，教育人員本身所具備的專業條件與專業素養，遂成為教育專業化的先備條件。教師對教育專業工作的認定及本身角色的認知，並非外顯的規範可以完成控制與掌握的，因為教師本身雖然處於傳統學校文化中，容易被社會化為一「被動的客體」，在此歷程中，教師仍主動地發揮某種程度選擇認知對象與方式的相對自主性。此種自主性與認知歷程決定其專業行為（陳美玉，民 85）。

教師的專業素養與專業知識影響教師的專業行為，更進而決定教師的教學信念、思考與決定（林進材，民 88）。因此，教師的專業成長是教育革新的關鍵因素，教育理念的落實需要教師以厚實的專業知識與專業素養為基礎，加以實踐，才能收到預期的成果。教學活動是教育的核心工作，教育理想必須透過教師與學生雙向互動歷程，才能加以實踐並收到既定的成果。有鑑於此，本文以邁向教師的教學專業成長為題，闡釋教師專業成長的意涵、教師教學專業化、影響教師教學專業成長的因素、教師專業成長的途徑等議題，作為教師教學專業成長的參考，期望能從理論與實際的對照印證中，強化教師的教學專業化，提高教師的教學品質。

貳、教師專業成長的意涵

專業知識的缺乏，使教師在進行專業行為時缺乏強而有力的支持與支援系統。此種專業知識的欠缺係源自於教育環境中的生態，學校組織中以班級教室為基礎的架構傾向於將教師孤立，並且影響教師之間的專業交互作用，阻礙教師的專業成長（Sarason,1982:196）。因而，強化教師追求專業成長的驅力，激發教師尋求學習管道並媒觸教學相長的動機，係提升教師專業素養的途徑。教師專業成長是教師藉由參與各種正式與非正式的活動，進行自我反省思考，以提升教學品質與技巧。此種專業知識的獲得，促使教師在專業領域方面，得到專業程度的認同，使教學成為一種專業而非技藝。

教師專業成長使教師在執行工作時，擁有更多的自主權，以綿密的知識體系決定教學行為，以理論性的對話來思考或談論學校事務，以嚴謹的科學方法論處理因應各種教育情境的人、事、物。合理、有效地處理各種例行公事（routine）；其次，教師專業成長引導教師作教學行為的自我監控行動，以其熟練的見解預測學習者可能的表現，在教學活動時展現最精緻嫻熟的專業判斷。

參、教師教學專業化

Freidson(1986) 指出一項行業的執業人員在該領域中，必須具備特定的知識與技能，此種知識與技能之「不可知」程度越高，且僅少數人經過嚴格篩選可以獲得，則該項行業的專業化程度越高。教師在追求教學專業化過程，所具備的知識要能經得起驗證並系統化地累積成知識基礎；其次，接受知識基礎者需經過特定的篩選過程；再則，知識的累積與傳遞是在特定的機構內進行；最後，接受教育者需經過實習且通過證書考試才算是專業人員（單文經，民 81 ）。準此，教師教學專業化的建立，必須援用醫學界專業化的模式，先建立教學知識基礎，再據以建立教學專業標準，設計專業考試，提供各種專業架構，以促進教師教學專業化。

教師教學專業化的建立，促使教師在教學歷程中，參照教學知識基礎，揉合學科的教學知識、課程知識等，以形成各種成熟的專業行為。教師教學專業化的建立，引導教師在教學歷程中，運用熟練的教學理論、策略與方法，透過師生雙向溝通，以達成預定的教學目標。教學專業化的建立，使教師在教學前擬定完整的教學計畫、掌握學習者的各種特質、形成教學的參考架構（framework）、運用精湛的教師知識，形成專業的思考與決定；在教學中有效運用教學時間、精熟各科教材教法、統整教學線索、有效控制訊息流程、適時提供學習者各種回饋等；在教學後，反省思考自己的教學活動、追蹤學習者的理解情形、掌握學習者的理解情形與教學行為的線索。此種專業的教學行為，源自於教師教學專業化的建立。

肆、影響教師教學專業成長的因素

教師教學專業化的建立，有助於教師在教學歷程中隨時進行有效的教學活動，監控反省思考自己的教學活動，作為調整教學的依據，襄機累積豐厚臨床經驗，促進專業方面的成長。教師在建立教學專業化過程中，來自於內外在情境因素的影響，使得教師教學專業化的建立受到相當的阻礙。內在的情境因素包括教師本身專業知能的不足、人格特質影響、成長驅力不足等；外在情境因素包括進修制度不健全、學校組織氣氛限制、教師之間專業互動機會少等。

一、專業知能不足

教師在師資培育過程中，缺乏理論與實際方面的對照機會、對教育現場與生態的臨床經驗、本身教與學經驗的統整、缺乏臨床模擬等，導致準教師在成為合格教師過程中，無法將理論與實際作專業性的連接，手持理論與使用理論的乖離，使教師無法發揮專業教學行為。專業知能不足的現象，使教師在教學過程中，感到心力交瘁而無法勝任。來自於專業知能的不足，使教師在教學歷程中，感到相當的挫折與沮喪。

二、人格特質的影響

教師教學專業成長受到本身人格特質的影響，教師在經過多年的教學經驗之後，從臨床教學中累積各種的教學經驗，形成自己的教學風格，以為教學的參照架構，並形成心智生活（mental lives）。此種心理參考架構通常與教學知識的聯結是牢不可破的，難以加以改變的。教師在教學中慣性地運用已然形成的教學風格，從事教學思考與決定行為，缺乏反省思考的空間，影響教學專業成長的建立。

三、成長驅力不足

驅力是個體從事各項行為的原動力。教師從師資培育單位完成教育學分，成為正式教師之後，投入學校教育之後，由於各項教學及行政方面的負擔，導致教師追求專業成長驅力的降低。對教師在專業方面的成長，具有負面的作用。

四、進修制度不健全

目前，教師進修制度在實踐上具有下列缺失：教師進修需求評估未落實、進修活動常由承辦單位少數人規畫、為消化預算而辦進修活動、進修內容不符合實際需要、進修內容不符合教師需求、教師對進修內容的疏離、教師缺乏選擇參加研習之機會等（郭丁熒，民 87 ）。來自於進修制度不健全，使得教師無法透過有效途徑，建立教學專業化。

五、學校組織氣氛限制

學校的組織氣氛影響教師本身的專業成長。教師長時間身處學校教育場所中，容易受到學校組織氣氛的潛在影響。處於進修氣氛濃郁的學校中，教師不斷成長的驅力自然旺盛，同儕之間的互動及激勵作用必然強。國內在學校組織氣氛的營造及激發方面，有待提升。如何在慣於建立例行公事的教育組織中，營造教師專業成長的組織氣氛，是今後提升教師素質的不二法門。

六、教師專業互動少

教師平日除了擔任教學工作外，也承辦一些與教學無關的事務、工作負擔過重，使教師每日疲於應付忙碌緊湊的學校行程中，無法和同儕教師進行專業方面的互動。因此，教師沉緬於封閉、單調的教學生態中，無法透過其他同儕團體的互動，強化專業方面的修為。

伍、教師教學專業成長的途徑

教師的教學專業成長，影響教師在教學前的思考與決定、教學互動中的思考與決定、教學後反省評鑑的思考與決定（林進材，民 88）。教師在教學構成歷程中，要在專業上成長，除了本身的教學反省批判、有效監控教學活動、教學科學與藝術的養成、發展有效教學的知識庫等，作為教學專業成長的動力。

一、教學反省批判

教師在教學歷程中，應隨時反省批判自己的教學活動，作為檢討教學活動得失並作為修正實際教學活動的依據。反省批判自己的教學行為是確保教師專業自主性的必要條件。教學專業化的確立，引導教師在面對複雜的教學情境時，隨時開展專業知識與專門知識，不斷反省批判而作出正確的決定。

二、有效監控教學行爲

教師在教學活動的進行中，不斷運用自身的先備知識，進行專業的思考與決策。在瞬息萬變的教學情境中，隨時進行教學思考、教學決定與教學行為。此種一連串的教學決策，源自於教師不斷地自我監控教學行為。透過教學自我監控，隨時瞭解教學活動進行的各種影響因素，作有效的因應，使教學活動的進行，更為順暢。

三、教學科學與藝術的涵養

教學活動的進行，必須以堅實的科學方法論為基礎，透過科學的求真、求實、系統化、組織化及客觀性的精神作為教學活動的理論基礎，經由科學新知與研究精神，使教學活動達到藝術的境地。教師在建立教學專業化的過程中，必須熟稔教學的科學與藝術的涵養，才能使教學活動真正達到專業的境界。

四、建立有效教學的知識庫

有效的教學行為必須教師在教學活動中透過各種管道，發展出有效教學的策略、方法，以建立教學的知識庫，作為教學活動進行的參考。運用科學的方法使教學活動更清晰，熟悉教學內容，研擬有效學習策略。透過理解活動提升學習目標，發揮情感陶冶作用增進教學效能。

五、發展教學的專業知識

教師教學專業知識的缺乏，造成教學成果的不確定性與模糊性。在專家與新手教師的教學行為比較研究中，發現教學專業知識體系的建立，往往是專家教師能有效進行教學活動的主要參考架構，新手教師在教學專業知識的缺乏或不確定性中，無法運用各種教學專業知識，解決或因應相關的影響因素，發展出有效的教學行為。

陸、邁向教師教學專業成長

Shulman(1987) 指出，教師在教學過程中應該熟稔教學的基礎知識：學科內容知識、學科的教學知識、以及課程知識。教師的教學活動本身是一種推理的過程，從知識的理解開始，經過轉型、教學、評鑑、反省，而達到新的理解。教師的教學能力不僅應該表現在教學行為上，也應該展現在心智能力的運作上。教師教學專業化的建立，提供教師在教學運思、決策時專業方面的參考架構。以專業知識、專業判斷、專業行為建構教學行為，提升教學品質。

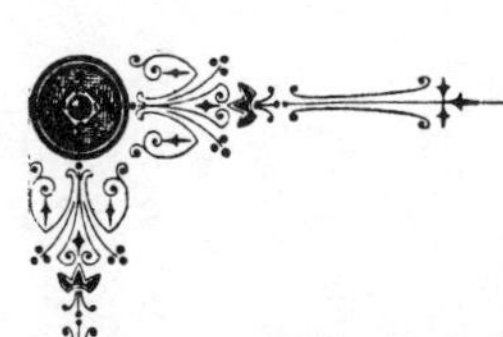

Chapter2

教學的理論基礎

- 教學的心理學基礎
- 教學的社會學基礎
- 教學的哲學基礎

第一節 教學的心理學基礎

教學與心理學的關係相當地密切，心理學對人類「何以為知」及「如何得知」歷程的探討，有助於教學理論的建立。教學的心理學基礎主要包括「學習心理學」與「教學心理學」兩部分。學習心理學是一種理論心理學，主要的目的在於研究學習產生的歷程，以建立學習理論（張春興，民81）。教學心理學是採用學習心理學的理論與方法，以學習者為對象，從事與教學有關的學習行為研究，從研究過程中分析影響教學歷程中與教學相關的變項，進而建立系統的教學理論。

一般而言，探討教學的心理學基礎通常從行為學派、認知學派及人本學派的學習理論為主體，分析其理論內涵、要點，並指出在教學上的應用。

壹 行為學派

行為學派 (behaviorism) 心理學是由心理學家華森 (Waston) 創立。行為學派對學習的觀點如下：

⑴行為的基礎是由個體的反應所構成；

⑵個體的行為是受到環境因素的影響而被動學習來的，不是與生俱來或是受到遺傳因素的影響；

⑶從動物實驗的研究所得到的行為原則，可用來推論或解釋一般人的同類行為。

行為學派論者認為學習的形成是來自於「刺激」與「反應」的聯結，或稱之為「聯結論」(association theory)。此一學派主張學習的產生是由於刺激與反應之間關係的聯結，而此種聯結的形成受到「增強作用」

(reinforcement)、練習等因素的影響。

針對學習的形成，美國心理學者桑代克(Thorndike)透過實驗觀察，提出學習方式是一種「嘗試錯誤」(trial and error)的學習過程。因此，提出著名的影響學習因素的三定律：

一、練習律(law of exercise)

個體反應與刺激之間的聯結，與練習次數有關，練習次數越多，其聯結關係越強，因而個體的學習成果與練習次數息息相關。

二、準備律(law of readiness)

個體的學習與身心狀態準備情形相關。例如個體的身心狀態準備反應時，如果順其反應，則感到滿足，阻止其反應則感到苦惱。教學者在進行教學活動時，要先瞭解學習者的身心狀態如何？是否已在預備學習中？是否適合學習等皆應納入學習考量中。

三、效果律(law of effect)

個體在反應之後如果獲得滿足效果者，反應就被強化，刺激與反應之間的聯結就加強。反之，如反應之後未獲得滿足效果者，刺激與反應之間的聯結就消弱。因而，個體的學習效果與報酬或增強效應有關。

斯金納(Skinner)以白老鼠做實驗，透過實驗觀察修正了桑代克的學習理論。斯金納主張個體的行為受到環境的限制，因而能控制環境，就能有效控制行為。教學是運用適當的增強作用，使學習者產生適宜的行為。因而，有效地學習取決於增強作用的安排。教學者在教學過程中，預先設定學習者的預期行為，針對行為選擇或擬定增強策略，並分析學習者的反應，以達到學習效果。斯金納主張將教學活動細分成各個小單元，以利學習。促成編序教學及學習機的問世，後來的電腦輔助教學與系統化教學設計皆受到斯金納理論的影響。行為學派以刺激與反應之間的聯結作用說明各種複雜的學習行為，否定了人類心靈作用與自主性，受到相當多的批評。

行為主義強調心理學必須符合一般科學共守的客觀、驗證、解釋、預測、控制等基本原則，認為心理學研究的題材只限於可觀察測量的行為，如經內省的意識及假想的潛意識則均非心理學研究的主題。行為主義影響幾及於全世界，尤其本世紀二〇至五〇年代，心理學幾乎全為行為主義的天下。行為主義的代表人物如華森、桑代克、巴夫洛夫、托爾曼、斯金納等皆有相當大的貢獻，對教學的研究發展具有相當深遠的影響。

貳 認知學派

認知學派的發展源自於早期的「完形心理學」(Gestalt Psychology)理性主義知識論及認知發展論(Cognitive theory of development)的思想。完形心理學重視知覺的整體性，強調環境中眾多刺激之間的關係。個體在面對學習情境時，學習的產生有賴於⑴新情境與舊經驗相符合的程度；⑵新舊經驗的結合並重組。學習並非是零碎經驗的增加，而是以舊經驗為基礎在學習情境中吸收新經驗（張春興，民81）。完形心理學強調人類的學習是對整體的情境反應，而不是對特定的刺激而反應。學習者有主動尋求意義、建構意義的傾向，而非如行為學派所言，是一種被動接受刺激產生反應的觀點，影響學習的趨力是學習者的內在動機，而非外顯性的增強作用。

一、皮亞傑的認知學習論

皮亞傑的學習理論中，包括基模(schema)、適應(adaptation)、平衡(equilibration)、同化(assimilation)、調適(accommodation)。

1. 基模

基模是個體適應外在環境時，表現在行為上的基本模式。個體與周遭環境中事物的接觸時，為求瞭解或認知事物的性質而產生的行為模式。基模往往隨著個體與環境的互動中，產生質與量的改變，其改變的程度，就是學習。換言之，人類學習歷程視基模改變程度而定。

2. 適應與平衡

適應與平衡在皮亞傑的理論中是互為因果關係的，適應與平衡是以基模為基礎的。個體在生活環境中，以本身既有的基模適應環境的要求，即可達到平衡狀態，則基模未變，適應方式也未調整，個體內外在關係就保持平衡。因而，適應是來自於個體為了保持與環境的平衡所作的努力，改變行為基模以適應環境而產生的平衡，即為學習。

3. 同化與調適

同化是指個體將新的經驗納入舊的結構中，並整合為新的結構。而調適是個體重新調整認知結構以順應外界的情境。個體的同化與調適作用是相輔相成的，在面對外在環境時，有時同化與調適必須同時產生，才足以因應環境的變化。依據皮亞傑提出的理論，個體在環境生活中無法用既有的經驗與認知結構去適應新環境或與新經驗相均衡時，就會產生認知失調的現象，則個體必須改變原有的認知結構，調整基模，以均衡認知，此種趨向，即為個體學習的驅力。

二、布魯納的表徵系統論

布魯納主張兒童心智能力的發展必須經過三種表徵方式：⑴動作表徵期（enactive representation stage）；⑵形像表徵期（iconic representation stage）；⑶符號表徵期（symbolic representation stage）。依據布

氏的理論，學習活動皆是由具體到抽象，先有動作表徵方式的學習，而後逐漸轉為形像與符號表徵。

在教學應用方面，布魯納提出學習的四項原則(Bruner,1966)：

1. 動機原則(principle of motivation)

學習過程中，學習者的動機因素相當重要，有了動機才會願意學習，而後教學才會有效果。教學者應避免給學習者過多的限制以免戕害好奇與探索的心理。其次，教材的難易度應該適當，考量學習者的個別差異與先前經驗，運用各種學習動機，才能達到有效的學習成果。

2. 順序原則(principle of sequence)

在教學前，應考量學習者的興趣與動機，教材教法以學習者智力發展程度為主，教材的呈現由具體到抽象、由簡單到複雜、由動作表徵至符號表徵，方可收到成效。因此，布魯納又提出《螺旋式課程》(spiral curriculum)的概念。讓學習者循序漸進地達到學習效果。

3. 結構原則(principle of structure)

布魯納指出，任何一種知識的傳授，只要教學者在教材組織結構上能配合學習者的心智發展程度，都可以達到良好的效果。因此，在其著作「教育的歷程」(Process of Education)中一再宣示：「任何科目皆可藉由某種方式教給任何人」(any subject can be taught to any child in some honest form)(Bruner,1960)。

4. 增強原則(principle of reinforcement)

布魯納認為，個體的學習是一種自動自發的，而不是被動的，透過學習滿足好奇心，而產生增強作用。因而是一種為求知而學習，是內發性而非外控的。教師在教學時宜採用啟發式，讓學習者因求知而自我滿足，使學習活動產生自我增強作用。

認知學派在學習理論方面的探討，強調心靈的內在歷程，而行為學派重視外在刺激所引發的行為，將學習者視之為刺激與反應之間的聯結。在教學理論的發展方面，認知學派著重個體主動的學習驅力。尤其是個體學習能力的教學，如認知策略、學習策略等。而行為主義強調刺激的呈現及教學過程的控制，增強作用的擬定等。

參 人本學派

人本心理學於一九六〇年代興起，在馬斯洛（A.H. Maslow）倡導之下，成為第三勢力心理學（third force psychology），並與行為學派心理學和心理分析論並稱為心理學的三大勢力。心理分析論者依據來自病患的臨床經驗，強調個體的潛意識、衝突、焦慮及非理性力量為人類行為的基本動力；行為主義則依據來自動物的實驗研究結果解釋人類的行為，並建立相關理論（郭生玉，民 78）。

人本心理學又稱之為「人本主義心理學」（Humanistic Psychology），主要論點來自於現象學（phenomenology）和存在主義（existentialism），對人性持著較積極正向的態度，強調人類的意向性（intentionality），認為人是主動的、理性的、成長的，並且具有自我實現性向及潛能的傾向，生存的最終目的在於追求具有價值的目標，並將自身的各種潛能付諸實現，茲以人本心理學派中最具代表性的馬斯洛及羅吉斯的理論為代表，分析人本學派的思想及其對教學的意涵：

一、馬斯洛的理論

馬斯洛認為人生而具有「自我實現」（self-actualization）的傾向，此種自我實現是一種主導行為的內在力量。馬斯洛於一九四三年提出動機理論，稱之為「需求層次論」（hierarchy of needs theory）。認為人類的需求可分為五個層面，後經增補為八個需求層次：⑴生理的需求；⑵安全的需求；⑶愛與隸屬需求；⑷尊重需求；⑸自我實現需求；⑹知識與理解需求；⑺審美的需求；⑻自我超越的需求。馬斯洛認為人類有積極向上追求自我成長的傾向，在低層次需求滿足後，轉而追求高層次需求的滿足。因此，追求自我實現是人類成長中最高的動機，也是重要的動機。教學者應該主動瞭解人生而具有的共同需求，每個人都有其特殊性，在主觀意識、經驗及需求的滿足方式均有差異。如何善加引導，使學習者的潛力加以發揮，透過自我實現，達到學習效果。

二、羅吉斯的理論

羅吉斯的理論是以個體的自我為中心，被稱之為「自我理論」(Self Theory)。羅氏認為決定人類行為的是個體內在意識性經驗與動機，而不是外在的刺激或潛意識本能。人的行為是來自於對本身周遭環境的主觀意識所採取的行動。瞭解人的行為前，必須對個人的主觀意識與經驗有深入的瞭解。

羅氏在一九六九年發表「自由的學習」一文中，提出基本的教育理念如下（朱則剛，民 86 ： 56 ）：

*1.*學習的欲望：強調人生而具有學習的欲望，因而應給予學習者充分的自由去滿足好奇心及興趣。

*2.*有意義的學習：認為只有讓學習者自己瞭解學習是一種自我需求及目的的滿足，才能產生有意義的學習，學習的效果及效率才佳。

*3.*無強迫性的學習：在無威脅下的環境中，才能產生良好的學習，讓學習者自由地學習、自我評量、嘗試新經驗。

*4.*自動自發地學習：學習者在學習過程中，出於自願且自動自發的學習，學習才能產生意義，從學習中培養獨立性與自主性。

*5.*學習與改變：學習過程中，知識不斷地成長與改變，以符合進展與改變中的社會需求。人文主義心理學思想的發展，受到人文主義哲學思想的影響，摒棄精神分析學派與行為主義學派的機械決定論點，而代之以相

信人類能決定自己的命運，個體行動的有意識，以及行為後果能負責的樂觀觀念，並且肯定人行為的意識性、目的性與創造性（王連生，民 67 ）。人本學派的主要理念是積極的人生觀，尊重「人性尊嚴與人性價值」，強調人性積極的發揚。人本學派認為人有自我觀念，個人的結構是動態的，不是固定不變的。人文主義認為教育目的是促進個人的自我實現，並發展人性。因而，對人在教育及生活中所學到的知識、生活經驗亦視為一整體，所以教學也應朝向統整的步伐。在教學過程中，應強調學習者的創造力，積極自我的發展。

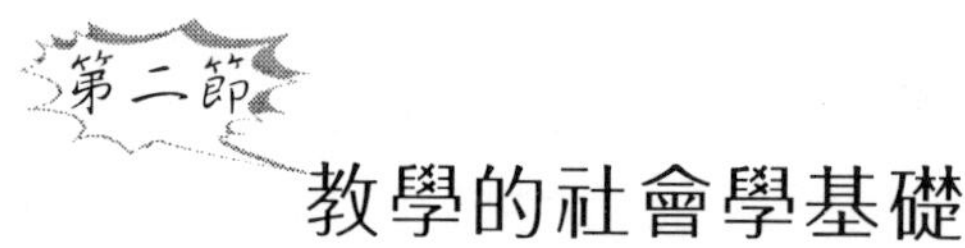

第二節 教學的社會學基礎

社會學是一門以社會群體為研究對象的學科。如果探討方向注重於研究人類所構成的社會，稱之為「鉅觀社會學」(macro sociology)；注重於研究社會中的人，稱之為「微觀社會學」(micro sociology)。社會學理論是教學理論中一門重要的基礎理論，尤其是教育社會心理學 (social psychology of education) 的興起，使教學的理論基礎研究涉及社會層面。因為學校本身即可視之為一個小型的社會，學校教育目的是要讓學生從教育過程中產生社會化，使其在群體環境中順利成長。

教育社會學，乃是依據社會學的觀點來研究教育的一門學科。其重心在於採取社會學的觀點來研究教育制度與教育過程，基本理念是教育乃促進社會進步的途徑，為有效實施教育，應採取社會學的觀點來決定教育目標與課程，並運用社會學知識來協助解決學校教育問題（林清江，民 75 ；陳奎憙，民 80 ）。由於社會學的研究與發展，導引了幾個方向：(1)社會學習論；(2)社會批判理論；(3)知識社會學；(4)班級社會學。茲分述如後：

壹 社會學習論

社會學習論 (social learning theory) 的主要代表人物是班度拉 (A.Bandura)。班度拉主張觀察學習為社會學習的基礎，學習的產生乃是由學習者在社會情境中，經觀察他人行為表現方式，以及行為後果（得到獎勵或懲罰），間接學到的（張春興，民 80：248）。社會學習論者是由心理學的角度探討人類在社會環境中的學習方式，人在某種社會條件或情境下的行為及人際之間的互動關係。

班度拉依據實驗研究指出，人類的心理歷程是透過個體與外界環境中的決定因素不斷的相互作用而形成的，外界環境必須透過個體的認知歷程才得以影響行為。個體具有自我調適與使用符碼的功能，並不是被動地接受外界刺激，而是主動的、積極的對外界刺激作出選擇、組織和轉換，賦予意義，並據以調節自己的行為（朱則剛，民 86：63）。班度拉認為人類的學習行為，都是觀察他人的行為及其行為的結果。觀察學習不但可以超越經由賞罰控制學習直接經驗的限制，並且可以超越各種預先設計學習情境的限制，隨時隨地都可以學習。

社會學習論者將學習過程的內在歷程區分成四個主要步驟：

1. 注意歷程 (attention process)

影響個體學習的注意歷程之要素包括範型行為的特性、行為的特性、行為後所帶來的功能性價值及學習者本身的特性等。

2. 保留歷程 (retention process)

學習活動中的保留歷程是將行為外在的訊息轉換成特定的符碼，以利個體儲存在記憶中（短期記憶或長期記憶）。

3. 行爲再製歷程 (behavioral reproduction process)

個體在觀察楷模行為之後，習得行為的符碼，此項行為與個體記憶中的範型行為相互作比較，以作自我調節修正，使二者相互一致。

4. 動機歷程 (motivation process)

個體在觀察學習時，由於範型行為得到增強，引發學習者的學習動機，並從自身的學習中預期行為將得到增強作用。

由於行為主義的操作制約原則過於簡化學習歷程，否定人類內在認知對學習的影響。社會學習論者強調學習為個體與所處生活環境交互作用的歷程。人不但具有能看、能聽、能聞，亦有洞察力及先見之明，更重要的是具有事後理解的潛力。學習過程重視的是符號增強 (symbolic reinforcement) 、替代增強與自我增強，不需要透過外在增強物或增強作用作為媒介。

貳 社會批判理論

社會批判理論的發展來自於歷史與社會的時空背景及知識傳統與當代思潮。它是「一群」批判的理論，而沒有統一的批判理論存在。因而，在批判理論名稱背後隱藏著不同學者的理論。從社會現實與知識傳統的重建可將批判理論的主要論點分為五項，即為對權威主義、科技理性、與文化工業的批判，及對知識論與社會理論的重建等（林進材，民 84 ： 12 ）。社會批判理論對教育的影響如下：

一、教育科學中的意識型態

批判理論學者從三方面對意識型態加以評論，對於教育中不平等現象加以關懷及描述，並探討其原因，希望透過探討分析而得以矯正。批判理論在教育學的知識興趣放在三個層次的解釋。第一層次為個人的和人際的，第二個層次是制度的；第三個層次是結構層面。此三個層面的相互性，使人類得以積極地從事於意義、結構、歷史的解釋與建構，並得以避免從單一層面加以解釋的錯誤。

二、教育學的方法論預設

批判理論者重視意識型態的批判並強調主體性、整體性與實踐性。此方法論對教育產生許多的影響。因為教育理論之於批判理論的關係，並不是一種理論運用於教育實踐的關係，而是一種文化與教育過程的重新調整。而批判理論教育學大體均基於下述的方法論預設（楊深坑，民 77）：

⑴教育學上的命題須反省其政治、社會條件。

⑵任何學科實踐之內在均有充滿意義之先決假定，科學實踐與科學內在條件須加以分析討論。

⑶透過對於問題選擇與評價背景之社會批判性的分析討論詮釋學和經驗科學的認知興趣。

⑷理論是批判理論：教育實踐應自我啟蒙，在啟蒙中科技宰制力量與意識型態扭曲應透過理性討論分析，而教育目的與責任也依此而衡量。

⑸主導教育的興趣是解放的興趣：探索教育領域如何結構化，以助長受教主體的理性。

三、意識型態批判與經驗分析、詮釋理解之整合

批判理論者強調教育的探究應從經驗、詮釋與批判並進，採經驗分析、詮釋理解與意識形態批判的有效整合，方能建構合宜的教育理論，使教育理論能適切的落實於教育實踐中。

參 知識社會學

知識社會學是社會學中晚進的一個部門。其研究領域區分為三類即思想工具、思想規律及產生思想、授受思想，以及運用思想的背景。Eiserman 認為「教育社會學是社會學的一個部門，目的在分析思想、認識和知識的內容。」柯尼西 (R.Konig) 也指出「知識社會學在考察有關實在的想像與社會結構及社會過程的關係。」也就是探究對實在所作想像的社會條件，和此類想像在社會生活中的結果。因此，知識社會學是由社會學層面，探討知識的本質、形成過程及其與社會互動的關係。Berger 和 Luckman (1966) 在其主要著作《社會實體的建構：一項知識社會學的論說》中指出，社會秩序雖然受到環境的影響，但並非衍生於環境，而是人類活動的產品。基本上，人類集體創造了環境，並擁有自己的文化、社會和心理的整體，其活動的定型化產生社會制度，以作為人類行為客觀規範的準則。知識社會學認為，理性範疇是社會集體的產物，影響個人的認知，也維繫社會的理性秩序（朱則剛，民 86 ： 64 ）。知識社會學的理論將人類的學習及經驗界定為社會群體所建構的，而非如理性主義和經驗主義者所言，來自於先天與生俱來或是後天環境所生成。

知識社會學者認為，人類的知識雖然是基於個體自身的知識與經驗基礎，但深受整體社會脈絡 (social context) 的影響。而社會脈絡是由社會群體所共同建構的。此種脈絡內涵（如社會性、文化性）引導人類的認知發展與價值判斷。

知識社會學對教育活動評論較多的是課程方面，尤其是傳統課程。認為課程設計涉及課程結構、型式或組織的問題，主要的重點在於對目的、目標與具體目標、內容、學習活動和評鑑等四個基本要素的安排，傳統的課程設計有所偏頗。認為教育是社會調適的機制 (mechanism) ，學生只是達成國家目標的工具。過去的課程設計乃基於靜態的、安定的、保守的觀點，賦於衝突負面的意義，教育學生要順從權威，在組織課程和選擇上也強調一致性，否認衝突對立和意識型態差異的重要性。教育人員在課程設計內容，決定教育經驗時，往往流於保守的觀點，甚至忽略社區的需求和整體社會的變遷（Apple,1990）。

知識社會學從知識的形成與環境和社會脈絡的互動等，強調知識的客觀性。在此一理念之下，教學活動不僅僅是一種知識傳遞的過程，同時也是一種提供資訊讓學習者自行建構一套屬於自己的理論，再透過討論等活動，學習者彼此分享意義，以建構群體意識的歷程。

肆 班級社會學

依據社會學的觀點，將班級視之為一社會體系，是教師教學和學生學習的主要場所。影響師生關係的因素包括教師的聲望地位、教師的角色觀念、學生的社經背景以及學生的次級文化等。此種班級中的「師生互動」、「師生關係」、「班級文化」及「班級秩序」等關係影響著教學效果（郭丁熒，民 86 ： 231-235 ）：

一、師生互動

教學是一種師生間雙向互動的歷程，教師的每一種教學行為，可能同時包含語言、非語言及情感等，當學生知覺到此一教學行為以後，他們依照個人的體會及既有的經驗，詮釋教學行為所蘊含的意義，作為行為反應的依據。一般而言，探討師生互動的研究，可歸納為三種主要模式：

1. 過程－結果模式（process-product model）

將班級體系中師生互動的行為加以分析，選擇其中的變項作為觀察記錄，探討變項與變項之間的關係或變項與效標變項間的關係。「過程－結果」模式無論在教學研究、教師行為與班級互動工具的發展上，具有相當深度的發展，對於教學之改進與教育政策的擬定有很清楚的啟示。然而，由於過程一結果研究容易受限於既定的框架中，偏向於低推論性的方法，因此被批評有忽略教學過程中教師與學生的意圖之嫌。換言之，過程一結果模式的研究將一些存在的教育現象與事實視之為理所當然。

2. 質的研究模式 (qualitative model)

質的研究是因應傳統量化研究之缺失而興起的一種研究典範 (research paradigm) 。其方法論是衍自於人類學家以進入現場研究 (field study) 方式去瞭解某一族群的文化及生活，採取詮釋的社會學 (interpretative sociology) 方法解釋班級中師生互動的社會行為。質的研究主要特徵是強調從生活於某一社會文化中的個人觀點，來瞭解人類的社會現象，同時強調現象背後意義的詮釋。質的研究方法包括個案研究、自然探究、實地研究 (field work) 、俗民方法學 (ethnography) 、詮釋的 (interpretive) 研究（歐用生，民 78 ）。質的研究無論是理論基礎、假定均有別於「過程一結果」模式。對於班級教室環境的複雜性提出相當詳細的描述。將教學問題置於各種情境脈絡中加以研究，以求取完整的瞭解，減少以偏概全的缺憾。然而，質的研究所使用的方法常常是不完全的，尤其是資料的蒐集不像量化研究完全攤在「陽光之下」，研究過程中充滿「黑箱作業」及迷思，從資料的推論到結論的完成，前後的邏輯關係缺乏強而有力的論證。

3. 時間本位模式 (time-based model)

以時間為本位的研究模式，將班級教學體系中的時間因素作為主要的研究變項。主要的原因乃是時間在整個班級社會體系中具有客觀性、可測性與有效性。以時間為本位的教學研究模式，不僅容易測量，也容易分析，真正代表許多行為同時在此發生，許多技巧在其內並用的複雜體系（林生傳，民 79 ： 41 ）。例如，某一個固定時間內發生多少事件或那些事件，時間的流逝與變化使研究者瞭解教學活動進行的情形，改變時間控制時間同時也改變並支配各項行動。

依據研究（方德隆，民84；孫仲山，民85；郭丁熒，民77等），師生互動的品質與數量，影響教學的成效。因而，教學歷程中的師生互動及教學成效之間的關係遂成為研究的重點。

二、師生關係

教師與學生在班級的社會體系中，各有其司職，相互之間有角色期望。當相互間的角色期望和諧一致時，師生的關係良好，角色期望大異其趣時，就產生角色衝突的現象。師生關係的型態是影響教學成效的主要因素。例如，教師採民主管教風格者，較信任學生，學生則認為教師會實踐承諾的人數較多，師生雙方的關係建立在互信互賴之上。教師採權威管教風格者，不信賴學生，學生不敢親近教師，造成師生之間關係的緊張，同時也影響教師在教學過程中活動的安排。

在教室的社會體系中，教師是領導者，學生團體是被領導的對象。師生關係應該維持在專業領導關係上，才能增進教學的效率（林清江，民84：208）。此種專業領導應該定位在教學工作專業化、兼重權威與溫暖關係上。教師需瞭解、親近並愛護學生，以個人價值、期望、態度發揮潛在課程 (hidden curriculum) 的作用，透過自身的行為及期望影響學生。其次，兼重評鑑及協助的行為，建立良好的師生專業關係，以裨益相互間的互動，增進教學效率。

三、班級文化

文化是人類生活經驗的總和，是個體行為的社會藍本。文化可以分為主流文化 (dominant or main culture) 與次級文化 (sub-culture) 兩種，主流文化是社會多數人，尤其是社會中堅份子的文化，次級文化是對應於主流文化的名稱（黃德祥，民84：531）。班級文化是學校文化的一環，象徵班級的價值、規範，可凸顯班級現象背後的價值、道德規範或情境脈絡，並將班級生活組成一張「意義網」（郭丁熒，民 86 ： 231 ）。班級文化通常是由學生同儕文化與教師期望形塑而成。它是在班級社會結構中，個體互動而產生的特定行為結果，包括班級生活各方面的處理及各種觀念，如技術、態度、信念、信仰及價值觀等。

班級文化型態最能反映出整個教學活動的特色，同時也是影響教學活動的進行。國內普遍的班級文化，教學活動以教師為中心，忽略學習者的參與，學生對課程內容及教學活動內容缺乏主動積極的決定權與參與權。以往的觀念總認為課程內容的決定是學者專家的事，教師與學生充其量只是學術研究下的應聲筒或傳聲器罷了。學校教師在進行教學時必須將各種形式課程或教科書依照其既定的模式或公式即可，將形式課程轉化為實質課程時，在種種外在束縛之下，無法將學生有興趣的課程、社區文化、鄉土意識等各種主題，納入教學中。因此，教與學產生脫軌現象，學生離開教室後，無法將所學的知識加以應用，理論與實務方面產生無法結合的現象。其次，「乖」、「專心」、「聽話」、「安靜」、「整齊」、「清潔」等是教師普遍對學生的要求。為了達到上述標準，教師通常會採用各種自認為有效的策略加以塑造班級文化。教師在教學過程中，應瞭解班級文化的特性，將外在限制減少至最低，以符合教育意義的策略，塑造良好的班級文化，以利教學工作的進行。

四、班級常規

班級常規通常被視為班級管理項目之一。其主旨是產生與維持教室秩序，使教學能有效地進行。班級常規具有管理學生的作用，透過班級團體組織。建立秩序和常規、減少不當行為、監控和調整班級事件(Doyle,1986) 。班級常規管理是中外教室生活普遍的特徵，缺乏良好的常規管理，教學就無法有效地進行。因此，教師除了要規劃設計適性的課程與教學內容，同時也須心繫適當學習情境的維持，以避免班級常規遭到破壞。

Delamont(1983) 的研究指出，教師在教室談話中，至少有四分之一的內容明顯且直接與教室常規有關。教師花相當多時間指導學生如何遵守班級常規，而且教師做任何教室活動的計畫和決定時，教室秩序和管理控制常是教學的主要考量。在教師社會化的相關研究中也發現，新進教師在任教數個月後，原持有溫馨的、人文的、進步的、開放的兒童中心教育理念，在實習結束後會逐漸認同於冷酷的、科層體制的、傳統的及嚴格的學生控制意識型態；甚至認為好的教學其實就是好的教室秩序控制（王瑞賢，民 85 ； Hoy,1967 ； Hoy & Rees,1977 ）。

班級常規的制定與執行往往是為了使教學活動更暢行無阻，教學更有效率。班級常規是學生在教室生活中的一種規則，此套規則是由師生共同協商約定。用以配合教師教學或引導班級活動的進行。使學生建立穩定的生活模式，知道自己究竟應該如何作為，也知道別人對自己行為的期望，同時懂得把握分寸，做出適當合理的回應（吳清山等，民 81 ： 322 ）。教師為了維持班級常規，通常的措施是訂定學生教室生活的例行工作 (routine) 和班規 (rules) ，並建立一套規準和獎懲辦法。同時讓學生瞭解遵守或不遵守常規的後果（林進材，民 86 ）。

探討教學的社會學理論基礎有助於教育工作者從社會學角度掌握教學的內涵及對教學全貌的瞭解。不管是從「教師」、「學習者」、「社區」、「學校」、「教室」等範疇瞭解教學脈絡，或是從「社會學習理論」、「社會批判理論」、「知識社會學」、「班級社會學」等理論探討並驗證教學理論，均可使我們對影響教學歷程與效果的社會因素有更深入的體會，進一步認識影響教師與學習者以及學習者與學習者之間互動關係的因素，對於教學理論的建立，皆具有相當深遠的意義。

第三節 教學的哲學理論基礎

哲學難以避免以主觀的玄思方法去研究，它對於宇宙和人生的各種事物和問題的解釋說明，雖然多偏向內心的反省、體驗和理解等，而健全的哲學，除了主觀的玄思方法之外，尚有其他的方法（伍振鷟，民80）。哲學的功用在於瞭解、認識相關性、消除抵觸、提示新發展、引發問題等（徐宗林，民80）。哲學的理論在教育發展上有不可磨滅的價值與貢獻。無論教育的本質、教育的目的以及有關學生、課程、教材、教法等各種問題，都無法擺脫哲學的立場。不同學派的哲學思想與立論，對於教育的本質、教育的目的以及有關學生、課程、教材、教法的主張均有不同的觀點。

哲學的研究議題中與教學活動關係最密切的是「知識論」(epistemology)。知識論是一門研析知識的性質、範圍與確實性的學問。知識論是哲學思想的核心。探究的問題包括人類的認知是如何建構的？我們所見所感的自然界是否客觀的存在？真理是絕對的正確或僅屬相對的可信？要透過何種途徑去確認知識的實在性？要如何加以避免謬誤和弊障，以求得較正確的知識？人類認知的領域有無界限等問題（伍振鷟，民80）。哲學的發展對教學有那些影響和貢獻？本節從理性主義、經驗主義、觀念分析學派、結構主義、詮釋學等逐一作介紹，並討論其教學觀點。

壹 理性主義

理性主義知識論源自希臘時期柏拉圖(Plato,428～347 B.C.)與亞里斯多德(Aristotle,483～322 B.C.)等先哲的思想。認為知識是客觀的、普遍的、真實的、確定的，它的產生是先天理性的，而不是依賴感官經驗而得來。笛卡爾（Rene Descartes,1596～1650）、史賓諾沙（Benedict de Spinoza,1632～1677）及萊布尼茲（Gottfried Welhelm Leibniz,1646～1716）等人承襲此種思想而維繫理性主義的傳統。

理性主義的論點主張知識並非透過經驗而得，是由人類與生俱來的理性所產生的。因而知識的建立方法是直觀的演繹方式，而非歸納方式，理性主義的教育重心強調人類推理能力、記憶能力及各種判斷能力的開展。

理性主義的教學觀點較重視理論的涵養，忽視實用技能的培訓，因而強調「文雅教育」（liberal education），而忽略技藝教育。教學過程在教法上重視啟發式的教學方法，使學生的學習透過理性思考與領悟的歷程。

貳 經驗主義

經驗主義知識論的發展源自普達哥拉斯（Protagoras,480～410 B.C.）主張人為萬物的權衡，每個個體均透過自身所持的標準，覺知外界的事物（伍振鷟，民 80）。經驗主義的發展經洛克（John Locke,1632～1704）、休謨（David Hume,1711～1776）等人更臻完備。經驗主義主張個體的主觀經驗是知識發展的基礎，並非如理性主義者所揭櫫有任何先於經驗存在的普遍必然原則。任何知識的形成，皆來自於個體對自然界的感覺與反省所得的經驗而來，知識的形成有賴於運用歸納法對自然界的現象進行觀察和實驗，而後歸納出各種法則。

經驗主義對於理性主義重視文雅教育輕視技藝教育的觀點產生質疑，認為此種過於理想而不切實際的作法，使教學活動與實際生活無法有效地結合起來，忽視學習者實際需要。所以，最完善而理想的教學應該是提供學習者直接的經驗，讓學習者的感官得以充分地利用，才能增進學習的效果。在教學法的採用方面，經驗主義重視歸納法的教學，讓學習者從實物的操作開始，而後歸納出各種現象的法則，再經由分析形成結論。此種以直觀教學與感官訓練的教育論，對幼稚教育的發展具有相當深遠的影響。

參 觀念分析學派

觀念分析學派是分析哲學中的一派。分析哲學著重於日常生活語言與概念的分析，藉分析的途徑來檢證以表達這個概念的字，以袪除哲學論證時常令人誤解的情形。因此，觀念分析重在語言文字的分析，使表達的意義分寸無失，對於一切原始性的觀念作一較高層次的分析處理，並賦於其真實意義。其理論的重點在於「為論證而論證」。皮德斯（R. S. Peters）指出，觀念分析是要先闡明概念本身的性質，即先慎重地界定名詞，然後再詳細討論名詞的意義，以瞭解事物的狀態（how things are ？），進而探討知識與行動的基礎（林逢祺，民 80）。

賀斯特（Hirst）認為教育的基本目的乃在發展人的心靈，而心靈因獲得知識而發展。知識的形式（forms）是人類用來瞭解經驗的複雜方法，此種方法可以公開認定，也可經由學習而獲得。所以課程的主體便是知識形式的學習。由此可得知一個完整的課程形式只要其「邏輯的結構」未被否定，仍可用各種方法加以組合。賀斯特將知識的七種形式：數學、經驗科學、歷史、宗教、道德及人際關係、文學與藝術、哲學列入課程，並設計如下的課程（高廣孚，民 65）：

⑴型式及邏輯的真理：課程內容含有一些抽象概念，自明理論體系中推演，作為尋求真理的檢證；

⑵物理科學有關的真理：利用感官來檢證與此有關的真理；

⑶心靈的認知及瞭解的知識：此種知識是個人內在重要的知識；

⑷道德的判斷及認知：是含混概念的辨明與檢證；

⑸美學的知識：將客觀審美的經驗用象徵方式陳述出來；

⑹宗教的論斷：是一種信仰及思想上的理解；

⑺哲學的瞭解。

觀念分析學派對教學活動的發展有相當多的影響。如重視語言的釐清與研究，給予學習者認識真知的客觀條件，並且區分陳述語言的類別，培養學習者養成辨認各類語言陳述的能力。其次，培養學生成為一個選擇者，具備正反兩面的思考能力，充分瞭解事物的因果關係，並且有效連結目的與方法。再則將學習視為師生溝通的活動，強調學習者的學習是一種透過師生溝通過程的活動。

肆 結構主義

結構主義是本世紀五〇、六〇年代發展自法國法蘭西學院的一股哲學思潮和方法論，被廣泛應用於社會學及人文有關之科學上，而哲學、心理學、社會學、語言學、文學、史學均可發現結構主義的存在。結構主義是探討人類及社會深層結構的一種思潮和方法論，而所謂的結構具有整體性、穩定性、轉換性及自我調節性，和意識性的關係網絡、規則與實性。

結構主義的哲學要旨可從本體論、認識論、方法論來加以闡釋說明。在本體論方面，結構主義認為結構是世上萬事萬物最實在、最普遍性的存在方法，是一切現象的本質。在認識論方面，結構主義認為認識的對象是深層結構，而非表面現象。而經驗的現象只是浮光掠影，變動性相當大的。結構主義假定人類心靈具有普遍性，而結構是人類理性的非意識產物，將認識之主客體融為一體，反對認識主體對立的二元論。在方法論方面，結構主義主張理論應整體地掌握，從整體著手，掌握結構要素之間所形成的意義，並進一步列表排比，標以數理符號，以便推演至其他情境，使結構意義具有普遍性。其次，結構主義認定結構具有穩定性與普遍性。

從結構主義的理論對教學的意義可從下列幾方面窺出其端倪：

一、價值判斷問題

結構主義強調每一種現象背後所潛存著社會的深層結構，教育內容和實施過程中揉和了社會的權力和控制因素。結構主義基本觀點重視社會深層結構下的產物及結構化的工具。

二、廣義的教學觀

結構主義將課程視之為整個社會結構支配下的產物。學生可由課程的實施領悟深層結構經驗，因而課程應由單純的學校經驗拓展至整個社會的深層結構經驗。教學實施應重視內容的結構意義，同時重視教學實施的形成性經驗。

三、教學應以質化的方法再重建

結構主義強調質化的研究方法，將質的研究結果用以詮釋鉅觀的結構意義，以說明課程與社會經濟、政治層面間的深層結構關係。因而，教學應該具有相當程度的自主性，教學內容也應延伸至文化和意識型態層面的因素，而不應拘泥於任何單一因素的瓶頸中（林進材，民 84 ： 9 ）。

(伍) 詮釋學

詮釋學是一門探討意義的理解或詮釋的學問，其應用在教學上，將教學視之為交互作用的結果。重視學習環境的安排和學習活動中學生的地位。因而，教學活動應該開發學生的理解力，使整個學習活動充滿意義，讓學習者的學習更意義化。詮釋學對教學具有下列意義及啟發。

一、學習者意識的覺醒

詮釋學的論點在學習活動過程中，學習者具有主動的認知能力，透過知、情、意的意識作用，對學習內容進行一連串的認識、內化與覺知。因此，教學設計者應該留給學習者更多的空間，讓學習者有思考、分析的機會，而不是一味地灌輸僵化的知識，使知識的生成經過學習者主體批判反省。

二、互為主體性的溝通

詮釋學對知識產生的論點，持著以主體意識作用為基準點，而後在主體和客體相互作用的過程中逐漸形成（陳伯璋，民 74）。是故，學習經驗的獲得並非單向的構成，而是在教學情境中經由師生溝通與相互影響而產生意義的交流。在此過程中，師生均為主體，各有其「自我觀念」與「主觀的認知」。因此，教學要以學生為中心，以生活經驗為題材，提供良好的情境脈絡，以協助學習者在經驗方面與價值的創造。在教學過程中，教師應有尊重學生的主體性，讓學習者從學習過程中主動形成自己的經驗。

三、學習經驗的構成

在教學過程中，教師無法預期學生的意識和反應會產生何種意見，或在何時何地何種情境中產生。因而，教師對教學所持的信念、觀點和實際的活動不同，而學生經驗到的知識則是經由師生視野交融後所得到的結果。教師在理解教學內容時，最重要的是瞭解學生所處的生活世界之意義及個體的歷史視野。如此，教師和學生才容易因共識的產生而有交集。

Chapter 3

重要教學理論(一)

- 斯金納的教學理論
- 蓋聶的教學理論
- 布魯納的教學理論
- 赫爾巴特的教學理論
- 布魯姆的教學理論

教學是一種複雜的概念，影響教學的因素相當多。教育學者為了增進教學效果均致力於教學理論的探討和鑽研。期望從理論的分析和驗證中，找出有效的教學途徑，減少教學者嘗試錯誤的機會。以最經濟的方式，達到卓越的教學成果。然而，並無任何一種理論可以放諸四海皆準，適用於任何情境之下的。理論只是提供行動的通則，而非必然法則。良好的理論必須具備下列評鑑標準（Goodson & Morgan,1976）：

1. 可驗證性（testability）

任何的理論皆可透過實驗的途徑加以確認，並且以科學的方法來驗證。因此它是實證的研究題材，而非憑空杜撰或臆測而來。

2. 應時性（responsiveness）

良好的理論要能反映出時代的特色，隨著時代的步伐隨時調整。因此，適應時代的特色是良好理論的基本條件。

3. 統整性（internal consistency）

良好的理論是兼容並蓄的，同時融會很多觀點，觀點與觀點之間不是衝突矛盾，而是相互呼應。

4. 兼容性（subumptive power）

良好理論本身涵蓋的層面相當廣，對於事實的陳述完整而無遺漏，更重要的是概念架構要很清楚。

5. 簡單性（parsimony）

良好的理論能以簡單的陳述說明複雜的現象，而不是淪為概念的玩弄，以複雜的概念解釋簡單的現象。

6.陳述性 (communicability)

良好理論自然沒有說教的意味，無情緒性的字眼，或空洞不實的概念。因此，華而不實的論點無法躋身良好理論之林。

7.提示性 (stimulation value)

良好理論對學者具有啟發性，能引導學者從不同的層面加以思考一些存在的現象。

因為，各種理論皆有其發展的情境脈絡，奠基於各種教育的、心理的、社會的、和哲學的立論依據。因此，在援用時必須考量各種限制、優缺點等。有鑑於此，本章的重點僅在於提示並約略介紹各教學理論，讓讀者對於教學的相關理論有概括的認識，至於各理論的優缺點及利弊得失，留給讀者作更進一步的思索和省察。

第一節 斯金納的教學理論

斯金納是受行為主義心理學者華森 (Watson) 之影響，認為心理學是一門行為科學，摒棄主觀的內省法，否定意識、自我、心靈等之存在，主張採用自然科學的實驗方法來研究外顯的行為，俾能預測與控制人類的行為（謝水南，民 85 ： 37 ）。

壹 學習理論

斯金納依據對行為的實驗分析法 (experimental analysis of behavior) 認為行為無法單憑觀察而獲得法則，必須透過實驗觀察與分析，在控制的情境中，客觀記錄行為反應的次數，再依據實驗觀察記錄，推論出行為與環境之間的因果關係。斯金納認為人類的行為是先天遺傳、生活經驗和所處環境的共同產物。因此，人類的行為是生活環境塑造而成的。

斯金納修正桑代克 (Thorndike) 的理論，提出操作制約學習理論 (operand conditioning) ，又稱之為工具制約理論 (instructional conditioning) 。操作制約學習的論點主張人類學習的主要歷程是操作制約，經由操作制約歷程而習得的行為稱之為「操作行為」。操作制約的學習歷程是在「某一刺激」的情境下，由於個體自發性的反應所帶來的結果，而導致反應強度的增加，並與「某一刺激」間建立起新聯結關係的歷程。依據斯金納的理論及研究，對於個體的學習所延伸出來的概念如下：

一、類化與辨別

個體經過操作制約學習後，學到的反應會產生刺激類化 (stimulus generalization) 的現象。刺激類化是個體在碰到與制約刺激性質相似之其它刺激，不須經過制約學習歷程，即可引起同樣的制約反應。刺激辨別 (stimulus discrimination) 是制約刺激能單獨引發制約反應之後，如有其他與制約刺激類似之刺激時，個體會表現出選擇性的反應，稱之為刺激辨別。

二、消弱與自發恢復

消弱是在操作制約學習完成後，不再給予個體行為後的增強物，操作制約反應就會有逐漸消退的現象。自發恢復是個體在行為後雖未得到增強物，消弱的行為反應再度出現稱之。

三、行爲塑造

行為塑造是將個體所欲學習的複雜行為，以分解動作方式，依序給予操作制約學習的訓練，而後再將各個分部行為統整成「學習行為」。

四、增強作用

增強作用是操作制約學習理論的核心概念。個體在學習情境中，針對某種刺激而出現反應之後，得到良好的結果，此種結果又強化個體的反應，產生加強作用稱之。在增強作用中，直接滿足個體需求的刺激物，稱之為原增強物（primary reinforcer）（例如食物）。經由學習而間接使個體滿足的刺激物稱之為次增強物（secondary reinforcer）。如果個體反應後所帶來的刺激物能強化該反應者，稱之為正增強物（positive reinforcer）。個體反應能使厭惡性刺激停止，因而強化該反應者，該刺激物稱之為負增強物（negative reinforcer）（張春興，民 80 ： 236 ）。

貳 教學理論

斯金納將行為視之為研究的主要對象。從對白老鼠與鴿子等動物行為的實驗觀察中，發展建立其屹立不搖的學習理論，並將此套理論應用至教學情境中，對教學理論的發展有相當的貢獻。

一、教學的意義

斯金納是行為主義者，其對教育的定義是：「教師藉著安排增強情境，使學生逐步學會各種行為的本領，而能夠在未來的情境中作出適當有效的反應。由於教師不可能把學生未來將遭遇到的所有真實情境全部搬進教室，所以教學的情境必須是刻意設計的，而非自然的生活情境。學生所要學習的行為本領，除了包括各種事實與技能之外，還必須包括思考與解決問題的本領。」（陳啟明，民 75 ： 108 ）。

斯金納從行為主義的觀點將教學的意義界定為行為的塑造，強調人類行為的可塑性。教學是教師藉著學習情境的安排，透過各種增強策略，塑造出預期的行為。因此，在斯金納的理論中，教學是一種價值導向，師生之間的關係自然是奠基於增強情境上 (Skinner,1968) 。

斯金納對教學所下的定義，強調外在環境對人的影響力，而忽略個體的主體意識，過於窄化教學的意義，否定人類的思想、意識、知覺與自我等。

二、教學原理

斯金納的教學原理是由操作制約延伸而來，因此教學理論的基礎是操作制約的原則（陳啟明，民 77 ： 31-34 ）。

1. 應用正增強原理，增加行爲出現的次數

教學過程中，如果學生出現教師預期行為時，立即給予增強，如此能使行為持續出現。

2. 應用消弱原理，減少不當行爲的出現

教學中，如果學生出現非預期行為時（如吵鬧、發出怪聲），教師可以運用各種策略（如不予理會），使學生停止該項行為。

3. 應用塑造 (shaping) 原理，形成新的行爲

教師在教學中對於一些較複雜的預期行為，需要分成幾個步驟，引導學生逐步完成。

4. 應用間歇增強原理，建立行爲的持續性

教師在教學中無法針對每位學生，設計各種行為增強的策略，因而可運用間歇增強方式，讓學生得到行為之後應有的增強，進而持續良好的行為。

5. 應用刺激控制原理，協助學生在適當的場合作適當的反應

教師可以在教學過程中，讓學生學會辨別不同的刺激，並且作出適當的反應。

6. 應用類化原理，使學習產生遷移作用

類化作用是由特定刺激或情境所制約的反應，在其他類似的刺激或情境之下仍然能出現。教師在教學中應該指導學生模擬各種情境，使學生產生辨別刺激與制約反應，而後產生學習上的遷移作用。

7. 應用串連原理，形成新的行爲

串連（chaining）是將行為細分成幾個中介的步驟，透過將這些中介的步驟統整起來，形成一個新的複雜行為。例如教導學生正確前滾翻動作之前，先將完整的正確動作分成幾個步驟，讓學生逐步學習，最後再將所有的分解動作連貫成整體的動作。

8. 應用消褪原理，發展適當行爲

消褪（fading）是將引起制約反應的刺激，逐漸地從學習中消失，個體仍能作出原有的反應。教師在教學中，原先的示範動作漸漸減少之後，學生仍能作出正確的動作。

9. 應用懲罰原理，抑制不當行爲的出現

懲罰是當學習者出現非預期行為時，教師為了消除其行為所採取的措施。懲罰方式通常包括除去增強物與施予嫌惡刺激物二種。

10. 應用逃脫與躲避原理，建立預期行爲

在教學中，教師可針對學生的某一不當行為，提供該行為所導致後果的分析與說明，讓學生為了免除這些後果，而出現預期行為。

三、教學方法

斯金納的教學方法來自於對人類行為的關切與研究。編序教學(programmed instruction)是斯金納針對傳統教學的弊端，所發展出來的。編序教學是將預定教學內容的複雜行為組型或教材先分析成簡單的元素或細目，繼而按照預期行為建立過程的先後，將此等元素或細目編成合理的順序，然後以教學或類似的方法，由簡而繁，從易而難，由具體說明到抽象原理，循序漸進，終而形成預期的行為，此一程序即為編序教學（袁之琦、游恒山，民79：235）。

斯金納的編序教學，主要依據下列的設計原則（張新仁，民80）：

1. 確定具體的終點行爲

詳細地描述學習者的行為後果，亦即期望學生表現出來的行為方式。

2. 分析終點行爲所包含的要素及先決條件

將學習者的終點行為分成若干中介步驟，並發展成為課程的主要內容。編序教學者依據由下而上循序漸進的方式，由低層次、簡單的部分，轉而學習高層次、複雜的部分。

3. 瞭解學生的舊經驗及起點行爲

課程設計應該以學生目前已具備的能力為主，包括舊經驗、先備知識等均應納入考量。

4. 提供學習者充分反應的機會

在教學活動進行時，時間的分配、教學情境的佈置、教學活動的安排設計、資源的運用等，均應給予學習者有充分反應的機會，從反應回饋中，獲得增強，以達到預期的學習效果。

5.增強物的設計和選擇

教師需要針對學習者的特性及個別差異設計有效的增強物，協助學習者從生疏、熟練到精熟。

6.妥善安排增強物的出現方式

斯金納認為學習是一種行為塑造的過程。因而，增強物的出現方式（如連續性增強、間歇性增強），影響學習成果。增強物的出現方式事前加以妥善安排，才能促進學習的成效。

蓋聶的教學理論

蓋聶（Gagnē）的主要學習理論是依據對解釋人類學習本質複雜因素的研究。蓋聶指出教學如果只顧及增強作用、練習的分配和反應的熟悉度是不足的，因而提出三項教學原理：⑴分析終點作業（final task）的組成元素，實施教學活動；⑵確定個體對每個組成元素都已達到精熟的程度；⑶將組成元素之先後順序排列以順利達成終點作業（Gagné,1962）。

壹 學習理論

蓋聶認為學習不是單一的歷程，不管是刺激與反應的聯結、頓悟、問題解決等均無法對學習定義作完整的解釋。人類的學習是種複雜且多層面的歷程。學習的定義包括二方面：第一，學習是一種使個體成為有能力社會成員的機制，學習使人類獲得技能、知識、態度和價值。因而，導致各種不同類型的行為，又稱之為能力（capabilities），能力是學習的結果。第二，上述能力是由人類環境中的刺激和學習者的認知歷程所習得

(Gagné,1972;1977)。

蓋聶的學習理論包括學習階層(hierarchy of learning)、學習成果(learning outcomes)、學習的條件(learning conditions)、學習與記憶的訊息處理模式(information-processing model of learning and memory)，分述如下：

一、學習階層

蓋聶認為任何學習都應循著合理的順序，無法躐等越級。學習有階層性，階層中的每一項能力是上一層更複雜技能的先備條件(prerequisite)，沒有先學會較低階層的要素，則無法學習較高階層的要素。

表 3-1 心智技能階層（盧雪梅，民 80：173）

技能的類型	敘述
辨別學習	兒童能對不同的物體做不同的反應
概念學習	
具體的概念	兒童經由與具體事物（如三角形）互動而學習
定義的概念	無法經由具體例子學習的概念，如「自由」、「愛國」
原則學習	學生能以某一類代表某關係的表現對某一類情境作反應；例如學生看到 *5*＋*2*、*6*＋*1*、*9*＋*4* 則表現將各組整數相加的反應
高層次原則學習（問題解決）	學生將次級規則相結合以解決問題

蓋聶依據學習的建構與形成，將學習分成八大類型：*1.*符號學習(signal learning)；*2.*刺激反應學習；*3.*動作技能學習；*4.*語文聯結學習(verbal association)；*5.*辨別學習(discrimination learning)；*6.*概念學習(conception learning)；*7.*原則學習(rule learning)；*8.*問題解決學習(problem solving learning)(Gagń,1974)。

二、學習成果

蓋聶認為學習後的成果是任何學習活動關切的議題。這些成果其實是種習得能力（learned capabilities）。不同的學習類型要能類推至不同的學科領域、班級和年級的階層上。基於此種理念，蓋聶提出五大類學習成果：

1. 語文知識

此種能力是指獲得名稱、事實和有組織的知識體系。因此是屬於「陳述性的知識」（declarative knowledge）。表現方式是將習得之知識加以陳述、解說或報告。

2. 心智技能

是一種運用心智去學習「如何做事」的能力，是一種使人類成為有效能社會成員的技能。

3. 認知策略

認知策略是學習者用來管理學習、記憶、思考及問題分析的能力，是學習者執行控制的歷程。認知策略是影響學習者對外在刺激的注意、譯碼和資料儲存量的多寡，也影響學習者的學習效果。

4. 動作技能

動作技能是指在進行某些動作時所需要使用的技能而言，是一種流暢地表現自身肌肉的能力。例如：綁鞋帶、投球、穿衣服、打字、潛水、開車等皆屬於動作技能的展現。

5. 態度

態度是指會影響學習者對個人行動的能力而言。依據蓋聶的想法，態度只是使個體從事某一活動的趨向程度，而不是決定從事某項特定活動（Gagné,1977:231）。

三、學習的條件

蓋聶認為前開「學習成果」與「習得能力」的獲得都得具備相當的學習條件。學習條件本身如果存在於學習者內部，稱之為「內在條件」（internal conditions），存在於學習者之外者，稱之為「外在條件」（external conditions）。學習的內在條件指的是學習者本身長期記憶區內的先備知識與技能、興趣、態度等，足以影響學習的因素。學習者的外在條件指的是影響學習成果的各種情境，例如：學習氣氛、環境、設備、教材、各種資源等，這些通常是教師可以掌握的。依據蓋聶的理論，學習成果與內、外在條件有關。因而，教師必須針對不同類型的學習結果、學習者的先備知識與技能，做各種不同的教學設計。

四、學習與記憶的訊息處理模式

蓋聶認為人類的內在學習歷程，可以訊息處理理論的學習觀點加以解釋。個體在接受外界環境的刺激後，將訊息透過感應器（receptor）轉換為神經衝動，隨即送入大腦中樞的「感應記錄器」（sensory register）中，而後能引起學習者注意的訊息，透過編碼（encoding）貯存於短期記憶中。經過學習者反覆練習，成為長期記憶。

蓋聶的學習與記憶的訊息處理模式顯示出，學習活動是一種內在的歷程，即使是簡單的學習，都經過一連串訊息處理的過程。整個學習內在歷程的運作不僅操之於學習者本身，學習環境中教學活動的安排與設計同時影響學習者對訊息的處理（張新仁，民 85 ： 65 ）。

貳 教學理論

蓋聶的教學理論係依據其學習理論而來，認為「學習結果」與「學習的歷程」是影響教學的兩個重要的因素。

一、教學的意義

蓋聶認為教學是「以協助人們學習為目的的事業」。因此，舉凡影響個體學習的事件都是教學的重點。蓋聶主張教學應該事先計畫以增進學習者的學習，學習者的需要應先列入教學計畫中；其次，教學設計應該包含短期性與長期性層面的設計，以引導個體的發展；第三，教學應有系統化的設計，設計的程序應先分析學習者的需要，據以發展目標並加以陳述，依各步驟推展教學活動；第四，蒐集有關教學成效資料以修正教材，以符合預期的教學目標；最後，教學的概念應該由「人類如何學習」的知識中發展出來 (Gagné & Briggs,1979:5) 。

二、教學事件

蓋聶認為教學活動是教學者將學習者外在事件加以安排，用來支持學習者的內在學習歷程，以達成各種學習成果。在教學上注意系統設計，能使教學設計者以科學的方法擬定教學計畫，進而產生最理想的教學 (Gagné,1985) 。為了能產生有效的教學，教學者在教學前與教學中必須慎重地安排學習環境中的事件，使其與內在的學習歷程相輔相成。蓋聶將有關內在歷程及其相對應的教學事件列如下表：

表 3-2 內在歷程及其相對應的教學事件與活動舉例

內在歷程	教學事件	活動實例
1. 接受	引起動機	運用突然的刺激改變
2. 期望	告知學習者學習目標	告訴學習者在學習之後能做些什麼
3. 搜索工作記憶	喚起舊經驗	要學習者回想過去所學的知識技能
4. 選擇知覺	呈現刺激	展示具有明顯特徵的內容
5. 語義性編碼	提供學習輔導	提出一種有意義的組織
6. 反應	引發表現	要求學習者反應
7. 增強	提供回饋	給予訊息回饋
8. 恢復和增強	評估表現	對學習者的行為表現給予評估
9. 恢復和類化	增進保留與遷移	提供各種練習與間隔複習

蓋聶將教學事件分成下列九類：

1. 引起動機

教師教學前，必須瞭解並找出學生的學習動機，引發學生對學習的興趣，以完成學習目標。蓋聶將學習動機分成(1)誘因動機（incentive motivation）如獲得稱讚、接納等；(2)任務動機（task motivation）如好奇、探索、精熟等；(3)成就動機（林寶山，民79：102）。

2. 告知學習者學習目標

教學前讓學習者預先瞭解預期的學習成果，教學過程中學習者出現預期行教為表現時能迅速獲得增強和回饋，有助於學習效果的提昇。

3. 喚起舊經驗

學習者在學習之前，已具備那些先備知識？有什麼樣的經驗？起點行為何在？等都是教學者需要深入瞭解的。新的學習必須奠基於舊經驗之上，才能收到預期的效果。

4.呈現刺激

蓋聶認為教師在教學活動中，要安排情境引起學習者的注意。因而，刺激的提供有助於學習活動的完成。

5.提供學習輔導

教師在教學中可運用各種策略引發學生回憶起已學過的低層次心智技能，協助學生達到有效的學習。

6.引發表現

教師在教學中透過學生實際行為表現，才能評估教學目標是否達成。因而，引發表現，經由觀察和測驗方式，評價學習者的表現。

7.提供回饋

教學的回饋通常來自於教學者與學習者二方面。教師經由學習者的回饋瞭解教學行為，學生運用其先備知識與技能，自行與新學習行為校正，獲得回饋。適時地在教學中提供一些必要及立即的回饋。

8.評估表現

除了提供回饋之外，學習者學習成果表現的評估，有助於教學評鑑工作，從評估表現中擬定各種補救方案。

9.增進保留與遷移

安排各種不同的情境，使學習者的學習行為獲得保留與增進是教學者的重要任務。

三、教學設計

蓋聶理論在教學上的應用，莫過於以實作表現目標來界定學生的學習能力和選擇適當的教學事件，作為教學設計中的重要步驟。教學活動設計主要在於促進學生內在學習歷程的運作。

蓋聶認為教學設計應該包括下列四個要素（王秀玲，民 77 ： 49-56 ）：

⑴確認學習目標的重要性，強調以行為目標的形式加以敘述；

⑵進行教學設計，應該以學習階層及學習任務分析作為依據；

⑶擬定教學活動或設計學習階段時，應注意學習者的內在條件及學習的外在情境，以獲得最佳的學習效果；

⑷決定評量的方式、標準及工具，以評量學生的表現，並實施教學評鑑。

此外，蓋聶的教學設計包含下列幾個主要的概念：

1. 行爲目標與先備條件

蓋聶強調將教學目標以行為目標的方式加以陳述，並且將各先備條件運用到教學設計中。

2. 教學事件

教學設計時，教學者應該將學習環境中的事件做妥善安排，使教學事件與內在學習歷程相輔相成，才能產生有效的學習。

3. 教學程序

教學程序指的是教師的教學設計經過任務分析步驟後，安排各種有助於學習的各種外在情境，使教學事件與學習階層作有效的配合，以提高學習效果。

4.教學傳達方式

蓋聶將教學傳達方式依據教學事件與教學程序的設計分成四種方式：

⑴家教式：將教學者與學習者以一對一相互溝通的方式，即為個別指導方式。

⑵問答教學：以問答方式進行教學，由教學者主動提出問題，學生針對問答做適當的回應。

⑶小組討論方式：蓋聶主張採用小組討論方式進行教學，由教學者主持討論，從問題中導出教學主題並讓每個學生都有表達的機會。

⑷講述法：是屬於最傳統的教學方式，由教學者以口頭表達方式進行教學並輔以其他教學媒體。

5.選擇教學媒體

教學情境中，運用各種教學媒體，以傳達訊息或教學刺激給學習者。教學媒體的選擇，有助於教學活動的進行，並可能提高學習效果。

6.教學評鑑

評鑑是教學最終的步驟，透過評鑑工作瞭解教學目標達成的程度。教師在進行教學評鑑之前，需要瞭解學生的程度及個別差異，作為評鑑教學的依據。

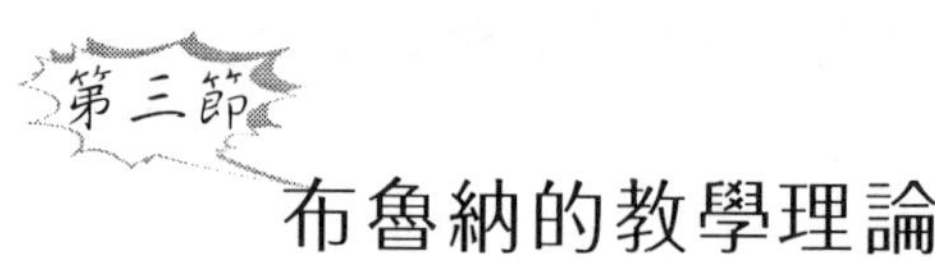

第三節 布魯納的教學理論

布魯納（J.S.Bruner）是一位對教育理論之建構具有相當貢獻與啟迪性之教育思想家，對於人類思考、學習、動機、認知發展階段及知識結構的研究、現代化的課程與教學均有深遠的影響（吳裕益，民85：88）。在學習理論方面強調「結構」的重要性，認為教學者必須瞭解學生的認知結構，使學習者主動發現教材所包含的結構。因而，布魯納的教學理論以「發現式教學」著名。教學理論乃植基於「認知發展」、「認知結構」與「歸納性思考」等學習理論。

壹 學習理論

一、學習的意義

布魯納認為學習是一種由學習者主動處理訊息，並且將訊息加以組織和建構，使之成為學習者心中的「實體的模型」(models reality) 之歷程。學習者對於外界訊息並非如行為主義論者強調被動的吸收，而是個體主動選擇外界訊息，將訊息加以處理和組織，並儲存在人類特有的代表外在世界的模型裡（林清山，民 77 ： 60 ）。此種模型就是學習者心目中外在世界的表徵，也是一種對外在世界的預期。

二、認知發展

布魯納在其著作《認知發展研究》(Bruner,1966) 一書中，指出認知發展的主要原則有六：

⑴由刺激反應至逐漸減少對刺激的反應而依賴反應；

⑵認知發展依賴人類發展訊息處理與儲存的系統。因而，學習者必須學到抽象符號系統；

⑶認知發展是施教者與學習者雙方系統性地交互作用；

⑷學習者必須使用語文或符號敘述其往事與未來計畫，才能有助於認知發展；

⑸語言是刺激與反應之間的中介，而且是認知發展的重要關鍵；

⑹認知能力發展結果，可使人類處理更多的問題，因而有助於認知發展。

布魯納將人類的認知發展分成三個主要階段 (Bruner,1966) ：

1. 動作表徵期 (enactive representation)

一歲至二歲的幼兒，對外界的學習和理解是透過動作反應。例如，嬰幼兒的抓、取、舉、走等動作的完成，透過與外界互動而達到目的。並將此種經驗儲存起來，成為日後的動作技能。

2. 映像表徵期 (iconic representation)

二歲至六歲的兒童，學習是透過視覺影像方式的理解。例如：兒童透過真實的貓、相片中的貓或圖片中的貓，形成對貓的形象，進而理解貓為何物。此種映像儲存在記憶中，成為知識中的一部分。

3. 符號表徵期 (symbolic representation)

六歲以後的兒童，學習活動是運用語言、文字等抽象符號的方式理解外界環境，並且與環境產生互動。此時期的發展已邁入抽象思考時期。

三、認知結構

布魯納認為任何學科的知識都是將感覺材料有系統地加以組織，而後運用簡單的形式加以呈現出來，使學習者以可以認知的方式加以瞭解（吳益裕，民 85 ： 95 ）。因此，學科知識都是有結構性的。而教育的過程，就在於協助學習者有效地掌握知識的結構，才能對所學的知識有較好的理解、記憶和學習遷移（張新仁，民 84 ： 307 ）。因為能掌握認知結構之後，才能理解其概括性與類推性，以產生更大的學習遷移，有助於學習者處理爾後類似的情境 (Bruner, 1966) 。

四、歸納性思考

布魯納主張在教學活動中，教師應該不斷地提供各科不同的實例，讓學生思考，使學生瞭解實例與實例之間、概念與原則之間的相互關係和知識結構。

貳 教學理論

布魯納主張教學必須藉助其他行為科學的結構因素，即概念與通則為主。在《教育的過程》一書中，明白地揭示「任何學科的結構均可用某種方法，教給任何年齡的兒童」(Bruner,1960:12)。此外，布魯納提倡「發現教學法」，重視學生主動積極求知的精神，透過直覺思考、比較分析、對照等方式，發現教材中重要的概念。

一、教學的意義

布魯納主張教學是「教學者在實際教學情境中，設法安排有利於發現各種結構的情境，讓學生主動去發現知識結構。」布魯納認為一個有效的教學理論應該具備四項主要的特徵(Bruner,1966)：

⑴教學理論應該能適時提供最佳經驗(optimal experience)：教學理論的形成要能促進學生產生想要學習和解決問題之意向，此種意向提供學生學習的動機。

⑵教學理論應該具體指出知識結構的安排：教學理論要能有效安排教材結構以配合學生的認知結構，使學生容易達到精熟的程度或是獲得最佳的理解。

⑶教學理論應該具體指出學習的最佳程序(optimal sequence)：教學理論要能瞭解學生學習的教材，要依何種順序來呈現，才能使學習產生

最佳的效果。

⑷教學理論應該具體指出增進學習效果的策略：教學理論要能指出教學過程中，為了增進教學效果，要採用那些策略、方法，如獎懲的實施及使用的時機等。

二、教學原理

布魯納在教學方面的主要主張是「發現學習法」(discovery method)。他認為教學活動的重點應該在於教學情境的安排，使學習者自行發現各種教材結構。因此，教材的結構要能與學生的認知發展結構相互配合，教師在教學時也必須瞭解學生的認知結構(林寶山，民79：91)。

布魯納認為有助於發現學習的六大要素如下(吳益裕，民85：101)：

1. 使用自己的思考

教師在教學中應該以學生為主體，鼓勵學生運用個人的智慧去思考、分析問題。教師應提供各種機會讓學生思考，透過思考活動將各種教材及概念加以統整。

2. 使知識內容配合個人的學習背景

布魯納主張教學者應該將新的教材作分析與組織，使其有效融入學生的聯想、範疇(categories)、參照架構(frame of reference)系統，成為資料庫的一部分，學生透過已知事物的基礎去發現新的事物。新舊事物之間的銜接和連結，有助於學習效果的提昇。

3. 自我增強式追求成功動機

布魯納強調「追求成功慾望」是一種自我獎賞的概念。因此，教學者要鼓勵學生參與學習活動，以體驗自己解決問題的能力，並從中感受到由思考所獲得的自我增強。學習者在學習活動中，發現各種概念或規則，將學習結果推論至日常生活中，並非期望獲得外在或他人的獎賞，而是一種追求成功的自我增強。

4. 透過假設解決問題

在教學活動中，訓練學習者在解決問題過程運用假設的技能，透過假設法 (hypothetical mode) 教學，使學習者設立假設及驗證假設方面，以獲得豐富的經驗。

5. 自我反覆的問題

在教學過程中，對於較難的學習材料，應協助學習者不斷反覆練習，以達到預期效果。

6. 參照的效力 (the power of contrast)

布魯納認為教材的編列應該以對照的方式加以安排，讓學習者產生參照的效應。

布魯納的教學理論重視實際的教學問題，從學習者心理認知能力發展為出發點，以教學的心理原則為理論依據。

1. 重視動機原則

布魯納一再強調學習動機的重要性，教師應該運用學生好奇、求知的動機進行教學活動。

2. 順序原則

教學應該以學習者的認知結構為準，配合學習者的認知發展順序，由動作表徵期、映像表徵期至符號表徵期而循序漸進，不可揠苗助長。

3.預備狀態

教學活動應符合學習者的預備度（readiness），將教材編序成符合學習者的認知發展。

4.學習遷移

教學應該掌握學習者的認知結構，協助將新的訊息轉化成為「模型」，並將之納入認知的結構中。

5.過程技能

布魯納強調發現學習是一種過程，過程本身也需要學習。因此，過程的學習應該納入教學的重點。

6.收錄策略

教師應該將教材轉化成為學生「最適吸收」的形式，才能與認知結構相容。

7.增強與回饋原則

教師在教學時安排讓學生有發現的情境。發現本身就是增強，有助於滿足個體內在的動機。

赫爾巴特的教學理論

赫爾巴特（J.F.Herbart,1776～1841）主張人類的心靈是由許多相關觀念聯結而成，學習是循著一系列的步驟進行。因而，教學是由學生主動去注意教師希望學生具有的觀念（林寶山，民79：16）。

壹 學習理論

赫爾巴特致力於心理學為基礎的科學教育學，認為人類的心靈是由許多相關的觀念聯結而成。學習活動是透過感官知覺與外界接觸，接觸所得的各種印象與內心中原有的既存觀念相統合，此種過程又稱之為統覺(apperception)。赫爾巴特認為人類如果要支配宇宙萬物，就得對自然具有相當充分的瞭解和知識。而自然知識的產生，必須依賴感官的經驗，知識因感官經驗而生。

赫爾巴特的思想基礎，在心理學方面受到來自英國哲學家洛克官能心理學說的影響，在哲學方面受到菲希特、萊布尼茲、康德理想主義的影響。在學習理論方面，赫爾巴特提出下列幾項中心思想：

一、心靈論

赫爾巴特主張心靈狀態說，而反對心靈實體說的理論。認為心靈並非是實體，沒有生而即有的種種心能。心靈狀態，是一種不可知的心，對物質體的運思作用。心靈活動是運思作用的一種行動，此種行動是豐富自然知識的本源。赫爾巴特認為用心靈的作用就是思想，思慮綿延不絕，構成意識之流。心靈感知外物而生表象，表象即是觀念，相類似的觀念可聯合成一起，而構成類化團(apperception masses)（高廣孚，民78：152）。赫爾巴特認為這種經驗類化就是人類特有的學習活動。

二、統覺論

赫爾巴特認為心靈最重要的功能，在於統覺的能力。統覺是一種高層次的心理過程，是以系統的觀念來解釋領悟（詹棟樑，民78：117）。統覺之發生，係由先前所得到的表象和其新原素之聯合而產生。表象則具有下列三項特性：

*1.*接近法：時間相接近的兩種表象，其中一種表象出現，其他表象相繼出現；

*2.*類似法：相類似的兩種表象，其中一種表象出現，其他表象也因而出現；

*3.*對比法：此一表象出現時，則其相反的表象亦因而出現。赫爾巴特認為以上三種特性，在程度上進行複合或融合作用，且被攝入並同化於舊表象群中的過程，就是統覺過程，也就是學習過程。

三、興趣論

赫爾巴特指出興趣是學習的主要條件，它的重要性在於誘發學習者從事學習活動。興趣同時也是學習的重要條件，它在於引起學習者的注意。因為興趣可以使人對各種外界事物之思考而產生喜歡的心情，以引起對事物的興趣。赫爾巴特將興趣分為六大類：

⑴經驗的興趣（empirical interest）：來自於人類直接對各種事物的知覺或察覺，以獲得知識。

⑵思辨的興趣（speculative interest）：是對於事物經驗的延伸，透過對現象的解釋，以獲得原因和影響。此種興趣是使學習者產生「為什麼」的疑問，而產生追尋事物緣由的興趣。

⑶審美的興趣（aesthetic interest）：來自於對美本質、藝術品、道德行為的思考，最終的目的在於使人類獲得良好、和諧的適應。

⑷同情的興趣（sympathetic interest）：來自於人與人之間的交往，個人對他人之喜、怒、哀、樂，如自己感同身受。

⑸社會的興趣（social interest）：社會的興趣是源自於家庭與學校友誼之擴展，重要性在於促進社會的進步，以期達到完美的境界。

⑹宗教的興趣（religious interest）：是人類心靈提昇至完美生活的最後境界，同時也是維持社會秩序的主要力量。

四、道德論

赫爾巴特認為個人品格或道德生活皆含有內在自由、完美、善心、正義、公正、公平等觀念。道德是人類最高之目的，同時也是教育之目的。道德是內在自由之完全實現，具備穩固的現實性，內在自由之觀念即為道德。

貳 教學理論

赫爾巴特認為教學是讓學習者主動瞭解教學者希望具有那些觀念。教學理論是源自於心靈狀態說，倡導階段教學法，循著固定的階段，用啟發的方式，增進學習者系統的知識，以培育推理能力。

一、教學的意義

赫爾巴特認為教學是一種構造心靈的活動，教學同時是教育之重心，如果沒有教學，所有教育理想皆無法實現，教育工作也無法順利進行。因為少了教學活動，人類就無法具備任何教育概念。赫爾巴特對教學的定義是從廣義著手，指出教學不僅包括課堂中的教學活動，同時包括知識與道德。因此，教學活動又分成道德教學與知識教學。

1. 道德教學

赫爾巴特以為道德教學是以教學達到教育目的。因而，教學重要的是意志的訓練，使學習者透過瞭了解關係與判斷，發展健全的品格，養成良好有德性的人格。

2. 知識教學

赫爾巴特將知識教學視之為廣義的知識教學。部分是教學者傳授給學習者，部分是學習者自己去學習。因此，教與學幾乎是同時進行著（詹棟樑，民 78 ： 138 ）。

二、教學方法

赫爾巴特在其著作《普通教育學》一書中，將教學方法分成分析的教學與綜合的教學。

1. 分析的教學

主要方法是將各種經驗分析成幾項事實，再由事實分析成要素，再由要素分析成特質。此種經驗、事實、要素、特質可透過思考及抽象作用分離出各種概念來。分析的教學是透過心靈作用達到學習的目的。

2. 綜合的教學

從各種特質的分析、綜合，到諸要素的重新結合，以造成新關聯或新的概念。綜合教學是以統覺作用為基礎，因而效果上比分析教學佳。

三、階段教學法

赫爾巴特延伸對學習的定義，提出著名的階段教學法，階段教學法的內容及步驟說明如下：

1. 明瞭

此階段的教學是由教學者將教材與其他教材加以區分，並分析教材的性質，使教材具備明顯性，而使學習者易於瞭解教材的性質與內容。

2.聯合

此階段的教學，主要在於使新、舊觀念產生調適、修正與結合。因此，必須注意下列事項：⑴新、舊教材之間有類似者，使其發生聯合；⑵學科與學科教材之間有關聯者，應該相互結合；⑶新、舊事實之間有類別關係者，設法使其相互關聯；⑷新、舊觀念之間使其相互結合。

3.系統

此階段的教學應使學習者瞭解新、舊事實或經驗間的關係，使其系統化，讓學習者獲得經驗與觀念等實用的價值。

4.方法

此階段的教學在於使學習者將系統的經驗與觀念，透過實踐與體驗，使其能與日常生活實務相互結合。

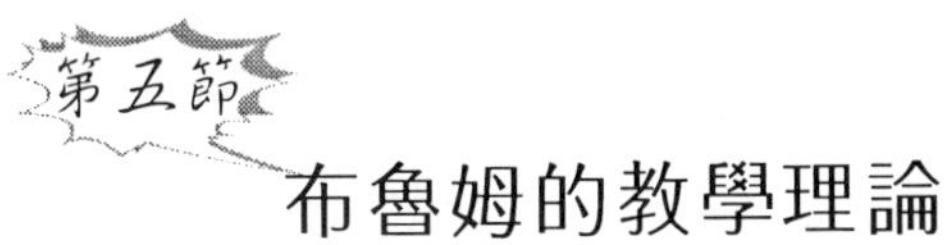

布魯姆的教學理論

布魯姆（Benjamin S. Bloom）是研究教學目標最著名的學者。將學校一般教學的目標分成三大類：⑴認知類（cognitive domain）；⑵動作技能類（psychomotor domain）；⑶情感類（affective domain）。布魯姆在學習理論方面提出掌握學習的組織教學方法，對教學提供一個嚴謹的方法論，使教師透過各種途徑，有效地增強學習者致力於「學習任務」的努力程度。其次，只要提高教學質量，便能提昇學習成效。

壹 學習理論

一、學習目標的分類

布魯姆在學習理論方面最大的貢獻是學習的分類和評價，其主要著作《教育目標分類學》(Taxonomy of educational objectives) 對於學習活動的分析、歸類和評價提供完整的架構。在目標的分類方面具有下列幾個特徵（施良方，民 85 ： 344 ～ 345)：

1. 用學生外顯的行爲陳述目標

布魯姆認為具體、外顯的行為目標才是可測量的。制定目標的目的在於為了便於客觀地評價，而不在於理想願望的陳述。因此，在制定目標時，不但要同時考慮欲達到的理想狀態，還要考慮對目標能否作客觀的評價。

2. 目標是有層次結構的

布魯姆將認知領域目標分成六個主要層面：(1)知識；(2)理解；(3)應用；(4)分析；(5)綜合；(6)評鑑。情意領域包括五個主要層面：(1)接受；(2)反應；(3)評估；(4)組織；(5)性格化。布魯姆將學生的行為由簡單到複雜、由具體到抽象。因而，教育目標具有連續性和累積性。

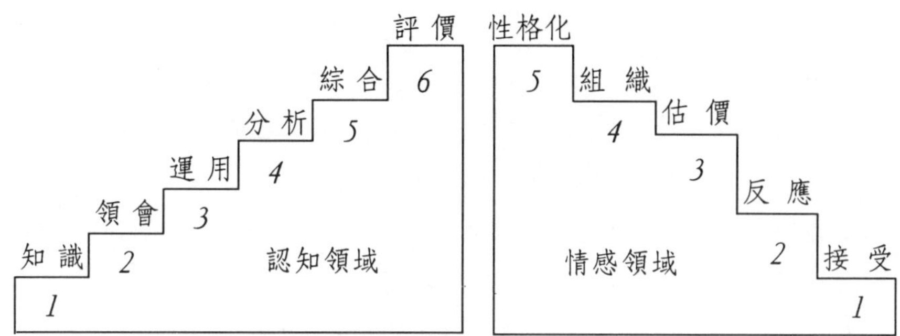

圖 3-1　布魯姆認知領域與情感領域教育
（施良方，民 85 ： 345）

3.教育目標分類學是超越學科內容的

布魯姆認為教育目標的分類不受學習者年齡和教學內容限制。任何的學科、年級都可以教育目標的層次結構加入相對的內容，形成各學科的教育目標體系。

4.教育目標分類學是一種工具，是爲教師進行教學和服務的

教育目標的分類本身不是目的，而在於作為評價教學成果的依據，有助於教學過程中，激發對教育問題的思考。教學目標的分類有助於教師作各種教學內容的安排，以及課程設計的依據。

二、對學習能力的觀點

布魯姆認為如果提供學習者適當的學習機會，配合合適的材料和教學，學習者皆可以達到各種預定的目標（Block,1971）。如果教師的教學風格與學習者的能力結構相符合，則學習效率必能提高。因此，學習者如擁

有適當的時間和良好的教學，對學習任務的理解有正面的效應。

此外，布魯姆引用卡羅 (John B. Carroll) 的論點，提出下列的想法：

1.任何學科皆可以目標分類來下定義，各類目標代表學科的教程或單元目的。

2.將學習材料劃分成幾個學習單元，每個單元擁有自己的目標。

3.評定學習材料和選擇教學策略。

4.每個單元設計診斷性測驗，用來測量學生在學習過程中的進步情形，並診斷學生可能存在的問題。

5.運用測驗提供學生補救性教學，以解決學習上的問題。

布魯姆認為只要安排適當的學習時間，才能適合各類學生的學習傾向，學習成果就會相對地提昇。

三、學校學習理論的變異

布魯姆認為學習上的差異大部分是由學校和家庭環境條件造成的，是人為的而不是天賦的。例如，某些教師的教學僅利於少數學生，對另一部分的學生產生不利的負面作用。學校中學習活動所造成的個別差異，是人為的、偶然性的，不是個體固有的。世界上任何人都能學習，只要提供適當的學習條件，幾乎所有的人都能學習。布魯姆將學生的學習能力劃分成三種不同的構念：第一種構念是有優秀的學習者，也有拙劣的學習者；第二種構念是有學習快速者，也有學習緩慢者；第三種構念是合適的學校學習條件，能使學習的好與壞、快與慢等特徵加以改變（黃政傑，民 78）。

基於上述論點，布魯姆提出三個學習上的自變量：⑴學生已習得完成新的學習任務需必備的知識技能程度（認知準備狀態）；⑵學生具有從事學習過程的動機程度（情感預備狀態）；⑶教學適合於學生的程度（教學質量）。

貳 教學理論

一、教學的四要素

布魯姆對教學的看法，認為教學是由四個要素組成，即線索、參與、強化和回饋等。茲說明如後（施良方，民 85 ： 357-359 ）：

1. 線索

任何教學皆涉及教學內容以及讓學生瞭解如何學習的線索，線索指的是希望學生學習什麼以及在學習過程中做些怎樣的指導。教師在教學中必須瞭解線索的特性、呈現出來的形式、線索對學生學習過程所代表的意義何在？和學生的認知結構是否相結合？

2. 參與

教師教學過程中，學生對學習的參與程度如何？是否對教師的教學作積極的參與回應？教師如何運用策略鼓勵學生積極地參與學習活動？因此，教師在教學中所設計的策略就顯得相當地重要。學生的學習參與通常分成外顯性的（如口語和行為上的回饋）、內隱性的（如思考學習內容及各種心理運思行為）。學習者參與學習是否積極，可作為評鑑教學品質的有效途徑。

3. 強化

教師在教學過程中，為了促進效果的提昇，必須運用讚許、認可、微笑、手勢等各種獎勵作為增強物，強化學生的學習動力。透過各種強化的策略和方法，提昇學生的學習動機，增進教學的效果。

4.回饋

教師在教學中應該隨時依據學生的表現提供線索、給予參與機會，並適時予以強化，使教學成為雙向互動的過程。教師和學生互動中，隨時修正自己的教學架構，給予學生回饋和矯正，據以調整教學內容和教學過程。

布魯姆的教學理論強調線索、參與、強化、回饋對學習者學習成就的影響。

二、精熟教學理論

布魯姆認為學習者需要的學習時間和協助常因人而異，因而應用精熟學習的概念，有助於尋求解決問題的辦法，對於學習速度較緩慢的學生應增加學習時間，提供學習上的協助。學習較緩慢的學生，假以時日仍能達到學習快速學生所達到的水準，似乎也能學習抽象和複雜的概念，並且應用概念到新的事物上。精熟學習的主要目的是透過學習者彼此之間的互助合作、相互協助，成功地達到高水準成就的教學法。由教師設計各種策略，引起學生更高層次的學習動機。布魯姆主張無論學習快速或遲緩的學生，只要提供各種額外的時間和協助，同樣可以達成同等的學習效果。

布魯姆的精熟教學理論是依據卡羅的「學校學習模式」而來。在精熟教學策略方面如下（林寶山，民 87 ： 73 ）：

⑴教師必須擬訂與學習任務有關的特定教學目標；

⑵教師應讓學習者瞭解學習任務的性質及其學習的程序；

⑶教師應事先將教材分成許多單元，並擬定每一單元的具體學習目標，使學生循序逐步學習；

⑷教師應在每一單元教學結束後舉行診斷測驗；

⑸教師應在每一次測驗之後對學習者的錯誤及困難給予回饋；

⑹教師應安排兩三位學生組成小組，並定期集會以檢討其測驗結果，

相互幫忙去克服由測驗所發現到的困難；

⑺教師提供各種替代的學習機會，如充實活動或補救活動。

上述的教學步驟係由教師透過各種活動讓學生瞭解學習目標、如何達到有效的學習、熟練標準評量程序及學習成就評定方式等，以增進學生的學習效能，使學生對學習產生信心，增進學習的效果。教師在教學中提供學生學習機會的均等，以回饋和矯正協助學生學習，讓學生彼此之間相互合作協助，避免惡性競爭，使學習達到精熟標準。

布魯姆的精熟教學模式，教學流程如後（黃光雄，民 81 ）：

1. 引導階段

在此階段中，告訴學生精熟教學的實施方法和成績的評定方式，重點如下：

⑴每位學生依據事先訂定的標準評定成績，不需和其他學生作比較；

⑵凡是達到此一標準的學生即可得 A ，人數多寡沒有限制；

⑶不需和其他學生作比較；

⑷在學習過程中要接受一系列的評量，並根據提供的回饋瞭解自己學習的困難所在；

⑸如有學習困難，必須參加補救教學或其他方式的學習。

2. 正式教學階段

⑴將教材分成若干單元，擬定每一單元的具體目標和精熟的標準；

⑵進行班級教學；

⑶每一單元教學結束後實施第一次測驗，並提供回饋；

⑷未達教師事先訂定精熟標準的學生，要參加補救教學，重新學習原教材，然後再接受該單元的第二次測驗。若有少數學生再次未能通過，則利用課餘時間接受其他學習活動；

⑸至於達到精熟標準的學生，則參加其他充實性的學習活動；

⑹全班共同進行下一單元的教學。教學進度由教師決定。

Chapter 4

重要教學理論(二)

- 奧斯貝爾的教學理論
- 陶倫斯的教學理論
- 羅吉斯的教學理論
- 郭爾堡的教學理論
- 瑞斯的教學理論

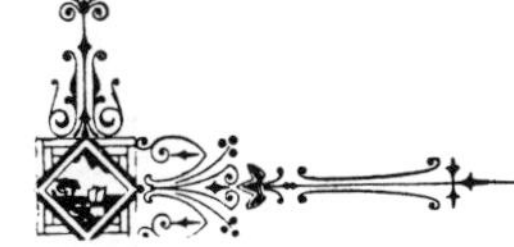

第一節 奧斯貝爾的教學理論

奧斯貝爾 (David P. Ausubel) 是代表認知心理學派的教育心理學者，提出漸進分化 (progressive differentiation) 和統整穩定 (integrative reconciliation) 的原則，指出學科內容的安排，要以概念能成為學習者認知結構中的穩定部分。奧斯貝爾更以意義學習的統合理論 (theory of subsumption)、教材的前階組織 (advance organizer) 設計及發現學習說奠立在教學心理學上屹立不搖的地位。

壹 學習理論

奧斯貝爾的學習理論包括「認知結構」、「有意義的學習」、「接受學習」和「前階組織」等部分（李咏吟，民 75 ；張新仁，民 84 ）：

一、意義學習的概念

奧斯貝爾認為影響學習的基本要素有二，一是個體已存在的知識結構之數量、清晰度和組織的情形，此為意義學習的組型 (meaningful learning set)；即為個體在學習某一概念時是否存有必備的知識於該概念有關的認知結構之中；二是所要學習的概念的特質或潛在的意義性如何促進學習者對新概念內容的吸收。換言之，學習者能知覺到新的學習內容和大腦原有認知結構中的舊知識相互關聯，並能將新舊知識相聯結，透過學習後，內化成為認知結構的一部分。

二、意義學習的類型

奧斯貝爾將意義學習分成抽象符號學習（representational learning）、概念學習（concept learning）、敘述性學習（propositional learning or generalization）和發現式學習（discovery learning）四種，其論點如下（Ausubel,1969）：

1. 抽象符號學習

學習者的主要學習歷程是個別抽象符號的學習，將各類抽象符號與外界各種事物相聯結，並且能以抽象符號代表事物。

2. 概念學習

人類高層次學習的重要基礎在於將具有共同特徵的同類事物或現象以特有的名詞稱之，概念的學習通常包括概念的形成和概念的類化等二個階段。

3. 敘述學習

敘述學習是指某種新學習的敘述性教材與學習者固有的認知結構產生某種程度的關聯。

4. 發現學習

發現學習是指在學習情境中由學習者透過自身對訊息的重整使與原有的認知架構相配合，以產生新的認知架構，再經由重組或轉換以表現出預期行為或發現新的關係。因而，發現式學習是激勵學習者自行操作、探究，以發現或歸納出各類學科教材的組織結構。

貳 教學理論

奧斯貝爾在教學理論方面提出前階組織的概念，教學理論重點在於講解式教學。

一、前階組織

前階組織是在教學前所提出的「比學習材料本身具有較高抽象性、一般性及涵蓋性的引介材料」。即在教學前對學習內容作抽象而概括性的介紹，是一套清晰的、有組織的資料，以學習者已熟習的知識為基礎而設計的產物。通常是在教學開始時提供學習者建立有效的知識架構，以協助學習者對新觀念和原理原則學習的統合。

前階組織的目的是為了在學習者的認知結構中，引出或形成一個相關的概念架構，以便容納新的學習（張新仁，民 84 ； Ausubel,1978 ）。前階組織的主要功能在縮短學習者已知和未知之間的差距，使學習速率又快又好。

奧斯貝爾將前階組織分成下列二種：

1. 說明式的前階組織 (expository organizer)

當學習者遇到陌生的學習材料時，說明式的前階組織提供相關的先備知識，以利學習者理解、學習新的訊息，例如在教導學生「梯形面積＝（上底＋下底）×高÷ 2 」的概念時，可以學生的舊經驗三角形的面積求法和長方形面積求法作為學習上的前階組織。

2. 比較式的前階組織 (comparative organizer)

運用於學習材料與學習者的舊經驗有所關聯，而且學習者具有某種程度的熟悉度時，用來比較新、舊之間的異同。例如：指導學生學習除法的概念時，教師可以引導學生同時瞭解乘法和除法的概念，及其二者的相同點和不同點。

奧斯貝爾提出的前階組織概念有助於教學研究者瞭解學習過程中新、舊經驗是如何加以統整的，二者是如何形成聯結的。前階組織的寫法應該以學習者理解的概念或辭彙加以撰寫，其內容應能涵蓋所要教的內容，並指出概念與概念之間的關係架構。前階組織呈現的方式可以圖表、一段文字、一個問題等形式為之。

前階組織的特徵可歸納如下（郭諭陵，民 82）：

⑴它呈現在新教材學習之前；

⑵它是一段簡明、扼要的小文章或圖表式資料；

⑶它是新的一課、一個單元或一門課的介紹；

⑷它是聯結新知識與舊知識的一座橋樑。前階組織的設計，必須新舊知識間有相似性存在，否則它便無法形成；

⑸它是新知識的扼要描述以及舊知識的重新敘述；

⑹它為學生提供新知識的結構；

⑺它鼓勵學生遷移或應用先前習得的知識。

前階組織的發展或設計需經過下列五個步驟（West etal,1991 ：125）：

⑴檢視新的課程，歸納並列出學習上的先備知識；

⑵瞭解學生對先備知識的理解程度；

⑶如果學習者有需要，教師再教一次；

⑷將一般性原則或概念列出來；

⑸寫出前階組織，強調重要的一般性原則，以及新舊認知結構間的相似性。

二、教學的主要原則

奧斯貝爾強調有意義的學習，在教學上偏重「講解式教學法」(expository teaching)，此種教學法可以讓學習者在有限的時間之內，獲得大量的知識或概念。教師在教學中主要的任務是如何建立學習者對所學習的教材有清晰的、牢固的和適當的認知結構。使學習者產生穩定的、組織的、連貫的、類化的、具區別性的認知結構。因而，教師的職責在於引導學習者利用那些能促進教材理解和統整的重要概念和原則，並且設計呈現教材進程的方式，以促進認知結構的清晰、穩固和統整（李咏吟，民75）。

1. 學習者的準備度（readiness）

教師在教學前應透過各種正式（如形成性測驗）或非正式（如口試、問答）瞭解學習者的認知結構情形，作為前階組織撰寫的基礎。一則確認學生先前知識和新教材概念和原理原則之間的聯結關係，瞭解學生是否已具備學習的狀態，認知結構是否足以學習新教材。如果二者之間落差相當大，教師應該透過前階組織，提供學習者此方面的背景資料。

2. 有效運用前階組織

前階組織的運用有助於學習效率的促進，學習效果的提昇。教師在教學中如遇到學習材料對學習者而言，感到陌生時，可運用說明式的前階組織，提供學習者適當的先備知識；如果學習材料和學習者的認知結構有關聯時，教師可運用比較式的前階組織，促進學習者新、舊經驗的聯結，提昇學習效果。以上兩種形式的運用，在實際教學時，為類推和比較兩個相關的概念。

3. 漸次區別原則

奧斯貝爾從認知心理學的觀點認為人類訊息處理與儲存系統是以漸次區別的原則接受和組織資料。因而，在教學上也應配合此種特性，以上述形式組織學習材料，分列進程，先由高層次概念、大原則介紹，讓學習者有初步的認知，再介紹細部資料，如此才能符合學習者的認知結構系統，使之產生穩固。基於此點，教師在教材的呈現時，要配合前階組織所呈現的架構，其次採取漸次區別的方式，由上而下，從教導一般性概念循序漸進到具體而微的事例或原則。

4.統整穩定原則

奧斯貝爾主張課程內的知識、概念應該作詳細而系統的分析，使各種概念的呈現不致於紛歧，而造成學習者在學習上的困擾。教學者對於概念與概念間如能作歸納分析，有助於學習者認知上的統整與穩定。因此，教師在教學時應該協助學生釐清學習內容中各項事實、概念和原則間的關係，對學習內容中重要的異同點作比較，以便能清晰而穩定的融入學習者的原有認知結構（張新仁，民 84 ： 306 ）。

5.教學活動應符合有意義學習的原則

奧斯貝爾主張教學中應使用各種實例 (examples) ，讓學生的學習產生漸次區別與統整穩定作用。因此，教學活動中教具或輔助器材的使用，有助於學習效果的提昇。教師在教學時，應該設計各種策略鼓勵學生分享自己的經驗，以瞭解學習內容，使學習意義化。

陶倫斯的教學理論

陶倫斯 (E.P.Torrance) 最大的貢獻在於創造力的研究與發展方面，其對創造力的觀點，認為創造是覺察困難、問題、缺點、資料的殘缺、遺失的元素與不和諧的狀態；因而辨識困難、尋求解決、從事臆測或建立假設；並從而試驗之、修正之與再驗證之；最後報告結果（簡紅珠，民 85 ： 118 ），對學習與教學的研究發展有正面的助益。陶倫斯認為思考是一種極為複雜的智能活動，這些智能在某時期會形成思考型態 (Torrance, 1968)。

壹 創造力的觀點

陶倫斯對創造思考的研究與闡釋，影響人類對教學研究發展觀點的重新定位。對於影響創造力發展因素的探討，有助於教學者作為教學設計的參考。

一、不利於創造力發展的因素

陶倫斯認為不利於創造力發展的因素包括成功導向、同儕導向、抵制發問與探究、性別角色功能迷思、將與眾不同視為不正常及將工作與遊戲截然二分等因素（Torrance,1963）。

教師在教學過程中，應該將這些不利於創造力發展的因素除去，為學習者締造各種有利於學習的情境。

二、利於創造力發展的助力

陶倫斯在創造力與教育一文中提及促進學習者創造力發展的幾種助力如下（Torrance,1964）：

⑴鼓勵各種不同才能與創造成就；
⑵協助學生認識創造才能的價值；
⑶鼓勵學生練習創造性問題解決的過程；
⑷教導學生接受問題情境中的各種限制；
⑸避免將與眾不同視為不正常；
⑹修正性別角色功能的刻板印象；
⑺引導學生對創造成就感到驕傲；
⑻避免高創造力學生的孤立感；
⑼讓高創造力學生擁有支持者；

⑽培養學生價值觀和目標意識；
⑾協助高創造力學生處理焦慮和恐懼；
⑿減少學生創造力降落的現象。

三、創造力的評鑑

陶倫斯指出創造力的評鑑應該由教師運用各種測驗發掘具有此方面潛能的學生。其次，也可以運用觀察的方式，評鑑學生的創造力。陶倫斯認為正式測驗與非正式測驗皆可用來作為創造力的評鑑。教師可以運用各種方式瞭解學習者在此方面的表現，作為教學規劃與策略擬定的參考。

貳 教學理論

陶倫斯依據對創造力的觀察與研究，提出創造思考教學理論。成功的創造思考教學應該兼顧認知與情意作用，激發創造學習動機，提供各種機會，設計各種情境，引導學生參與學習活動，增加與教師和同儕互動的機會，從實施創造思考教學中，激發學習者此方面的潛能。

一、創造思考教學原則

陶倫斯以為創造思考教學有助於學習者潛能的發揮與激發。教師應該善於運用下列教學原則，才有助於學習者創造思考的增長（簡紅珠，民85；Torrance,1959）。

⑴教師本身應重視創造性思考；
⑵協助學生對環境刺激更敏感；
⑶鼓勵學生作實物操作和運用觀念；
⑷指導學生有系統地考驗每個觀念想法；
⑸培養學生接受他人觀念的容納力；

⑹避免強迫學生接受既定形式的觀念或事物；
⑺培養教室裡創作的氣氛；
⑻教導學生重視自己的創造思考；
⑼教導學生如何避免同儕抵制的方法；
⑽提供學生有關創造歷程的資料；
⑾降低學生對創造的恐懼感，並隨時提出本身與眾不同的觀念；
⑿鼓勵學生自動自發地學習，並自行評量結果；
⒀提供難題的情境給學生，刺激學生進一步的思考；
⒁提供學生「動」和「靜」的各種情境，以利於創造力的產生；
⒂引導學生體會創造思考的重要性；
⒃提供學生運用刺激產生創意並表現創意的資源；
⒄培養學生充分應用觀念的習慣；
⒅培養學生作建設性的批評；
⒆鼓勵學生獲取各種知識，以發揮應有的創造力；
⒇教師本身培養冒險的精神。

二、教學策略

依據文獻對創造思考的闡釋，創造思考是一種心理活動歷程，同時是一種高層的心智能力，其本身並非無中生有，而需具有相關的知識基礎。因此，創造思考的表現形式具有多樣性，兼具有效性和獨創性。陶倫斯並指出創造思考能力係由各種能力組合而成，如對問題的感性、流暢力、變通力，獨創力、精進力及再定義等(Torrance & Goff,1989)。因此，創造思考教學策略必須針對前述特徵，並依據現實情境而擬定，以配合學生的身心發展。

1. 瞭解學生創造的需求，並加以引導

陶倫斯指出創造的需求是每個人所具有的，此種需求包括：⑴好奇的

需求；(2)接受挑戰的需求；(3)全心全意投入工作的需求；(4)追求真理與真誠的需求；(5)期望獨立自主的需求（Torrance, 1979）。因此，教師應該深入瞭解學生在創造方面的需求，設法給予適度的滿足。

2. 接納學生各種與衆不同的問題

每個人生下來都是獨立的個體，擁有自己的思想空間與心靈世界。教師應該尊重學生追求獨立的驅力與需求，對於學生與眾不同的想法，應以更接納與寬廣的心包容各種不同的問題。

三、引導學生作各種想像並重視自己的想法

教師與學生互動中，對於學生不尋常的想法或無法置評的觀念，應該給予正面的引導，減少負面的訾議。從教學互動中，指導學生作各種觀念的想像，以產生具有價值的想法。對於產生的各種迷思應該襄機給予澄清，修正錯誤的觀念。

四、設計並提供各種有效的學習情境與機會

教師在教學中應該設計具有刺激性及感應性的學習環境，提供各種刺激思考的教材、活動，以誘發學生從事各種創造思考活動。此外，教師對學生的反應應給予正面的引導，使創造思考成為自動自發的行為。

五、運用發問技巧

發問技巧的應用有助於教師在教學中瞭解學生的學習狀況。透過發問讓學生回想教科書或教師教過的教材。

六、啓迪研究的概念與方法

陶倫斯主張學生從小應該教導他們基本的研究概念與技巧，使學生擁有協助他們深入思考的工具。讓學生從形成假設、驗證假設到提出報告等步驟，一一熟稔。

七、提供解決問題的學習方案，培養各種基本能力

陶倫斯認為協助指導學生解決問題就是一種創造力的開展。而問題的解決需要認識、記憶、邏輯思考能力、評價、擴散性思考、解釋能力等。教師應該運用各種學科內外的問題訓練學生各種問題的解決能力。此種能力培養的步驟如下：

⑴引導學生面對疑惑 (ambiguities) 與不確定性和各種前後衝突矛盾的問題情境；

⑵讓學生從不同的觀點詮釋問題；

⑶讓學生以各種新的方法檢視消息線索；

⑷提供線索方向，讓學生思考問題；

⑸提示資料遺漏之處；

⑹引導學生跳脫各種已知的框架，探索未知的領域；

⑺鼓勵學生思考各種不同的解決途徑。

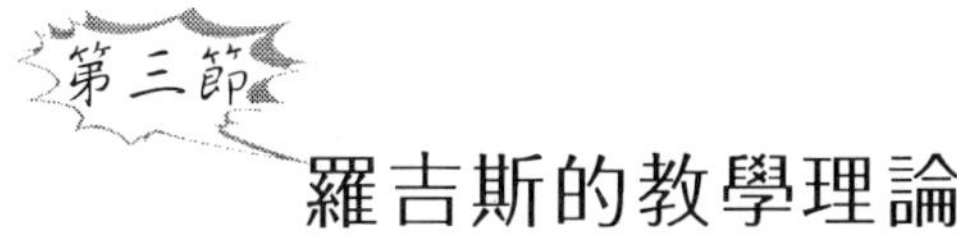

羅吉斯的教學理論

羅吉斯 (Rogers, C. R. 1906 ～ 1987) 是當代美國人本主義心理學的主要代表人物。依據自己的諮商和心理治療的方法，提出一種靈活的教

學模式，以協助學習者創造屬於自己的學習模式。在學習方面，羅吉斯提出意義學習的概念，學習應該是與一個人的生活、實踐息息相關，學習內容能和生活結合一起，能融入學習者的情感，才能促進學習行動。羅式的學習理論是屬於人本的學習論（Humanistic Learning Theory），基於其非指導式諮商理論（non-directive counseling）、當事人中心治療（client-centered therapy）而提出的。在教學方面，羅吉斯提出以學生中心教學模式（student-centered teaching model）又稱之為非指導式教學模式（non-directive teaching model）。其教學觀是建立在存在主義的哲學基礎，以自我為中心的理論預設，強調人類與生俱來「自我實現」的傾向和驅力，主張教學應該以學生為中心，教師扮演學習的促進者，引導學生進行學習活動。

壹 學習理論

一、學習動機

羅吉斯在學習動機方面的看法，引自馬斯洛的「需求層次論」。羅吉斯認為人類有機體最基本的驅力是求得自我實現。當有機體受到尊重和自尊的需要得到滿足時，就能更好地完成自我實現，並且能更加自覺地獲得與現實相一致的經驗。換言之，個體在學習過程中，會主動形成關於現實的各種假設，並通過行動對它作出驗證。如此，個體就能依據自身成功或失敗的經驗，對自己的能力作出合乎實際的評價，對自己的潛力也不會作出過高或過低的估計。這種人的個性最有可能得到充分的發展（黃光雄，民 85）。

因此，學校教育要能依據個體學習動機的發展特性，製造各種適當的情境，讓學習者有發展的機會，減少處處壓制。尊重學習者受尊重和自尊的需求，滿足內在的動機。

二、有意義學習

羅吉斯認為學習應該包括概念及情感之全人 (whole person) 的學習 (Rogers,1974) 。有意義的學習指的是在智育方面能活用知識；在情意方面能應用與以前不同的觀點看待自己，能內外皆更趨開放地接受自己及他人，因而更自信、更有彈性、更具自我導向，爭取更實在的目標，改變失調行為，使行為更趨成熟，而使自己成為自己喜歡的人，進而能以建設性的方式來改變基本的人格特性（朱敬先，民 78 ； Rogers,1961 ）。因此，有意義學習是多層面的，使學習者從學習過程中作自我改變，兼重知識、情意、技能方面的成長，使自己悅納自己，進而達到學習目標。

羅吉斯同時指出教師在引導有意義學習時必須具備下列條件：

1. 面對問題

教師可以設計各種情境，讓學生的學習可以用來解決日常生活的各種問題，使學習和生活經驗緊密地結合，以促進學習的進步，使有意義的學習發生。

2. 真實誠摯

教師在教學中的態度影響學生的學習。倘若教師秉持真實誠摯的教育熱忱，可以收到潛移默化的效果，啟迪學生的學習。唯有教師將個人的真情融入教學中，學生才能感同身受。

3. 接納與瞭解

教師面對學生時，應該以接納與瞭解的情懷相待。唯有接納才能包容學習者的不成熟行為，唯有透過瞭解，才能和學習者產生互信互賴，使教與學產生共鳴。教師無條件接納學生的所有感情，學生才可能無限制地發揮，有意義學習於焉展開。

4.提供適當資源

教師提供適當的資源擴充學習者的經驗，有助於意義學習情境的產生，教學上的資源包括各種典籍、圖書、教材、教具、參考書、電化產品、工具、錄音帶等，教師的知識與經驗也可用來作為教學上的資源。

5.學習動機

有意義學習主要依賴學習者自我實現的需求滿足，因而教學者在教學中應發展良好的師生人際關係及教室學習氣氛。使學習者從學習動機的滿足過程，渴望學習、成長、探索、精熟及創造的驅力，獲得良好的學習成效。

三、學習原則

羅吉斯在學習原則方面提出人本學習原則，依據對以個人為中心和以過程為定向的學習方式，提出學習的原則如後(Rogers, 1969)：

1.人類與生俱有學習的潛能

羅吉斯認為人類生來對外界充滿各種好奇心，正因此種好奇心促進人類的學習與發展。任何有意義的學習，或多或少含有某種程度的痛苦，此種痛苦可能來自於學習本身，或許來自於學習時新舊經驗衝突時放棄舊經驗而痛苦。人類所具有的想學習、想發現、想擴充知識的潛能和慾望在適度的條件與情境之下，得以釋放出來。教學應該建立在以學習者想要學習的基礎之上。

2.意義學習及源自於學習者體認學習內容和自身有關時

羅吉斯認為個體的學習在於感到和自己目的相關時，才會積極地投入。換言之，學習的材料必須和個體的目的有關，才能產生有意義的學習。如果學習材料和個體無關的話，就無法體認它的重要性，甚至敷衍了事。此外，學習速率和個別目標有關，學習教材如和所欲達到的目標相關時，學習速度自然就會加快。

3. 學習過程如涉及威脅自我組織（self organization）與自我知覺（perception of oneself）的改變者，將受到各種抗拒

羅吉斯認為學習如涉及個人信念、價值觀與基本態度的改變者，就會產生和自我相互矛盾的情結。此種狀況將會因學習者不同的認知而衍生各種抗拒。

4. 當各類威脅自我之學習，外在威脅降到最低程度時，容易被同化或接受

羅吉斯認為當學習者在學習情境中遇到自我挫敗，或缺乏同儕的支持系統時，學習效果會有逐漸降低的現象。如果學習者在相互理解、相互支持的學習情境中學習，則因外在威脅消除了，心理恐懼減少了，學習效果反而提昇。因此，教學者應該減少對學生不當的施壓，而鼓勵學生自動自發，參與各種學習活動，並給予各種適度的建議和正面的支持。

5. 自我威脅降低時，學習者以不同方式接受經驗，學習就會取得進展

任何學習活動當自我威脅降低時，學習者即將自我釋放出來。從學習中運用辨別的方式來知覺經驗，辨別越快，自我成就越有可能得到增強，學習就得到進展。

6. 有意義學習是從做中學（doing）

羅吉斯認為促進有效學習的方法是引導學習者直接面對各種問題（如實際問題、社會問題、哲學與倫理問題、個人問題和研究問題等）。從做中去學習，以便體會不同的角色和情境。

7. 學習者主動參與學習歷程，才能促進學習

羅吉斯認為當學習者由自己確立學習方向，尋找學習資源、假設問題、計畫各種行動方案，承擔各種選擇的後果，學習才能收到效果，有意義的學習才會產生。

8. 學習者智能與情意的全人 (Whole person) 投入學習時，學習才能持久

學習者全心全意投入學習，智能與情意皆涉入時，才會有深刻的印象。學習者對學習活動才能不由自主的投入，學習才能持久且寬廣。

9. 獨立性、創造性與自主性之促進，奠基於自我批評與自我評價

羅斯吉主張學習者應該在自由自在而無羈束的情境之下，才會有創造力的展現。培養學習者的獨立性、創造性與自主性，應該在早期的學習過程中指導自我反省檢討，唯有自我批評與自我評價，才能促進正面的成長。

10. 有效的學習是了解學習過程、對經驗持開放態度，並將它們與自己的生活結合起來

羅吉斯主張學習是一種將經驗不斷開放並統整於自我改變的歷程之中的歷程。透過各種磨練、成長，以培育獨立自主的個體，積極主動、自由而自律的全人。

四、促進學習的方法

羅吉斯對學習活動有精闢的論點，對於學習方法的促進，提出下列想法（朱敬先，民 78 ： 292-293 ）：

1. 運用團體或班級經驗，設計自動自發方式或氣氛，能有效促進學習。

2.引導並肯定班上的個別學習目的與團體共同目的，可促進學習。

3.強調以每個學生的欲望，實現有意義的目的，誠如以動機推動有意義的學習一樣。

4.重視組織並儘可能廣泛應用學習資源。

5.教師自己也是團體可利用的一項資源，可為諮商者、主講人、顧問等，一個有專門經驗的人。

6.教師對班級團體表現之反應，應兼顧智能方面及情緒態度，對團體或個人儘可能在各方面給予最大的鼓勵。

7.當接納的教室氣氛形成之後，教師可以參與學習者或團體成員的方式，表達自我意見，以促進學習。

8.教師可與團體分享思想和情感方面。

9.透過班級經驗交流、人際互動途徑學習，在個人表達情感之深度或廣度的能力上，變得更機靈警覺。

10.讓學習者擁有最大的自由，引導發自於內心的求知慾望，信任學生並使其感受到具有自動學習的能力，方能有效促進學習的進展。

貳 教學理論

羅吉斯在教學理論方面，提出學生中心的教學模式，屬於個別化教學模式的一種。教學觀是建立在以「存在主義」的哲學觀、「以我為中心」的個性理論和「當事人中心療法」的實踐依據。強調教學應該以學生為中心，而不是以教師為中心。教學者的任務是協助學習者對環境變化和自身的理解，將自己的潛能發揮至最大。

一、教學觀

1. 存在主義的哲學基礎

存在主義者強調要每個人認識其存在，提倡個性的教育，教育應該是追求更「人味兒」的生活而教育。教育方式是崇尚個性的瞭解，認為學習者應該從與自然接觸而發展個性與創造力，從實際行動中去發掘自我，培養自由自律的責任感。羅吉斯認為個體是依據所經驗到或知覺到的現象作出反應，並且以有組織的整體作出反應。因此，教學應該以自由選擇為前提，讓學習者自由自在的發展。

2. 以我爲中心的個性理論

羅吉斯主張人生而俱有「自我實現」的傾向。透過此種驅力的滿足，將個體的潛力開展出來。因此，教學者應該循此途徑，將學習者視為整體的「全人」，引導學習者正向、積極向上。

3. 當事人中心療法的實踐依據

羅吉斯以其在諮商輔導方面的經驗，提出以當事人中心療法的理論和實踐的教學觀。提示教師應該指導學生面對日常生活中的各種問題，分析問題的癥結，思考解決和因應的策略。教師教學應該以學生為中心，教師所扮演的角色是促進學習者的學習和成長，提供學習者適當的環境，激勵學習的動機，使學生充分發揮創造力。

二、教學步驟

羅吉斯將非指導式晤談運用於學生學習輔導之上，提出學生中心模式教學，教學步驟分成五個階段 (Rogers,1969)：

⑴由每位學習者設定自己的工作計畫，並簽定契約；

⑵學習者針對自己的計畫進行工作或研究；

⑶學習者經由研究或工作中來教導自己，而且同儕之間相互教導；

⑷針對個人、團體或班級問題進行討論；

⑸由學習者自行設定標準，自己進行評鑑，而且為教師所接納，因而減少為了達到成功而採取欺騙的手段。

羅吉斯的教學步驟具有自由自主的特性，由學習者自行設定計畫，同儕之間相互支援教導，評鑑標準由學習者自定。

三、教學原則

依據羅吉斯提出的學習理論及對教學活動的精闢見解，教學原則至少包含下列幾點（施良方，民 85 ： 411-420 ）：

1. 設計符合真實的問題情境

羅吉斯認為教學的重心應在教師指導學生如何面對真實的生活問題，並提出因應之道。教學者應該設計各種符合真實的問題情境，讓學習者感受到學習的重要性，將與生俱來的學習動機和追求自我實現的潛力發揮出來。

2. 提供學習的資源

教師在教學中，應該將時間花在為學習者提供所需要的各種資源，這些資源應該是為瞭解決個人實際問題而用。學習的資源包羅萬象，包括教師本身所擁有的知識、經驗、特定技能和能力，教學上的各項資源等，讓學生得以多方選擇，滿足學習上的需要。

3. 使用學習契約

使用學習契約 (contracts) 有助於學習者在自由學習氣氛中保證學有

所得。其次，契約的訂定減少教師與學習者之間的隔閡，使教學更具體化，學習活動更落實。使用學習契約讓學習者有機會參與評鑑的準則。學習契約的簽訂通常包括：(1)合約的期限；(2)為合約擬定一個一般的格式；(3)收集資料和訊息；(4)給予學習者一定的回饋；(5)合約中明確規範評價的程序；(6)有效地將契約推廣。

4.社區資源的運用

社區學習資源的運用，有助於教師引導學習者結合各種研究，面對生活上的各種問題，自行設計各種的學習經驗，並從中獲得有效的學習。

5.同儕教學

羅吉斯認為同儕教學是促進學習的有效方式。透過學習者之間相互教學，不失為一種有益的學習方法。

6.分組學習

羅吉斯認為學習應該讓學習者自行承擔責任，自由地學習。由學習者依據特性分成自我指導組和傳統學習組，學習者自由自在地選擇學習。教師所扮演的角色是指導學習者承擔學習的責任，將用於講解的時間和精力集中在規劃促進學習上。

7.探究訓練

探究訓練是協助學習者成為探究者，使學習者在科學領域中有所發現。因此，教師須為學習者設計各種探究的步驟、形成探究的環境，提供各種學習活動，使學習者達到自主的發現。

8.程序教學

羅吉斯主張教師應該採用各式各樣的方式進行程序教學，以充分發揮其效用。透過程序教學，協助學習者直接體驗到滿足感、掌握知識內容、理解學習過程，以增強自信心，增進學習效果。

9. 交朋友小組

教學者引導使學習者面對與人坦誠交流的情境，使人與人自由的、直接的和自主自律地溝通。

10. 自我評價

自我評價是一種由學習者自行決定評價的準則、學習的目的，以達到真正學習的境地。它是一種促進學習者去追求特定學習目標的程序。

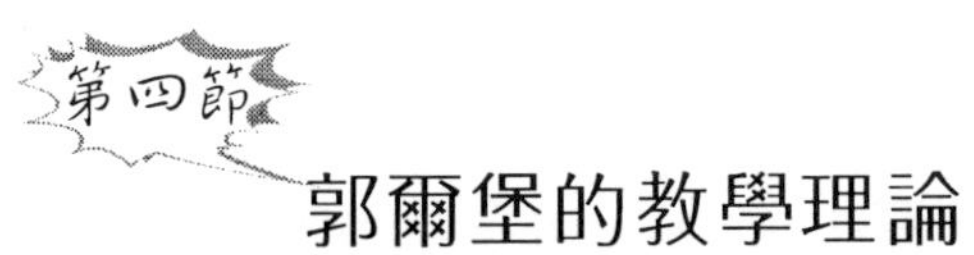

第四節 郭爾堡的教學理論

郭爾堡（Lawrence Kohlberg,1927～1987）是最先以認知發展方法研究人類道德發展，以科學的方法加以概念化者（沈六，民85）。認為人類道德的發展是自我與環境認知結構的變異，並依此提出三期六段論。郭爾堡承襲皮亞傑的心理學傳統和傳統的倫理分析提出道德認知發展理論及道德認知教學理論。

壹、道德認知發展理論

郭爾堡從皮亞傑的認知發展理論出發，經由不同文化社會中個體道德判斷的比較研究發現，人類道德發展的順序，在年齡層面上具有相當的普遍性（張春興、林清山，民75：208～209）。經過長時間的縱貫追蹤研究，證明道德的發展具有六個普遍且可驗證的取向（orientation）或論點（perspective），因而發展出著名的三期六段論，詳述如下（kohlberg, 1969）：

一、道德成規前期

此階段通常出現在四歲至十歲的兒童，即學前幼稚園至小學低中年級階段。此時期的兒童對文化的規則和是非善惡的標準加以反應，但此種反應是依據行動之身體的或快樂的結果，或依據宣布此種規則和標準者的身體力量，解釋這些標準 (Kohlberg & Turiel, 1971)。

道德成規前期 (preconventional level) 的特徵是兒童們遵守規範，但尚未形成自己的主見。此時期又分成避罰服從導向 (the punishment and obedience orientation) 與相對功利導向 (the instrument relationist orientation)。

1. 避罰服從導向

此階段的兒童尚缺乏是非善惡的正確觀念，服從規範是導因於恐懼懲罰。道德認知的發展是從行動中所導致的各種結果來決定行動的善惡，而忽略結果本身的意義和價值。兒童盲從權力與不問是非純粹是規避懲罰，僅注意到權威人士的價值標準，價值觀念是建立在害怕懲罰與恐懼之上。

2. 相對功利導向

此階段兒童行為的好壞係依據行為後果所帶來的賞罰而定，得賞者為是，受罰者為非，本身並無主觀的是非標準。兒童人際關係的建立是基於利益交換或報酬率的前提之下，行為的後果如有利於個人的需求，或為了公平的回報，而有利於他人的需求，即是善的。行為的表現是基於互換和互惠的原則。

二、道德循規期 (conventional level)

此階段通常出現在小學中年級以上，一直到成年。此時期的道德認知發展主要特徵是個人逐漸瞭解、認識團體規範，進而接受、支持並實踐規範。道德發展已達知法守法並能符合社會規範的要求。此時期的發展又分成尋求認可導向 (the interpersonal concordance or good boy-nice girl orientation) 與順從權威導向 (law and order orientation) 。

1. 尋求認可導向

此階段的主要特徵是順從傳統要求，附和群眾意見，期待他人讚許而表現出從眾的行為。郭爾堡認為此時期行為之動機在於尋求各種認可，和取得最接近團體的稱許，以人際之間關係的聯結來界定道德規範。因而，個體的行為受到三項因素的影響：(1)他人的情感；(2)他人所期許和贊同的行為；(3)對道德所預期的行為。

2. 順從權威導向

此階段的主要特徵是服從團體規範，恪守公共秩序，尊重法律權威，以法制觀念判斷是非。依郭爾堡的看法，個人已朝向社會，將固定的規則、法律和權威視之為制度的一部分，將任何超出規則的行為視之足以導致社會的混亂 (Kohlberg,1972) 。個體道德認知的發展已然將法律視為維持和平、秩序與個人權利的最高保證。

三、道德自律期

此階段已進入青年時期人格成熟程度。個體的思想行為已發展到超越現實道德規範的約束，達到完全可以獨立自律的程度。道德自律期 (post-coventional level) 又分成法制觀念導向 (social-contract legalistic orientation) 與價值觀念建立 (universal ethical orientation) 二個時期。

1. 法制觀念導向

此階段的主要特徵是擁有強烈的責任心和義務感，個體尊重法制但不囿限於法條，相信法律的公正性和可調整性。個體尊重公平的法律並同意遵守，同時也尊重個人的權利；但當法律與基本人權相抵觸時，應該集合眾人之意給予適度的修正。

2. 價值觀念建立

此階段的主要特徵是擁有個人的生命哲學，對於事情的是非善惡有獨立的價值標準，道德認知的發展已然達到有所為有所不為，超乎現實的規範要求。依據郭爾堡的論點，此時期的道德是基於普遍性倫理原則的良心決定，道德的最高價值是奠基在生命、平等和尊嚴上。

貳 教學理論

郭爾堡的教學理論是承襲自道德認知發展理論，指出學校必須提供各種道德思考層次所能理解的情境，讓學習者有作道德決定的機會。學習者透過各種決定修改以往的思考方式，形成新的經驗。

一、道德認知教學法

郭爾堡認為道德認知的發展能夠以呈現兩難式的問題情境，激起認知衝突與不平衡，以及呈現超過個人主要階段之上一個階段的道德認知，使得個人在情境中，充分經驗到解決問題的困境，以瞭解認知結構的限制，刺激向次一高階段發展（沈六，民 85 ： 187 ）。郭爾堡指出道德認知的教學可以透過討論方式，達到高階段的發展，討論式的教學法具有五項本質（沈六，民 85 ）：

1. 個別化的學習

道德認知教學法是將教室視之為實驗室，以從事個別化的學習(personalized learning)，學習者在學習運用所持的知識，為自己的行為作抉擇。

2.促進擬情能力

道德認知教學提供學習者各種模擬情境，讓學習者身歷其境，從同儕社會中，練習作抉擇和評鑑結果。透過情境的討論和模擬，瞭解自己和同儕在各種情境中的反應，同時培養解決各類問題的方法。

3.相信學習者會作明智的抉擇

道德認知教學的基本假設是相信學習者從道德問題的討論中，懂得作明智的抉擇。從教學中引導學習者發展個人的智慧，採取各種有效的價值行動，透過活動發展出完整的價值體系。

4.學習者自由自在發表意見

道德認知教學的精髓在於讓學生自由自在毫無拘束地發表自己的看法，教學者必須容納學生各種不同的意見或想法。

5.討論道德推理

教師在教學中，從問題的討論，意見的發表活動，引導學習者進行道德推理，以刺激較高一階層的推理。

二、道德認知教學程序

道德認知教學強調民主的方法、道德價值的建立。因此，教學程序的設計方面，教師必須花相當多的心力在策略的擬定方面。教師在教學中扮演引導者的角色，引導學生從道德兩難情境中，建立對新情境的認知與想法。道德認知教學程序包含六個階段（參見圖 4-1）：

1. 教師活動

在教學前由教師設計或蒐集各種有效的資源和材料，透過教師的講解介紹各類論題與概念，讓學習者瞭解課程目標、內容，從利用舊經驗作為進行討論的依據。

2. 呈現教材

在呈現教材時，教師以講解、發講義、展現事先準備的資料、影片、錄音帶等方式，提供兩難式困境故事給學生，引導學生瞭解故事中主角所面臨的兩難情境和問題。其次，教師協助學習者澄清各類情境。瞭解故事中的主角是誰？主角與他人的關係如何？面臨那些兩難的情境？學生如何做各種抉擇等。

3. 提出主張

在此階段中，教師指導學習者思考個人的主張與理由，要求站在主角的立場，思考對各類故事中道德兩難問題的主張，並為自己的主張提出論辯。教師要求學習者將個人的意見寫下來，並與其他人分享自己的決定，再以分享「應該」或「不應該」的理由，讓學習者瞭解主張的立場。

4. 小組討論

小組討論的目的在於考驗個人的推理能力，瞭解此種推理能力的邏輯。其次，透過小組討論學習傾聽他人的理由。並且將自己的推理和同儕團體作比較，考驗個人的辯護能力。

5. 全班討論

教師引導全班依據各種不同的型態進行討論，給予學生報告自己推理的機會。從討論中促進交互作用與道德討論。教師應該留意學生的討論是否遠離道德問題，如有離題的現象教師應設法中止，簡單敘述故事的事實和細節引導學生回到道德推理的討論。

6. 結束討論

教師在最後階段應協助學生結束討論。提出普遍結果的探索性問題，引導學生概述推理。其次，指導學生重組主張與理由，以思考相反的理由，引導結束討論，以回憶討論過的理由，鼓勵學生與日常生活相互驗證，並要求重組個人的主張和理由。

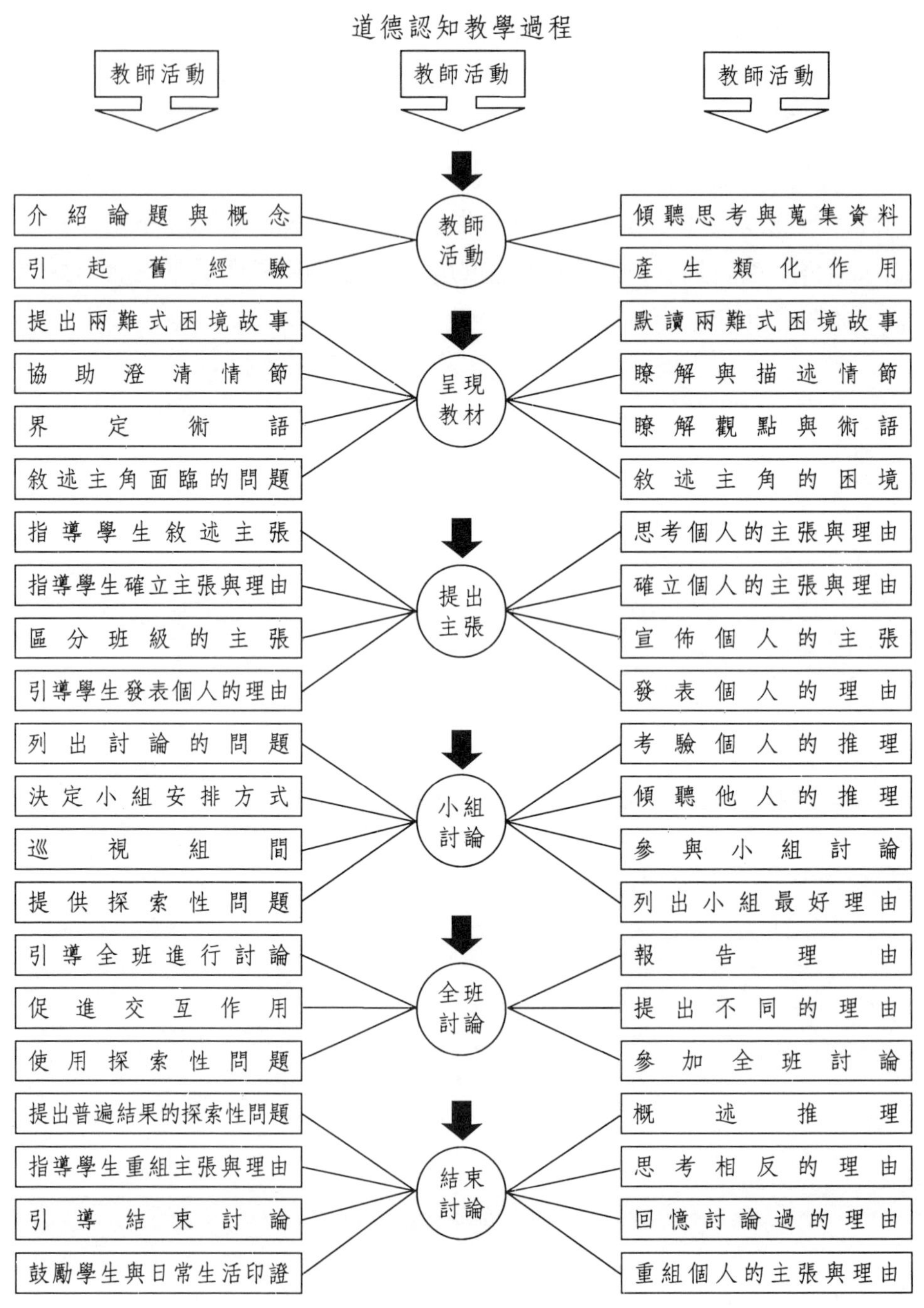

圖 4-1　道德認知教學過程（沈六，民 85：199）

第五節 瑞斯的教學理論

瑞斯 (L.E.Raths) 的教學理論最著名的是價值澄清法，主旨在於協助學習者自我察覺並確立自己和他人的價值。如同瑞斯所言「價值欠缺明確而渾混不清的個人必然缺乏生活的方向，缺少選擇利用時間和精力的指標」(Raths,1966)。在學習理論方面，瑞斯強調價值獲得的過程，學習者澄清價值之後，就更有目的，有生產性，是一個批判的思考者，才能做健全的意思決定（歐用生，民 77 ： 200 ）。在教學理論方面，瑞斯提出價值澄清教學過程和技巧，作為教師教學的參酌。

壹 價值澄清歷程

瑞斯與塞蒙 (S.B.Simon,1972) 指出獲得價值歷程 (valuing process) 必須經過三個主要階段七個步驟（歐用生，民 85 ； Raths, 1966 ； Simon,1972 ）：

一、選擇

個體在獲得價值之前，必須有所選擇 (choosing) ，而選擇通常包含三個主要步驟：

1. 自由選擇

個人的價值觀念並非外鑠而是內斂的，必須經過自由選擇的歷程才能正式成為信念之一。如果透過各種策略以填鴨式或灌輸式的強加學習，則容易停留在表面行為。由個人意識自由選擇後的價值觀念，才能主動引導個人的行為。

2. 從各種不同途徑中作選擇

價值觀念的形成通常須經過選擇的結果。學習者如果未經過各種選擇途徑，真正的價值就無從發展，因而價值觀的形成是透過多種方案選擇過程而形塑出來的。

3. 從各種不同途徑的後果三思後做抉擇

價值的形成應該是個體在面對各種不同途徑的後果，加以深思熟慮，分析比較之後，所做的理性抉擇，成為真正的價值，作為生活的指標，決策的依據。

二、讚賞

讚賞 (prizing) 階段通常包括重視珍惜所做的選擇和願意公開表示自己的選擇等二個步驟：

1. 珍惜所做的選擇

個體的抉擇，只要經過理性分析後再形成決定，皆會加以珍惜、重視及維護，並為之感到驕傲和快樂。如此，成為價值的一部分，並作為生活上的準繩。

2. 公開呈現自己的選擇

正常且理性的個人，願意在公開場合表示自己的價值，並承認價值的存在及維護之。

三、採取行動

採取行動階段包括依據自己的選擇採取行動和重複實行二個步驟：

1. 依據自己的選擇採取行動

價值的形成是個人情意方面的薰陶，價值能左右個體的行動和決定。凡是具有價值的事物，一定努力去實踐、去完成、百折不撓，坐而言並且起而行。

2. 重複實行

價值形成後，具有恆常性與持久性。個體的觀念、態度、興趣、意念、意志如果已達價值形成階段，並形成價值觀體系的一部分。對行為的影響是長久性的，它一而再、再而三地出現在行為表現上，和不同的生活空間與時間。

價值澄清教學法即依據上述七個步驟，實施教學活動，讓學習者享有更多的選擇空間和機會，將自己的想法和價值觀念、意識融入各種決定和行為表現之中。此種學習歷程合乎民主精神、人文精神和尊重個人的精神。承認個體自由選擇的能力和權利，讓個體面對外界瞬息多變的情境，得以充分自由地選擇，使價值深植內心，使價值和生活經驗相結合，並且在生活中驗證並形成生活經驗。

貳 主要的教學理論

一、價值澄清教學

價值澄清教學包含知識、情意、技能等三個層面，教學歷程重視價值獲得的歷程，並且強調價值與生活經驗的結合，一般而言，價值澄清教學分成四個階段（歐用生，民 77 ； Casteel, Stahle, 1975 ）：

1. 瞭解期

本時期主要重點在於讓學習者瞭解將學習或使用的概念、理念及相關的學習資源。學習資源包括各種圖片、影集、文獻、統計資料、圖表、圖書館藏等資料。教學者應該指導學習者蒐集各種學習資源，並且提出個人對這些資源的想法和意見。學習者在表達意見時可以採用主題的敘述、實徵的敘述、解釋的敘述、定義的敘述、澄清的敘述等方式進行。

2. 關聯期

此時期的重點在於指導學習者將瞭解期所蒐集的資料和個人的觀點，作一適性的聯結，將學習有關的資料、理論和個人的經驗做有效的聯結，並進一步澄清二者之間的關聯。此時期的功能在於：⑴讓教師將價值澄清活動作為學習單元的一部分；⑵在以學生的注意力為中心，做評價期的準備。

3. 評價期

此時期的重點在於指導學習者作價值與情感的表達；對各種事物採取反應。如對情境、政策決定、社會事件、學習概念、原理原則的看法或批判。學習者的敘述形式包括喜好的敘述、結果的敘述、效標的敘述、義務的敘述、情緒的敘述等。

4. 反省期

本時期的重點在於指導學習者反省自己所經驗過的價值或感情，並公開表露前三個階段的某些部分、引導學習者評價自己的喜好和情緒。提供學習者反省的機會，以覺知個人思考、行為和感情歷程。

二、澄清的要領

價值澄清教學要達到預定的教學目標，必須教師在教學過程中不斷提供學習者表達自己的想法和意見的機會，指導學習者建立屬於自己的價值觀。

1. 引起動機

教師在教學前必須準備各種輔助材料，以引起學習者的學習動機。例如：列舉各種問題，讓學習者表達自己的看法或意見。例如：對於廢除大學聯招制度，您的看法如何？對於北、高兩市市長候選人的政見，您的分析如何？…等題目。

2. 呈現課程與教材內容

教師在進行教學時，喚起學習者的興趣之後，接下來就是引導學習者閱讀或瀏覽課程與教材內容。

3. 價值澄清活動

一般的價值澄清活動包括書寫活動、澄清反應與討論活動三種。教師在運用時可以依據教材的內容及教學上的實際需要，做教學設計與教學準備，以符合預定的教學目標和教學上的需求。

(1)書寫活動：此活動是利用紙筆型式的活動讓學生回答特定的問題，以激發學生的思考，並瞭解學生的想法。教師在教學時可以預先設計的短文或價值單，分派給學生填寫，引導學生將自己的想法和觀點說出來和其他同學，教師做統整工作。

(2)澄清反應：教師在教學中依據學生對各種問題的反應，以問答方式刺激學生思考，引導學生作各種判斷和選擇，並讓學生在無形中作抉擇，澄清學生的理念和態度。

(3)討論活動：討論活動是在教學中教師採用分組方式，引導學生分享自己的舊經驗和想法，彼此觀摩和討論。在價值澄清方面教師應著重於學生的表達，而不在於評鑑其優缺點。

4. 角色扮演

教學過程中的角色扮演活動是教師引導學生從臨摩各種不同的角色，以達到產生價值關聯的情感和同理心，並體會各種不同角色的心境，從同情、領悟到同理、尊重。

5. 討論活動

價值澄清教學活動的重點在於討論活動，透過討論活動釐清學生心中錯誤的信念，或建立屬於個人的價值觀。教師在此階段通常利用兩難問題或情境，引導學生進行討論。討論題目如「您願意和仇人合作嗎？」。教師在討論活動中應該扮演統整和指導的角色，將學生不同的意見做統整和歸納工作。

6. 反省與實踐活動

完成上述幾個步驟之後，教師要引導學生從事反省活動，讓學生透過反省活動瞭解自己的價值，釐清自身的價值觀，並建立自己的價值觀。有了反省活動才能將價值觀付諸實踐。

Chapter 5

傳統教學法(一)

- 講述法
- 觀察法
- 問題教學法
- 啓發法
- 討論法
- 自學輔導法

第一節 講述法

壹 講述法的意義

教師在教學過程中，除了運用各種現有的資源、教材及設備之外，還要運用各種教學方法，才能達到預定的教學目標。在傳統教學法中，講述法 (didactic instruction) 是最受教師歡迎的教學法之一。主要的原因在於進行過程簡單方便，不必外加各種的設備或器材。講述法具有方便、經濟和省時三大特色。大抵上而言，講述法是一種以書面或口頭形式，讓學習者主動閱讀書面資料，並傾聽教師講解的教學。教師運用敘述或演講方式，將教材知識傳遞給學習者的一種教學方法。因此，講述法是屬於注入式的教學，偏向教師單向的活動，教學過程容易淪為呆板、單調、缺乏生動活潑的精神，同時不易引起學習者的共鳴，學習者的學習動機較低落。

講述法因使用者的使用情境、時間及用途而分成非正式的講述和正式的講述二種。非正式的講述又稱之為教師談話，是教師以非正式的型態將理念傳達給學生，所需的時間較短、不拘形式，通常用於課後交談或個別約談。正式的講述使用的時間較長，教師採用口頭講述及書面資料，並運用各種教學輔助器材、板書，將理念傳達給學生。講述法是傳統教學法中使用最頻繁的一種，教師應配合其他教學策略，才能提高學習者的學習動機。

貳 適用情境

講述法有助於教師將各種知識、概念、原理原則以系統化、邏輯化方式傳遞給學生，其適用情境如後：

⑴引發學習動機：教師可以透過生動活潑的語辭，來喚起學生的舊經驗，引導學生產生學習動機，有助於學習活動的進行。

⑵介紹單元內容：教師在介紹新單元時，可以運用講述法進行內容的說明，讓學生對於教材內容有整體性的認識。

⑶說明解釋疑惑：教師對於一些較艱澀深奧難懂的教材，學生學習產生困難時，需要教師多費心力講解說明，才能幫學生解除各種困惑，加深對學習內容的印象。

⑷歸納整理教材：教師在課程即將結束前，透過講述法以提綱挈領方式，歸納或複習課程內容，引導學生有系統地吸收各種知識和概念。

⑸提供補充教材：教師可以在教學過程中隨時以口語敘述方式，補充遺漏或簡略的教材讓學生參考。

⑹進行大班教學：在大班級教學或學校集會、週會時，教師只要依據事先準備的教材解釋說明，即可以節省授課時間和重複說明的困擾。

⑺教導系統知識：對於知識結構越嚴謹的學科內容，適合以講述法傳遞重要的知識概念。例如國語、數學、歷史、地理、化學等課程均屬於此類學科。教師可以有效運用講述法加以教學。

⑻整理複習教材：教師在單元結束時，可以透過講述法將課程內容有效地整理，使之成為系統化的知識或概念，同時協助學生作重點的整理和複習（方柄林，民 65 ；周愚文，民 84 ）。

參 講述程序

講述教學法的程序依據教師在使用時對學生人數、場地等而有不同的考量。一般而言，講述法程序包括下列幾個步驟：

1. 引起學習動機

教學首要在於引起學習者學習動機，有了學習動機，才有學習的動力。教師可運用各種有效策略、故事或教材吸引學生的注意力，而後才進行主要的教學活動。

2.明示學習目標

教師在教學前應該讓學習者清楚地瞭解學習目標，明白課程的內容及重點何在？讓學習者在學習過程中，有目標可循。

3.喚起舊經驗

任何學習活動都要以舊經驗為基礎，教師先引發學習動機，而後將學習者的新舊經驗作有效的聯結。使學習者從舊經驗中引發對新教材的學習興趣。教師在此方面可以設計生動活潑的內容，來達到預定的目標。

4.解釋學習內容

教師向學習者說明學習內容時，可以運用其他的文字、圖解、圖表輔助，提高學習者的學習效果。

5.提供學習指引

提供學習指引有助於聯結學生的新舊經驗，課程內容、概念或使理論性的原理原則更加具體化。

6.引導主動學習

在教學過程中，學習者的學習歷程是相當重要的一環。教師應引導學生主動地求知，主動地汲取各種知識，提供學習者各種選擇的機會，以促進學習效率。

7.提供正確的回饋

教師在教學中，透過各種形成性評量及發問技巧，瞭解學生的理解狀況。提供各種雙向回饋，以修正各種學習行為，並由學習者的回饋中修正自己的教學活動。

8.評鑑學習成果

教師在教學告一段落之後，應立即實施學習成果的評鑑，透過學習成效的驗收，檢視學習者的學習成果，作為教學檢討的依據。

9.總結或形成新計畫

教師在學習成果評鑑結束時，修正自己的教學理念，必要時作各種調整，從評鑑中形成新的教學活動計畫。

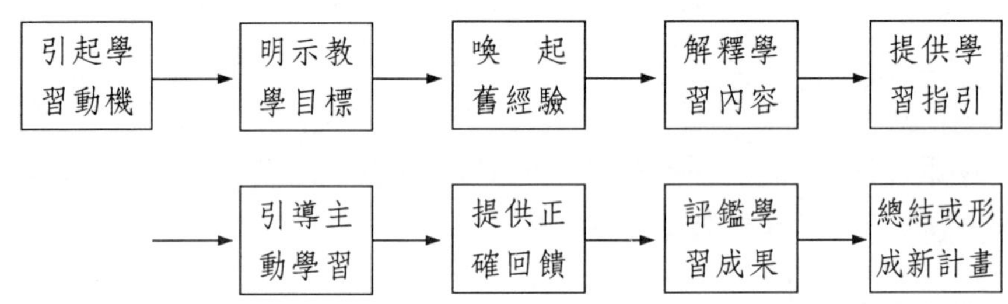

圖 5-1-1　講述教學的步驟

肆 講述的要領

講述教學法是教師教學最常用的方法之一，然而在運用講述教學法時，應該掌握幾個要領，才能作有效的應用。

一、速度放慢、時間適當

講述法最常犯的錯誤是速度過快，學習者無法跟上教學者的步調，尤其是低年級的學生在身心發展狀態未完全，無法在短時間內快速吸收各種教材，造成理解上的困難。教學者必須在講述過程中注意講話的速度及學習者的吸收程度。

二、充分的教學準備

任何的教學活動應該以充分的準備為前題，講述教學法的教學前準備應該比一般教學法花更多的心思。從教學計畫的擬定，教材的準備、資源的統整、教學環境的規劃等，必須事前作充分的準備工作。

三、清楚的教學表徵

教學活動成功的第一要素在於教學者與學習者能建立共識，從互為主體性的融入使教學活動效果更好。教師在講述時，用字遣詞和舉例都應以生活經驗為準，減少學習者的困惑。教師應該將學科轉化成為學生容易理解的方式，促進學習效果。

四、態度合宜適當

在教學中，教師表現出良好的態度、表情和肢體語言，以增進教學效果。隨時和學習者保持良好的接觸，減少不雅的言行和口頭禪，以免影響教學品質。

五、瞭解並配合學習者的程度

教學者對學習者程度的瞭解是教學中一項重要的議題，在講述中應該事先知道學習者的程度，以學習者能接受的方式詮釋所要表達的內容，減少過多的專有名詞，以學生能理解的例子作為補充說明。

六、教學資源的運用

教學活動必須透過各種資源的運用才能增進效果，尤其是在講解課程內容時更應配合各種教學資源。教師在教學資源的運用方面，包括板書、各種書面資料、幻燈器材、投影機等。

講述教學法是教師常用的教學法之一，只要教師在教學前統整並運用各種資源，熟悉課程內容，必能落實教學的成效，達到預定的目標。

伍 評論

講述教學法雖然是運用最普遍的教學法之一，然而必須配合各種活動的進行才能達到效果。教師在使用講述教學法時應該深入瞭解此種教學法的優缺點，才能在運用方法時游刃有餘，提高教學品質。

一、優點

1. 過程簡單方便

講述教學法應用時不必大費周章，過程簡單且花費不多，可配合各種形式的教學法同時進行。

2. 節省時間

講述教學法和其他教學法（如觀察法、討論法、欣賞法等）節省時間，教學者只要在教學前稍加準備，就可以在短時間內將所要傳達的內容有效地教導給學生。

3. 說明講解

教師在教學活動進行時必須透過不斷的解釋說明才能讓學習者瞭解學習內容。尤其是艱深的課程內容，更需要透過教師的說明才能讓學習者瞭解。

4. 評鑑能力的培養

在教學過程中經由教師對概念、原理原則的說明和評論，指導學生養成學習和評論的能力。

5. 適用於大班級教學

講述法的運用最能適應大班級的教學。當人數眾多時，想要在短時間內介紹一定的教材時，使用講述法最為恰當。

二、限制

1. 單向學習

教學是一種教與學雙向互動的歷程，講述法的運用容易導致學習者被動的學習態度和死背知識的習性，不易維持學習者的注意力，也難提高學習興趣。

2. 不易激發學習動機

講述法是屬於以「教師為主」的教學型態，學習者缺乏參與感，也沒有實際操作的機會。因此，不易激發學習動機，自然學習成果不易提昇。

3. 缺乏學習參與

講述法強調教師的教學活動，無法提供學習者探索和操作的機會。因此，學習者在教學活動中的參與機會較少，形成教學品質上的問題。

4.被動的學習態度

講述法的運用讓學生養成被動的學習態度，缺乏主動求知的精神。

5.學習效果不彰

講述的內容不易為學生所保留，學習者的注意力容易分散，學習效果不佳。

講述法是教學活動中最常運用的教學法之一；在使用講述法教學時應該瞭解此種教學法的優點及限制，配合各種生動活潑的補充教材，並與其他教學法一起使用，教學活動的進行才能更生動、活潑，教學品質才會高，學習效果才會好。

觀察法

壹 觀察法的意義

觀察法是一種在教學過程中，運用教學事件和學習歷程的聯結關係，達到教育目的的一種教學法。此種教學法是一種教師在學生學習歷程中，指導學生利用視覺的功能以審視有關的事物，完成各種學習活動的過程。觀察教學法源自於英國經驗主義哲學家洛克（John Locke,1632 ～ 1704）主張人類知識的來源是來自於感官，感官功能的發揮在學校學習活動中，有助於教學或學習目標的達成。此外，裴斯塔洛齊（Pestalozzi,J.H.）將觀察在教學上的運用稱之為「直觀教學法」（the intuitive method of teaching），強調實物教學在學習過程中的效果，遠勝於各種抽象的描述。教師在教學活動進行時，應該將各種抽象的概念轉化成更具體的形式，讓學習者容易吸收。觀察法是學習者從日常生活中，由經驗世界中獲取知識主要來源之一（高廣孚，民 78 ）。

貳 適用情境

觀察的方法適用於任何學科教學中，教師在指導學生學習時，應妥善加以運用，才能達到預期的教學目標。

一、適用於各學科教學

教師在教學中，講解重要的概念或原理原則後，需要透過各種策略或實物將抽象概念轉化成為學生可以理解的形式（form），在轉化過程需要運用觀察的方法，提昇學習效果。

二、適用於實物教學

教師在教學過程中，指導學生觀察實物、各類模型、圖片、掛圖、地圖、圖畫、標本、幻燈片、投影片等，據以完成教學目標。

三、適用於蒐集各類資料

教師指導學生參觀、考察、探勘、記錄等工作，需要運用觀察法才能完成學習目標。

參 觀察法的運用

觀察法是學校教學中運用較普遍的方法之一，對於教學活動有正面的輔助作用。因此，教師在使用觀察法於教學中，必須謹慎才能提高學生的學習興趣，加深學習的印象，增進對各種原理原則的經驗，發揮預期的成效。

一、擬定教學目標

教師在教學之前，必須針對教學目標作詳細的講解說明，使學生在觀察之前，瞭解預期的目標何在，才能達到預定的成效。

二、揭示觀察的要點

教師在指導學生觀察之前，要明白告訴學生觀察應注意的要點，如何作有效的觀察，觀察的重點何在等要項，讓學習者瞭解要領何在？

三、教師指導說明

教學進行時教師應要求學生作詳細的觀察，不可徒具形式或敷衍了事。因此，教師可以在學生觀察前指定各類「待答問題」或問題單，要求學生觀察之後，提出心得報告。至於較困難或是有疑議的地方，教師也應針詳細說明，使學生瞭解學習的主要內容。

四、教師回答疑難問題

教師在指導學生觀察時，應該將觀察步驟詳細加以說明，對於較困難的地方，應該設法讓學生清楚明瞭。遇有疑難問題，教師應該以專業能力，回答問題。

五、教材內容與教學目標應該一致

教師在指導學生從事觀察時，應該將學科單元內容與教學目標相對應，使其彼此一致，才能達到預定的效果。

六、依據程序與步驟進行觀察

在運用觀察法於教學時，教材不宜過多或過於繁雜，以免降低效果，教師應該在教學前將各類原理原則或概念細分，以免影響教學活動的進行。在觀察活動進行前，妥善擬定觀察計畫。

七、教學輔助器材的運用

觀察活動的進行，應該配合各項教材和器材，延伸學習成效，以提高學習效能。

八、教學活動生活化

觀察教學的進行，可考慮配合其他方式如參觀與旅行，使教學活動與實際生活相結合，讓學生在學習中獲得實際的生活經驗，理論與實物得以相互印證。

九、討論與評鑑

觀察活動結束前，教師應該引導學生作心得的討論與學習活動的評鑑工作，透過各種討論分享彼此的觀察心得，並以撰寫報告方式作相關的評鑑。

肆、評論

觀察法可運用於任何教學法中，讓學習者從實物教學中，完成學習活動。此種教學法對於學習者心智方面的成長，具有相當大的助益。教師在擬定教學計畫時，可以考慮將觀察納入學習活動中，透過事先擬定的「學習單」（如附錄），讓學習者從實物觀察中強化學習的成效。

一、優點

1. 重視學習者感官的運用

觀察法是教師指導學生運用自身的感覺器官，察覺外界的各項事物，以達到學習成效。透過觀察活動增進學生的知識，修正學生的觀念。

2. 強調實物教學

將觀察法運用在教學時強調實物的呈現，由教師引導學生進行參觀、臨摹、比較、分析等，達到學習目標。實物教學是引導學生由經驗世界中獲取知識最直接有效的方法，同時可促進教學品質的提昇。

3. 學習者從操作中學習

觀察法有助於學習者透過感官的運作，分析、歸納、綜合各種概念與原理原則。

二、限制

1. 教師教學準備時間較長

觀察法運用於教學時，教師在準備工作上需要花較長的時間分析教材，擬定各種有效的問題，引導學生作各種觀察。

2. 教學常規控制不易

觀察法強調學習者主動學習的精神，教師扮演引導的角色，因此在常規控制方面較不容易，教學者容易因班級常規失控而影響教學活動的進行。

3. 無法適應個別差異

教師在教學中運用觀察法時，無法適應學生的個別差異，尤其是程度較差的學生，無法趕上進度，造成學習上的困擾。

觀察法是最常與其他教學法配合使用的一種，尤其是數理與自然科使用最為頻繁。教師在運用此種方法於教學中，除了在教學前作妥善的準備之外，教學中有效引導學生作觀察以進行活動，教學後透過各種討論、分享、發問等技術從事評鑑工作，作為修正教學的依據。

附錄：學習單

台北市溪山國小自然科學學習單

鳥在樹上做什麼？

內雙溪是一山谷地，地勢起伏很大，林相更是豐富。各種樹上都經常會有許多的小鳥在歌唱、休息或是嬉戲，請小朋友們仔細的觀察牠們，但別嚇著牠們喔！

一、校園的什麼樹上有小鳥？牠在樹的什麼位置？在做什麼事情呢？請同學仔細觀察五分鐘以後，將觀察結果記錄在下面的表格中：

樹　　名	小鳥在樹的什麼位置	小鳥在做什麼

二、這些小鳥你認得牠們嗎？假如你知道的話，請寫出來，若不知道可以查圖鑑、討論或請教老師再填上，千萬不要抄別人的哦！

(1)

(2)

(3)

(4)

(5)

三、仔細的看一看，有小鳥在吃果子的是什麼樹？

____

四、這些有小鳥活動的樹是長在哪裡？（可複選）

☐ 河邊　☐山坡上　☐路旁

☐ 比較陰涼的地方　☐很多陽光的地方

☐ 其他______________________________

活動名稱 觀察鳥的生態

走！到外頭去賞鳥吧！一路上小朋友們可要輕聲細語、眼觀四面、耳聞八方，隨時注意鳥的動靜。看到鳥兒或聽見鳥鳴時，記得隨時查閱圖鑑、小聲討論或請教老師，並隨時記錄、做筆記喔！

一、你今天一共聽到或看到（　　）種鳥或叫聲。

二、你看到或聽到的鳥兒有哪些？（把聽、見到的打✓）

☐ 白頭翁　☐山紅頭　☐五色鳥　☐灰鶺鴒　☐麻雀

☐ 綠繡眼　☐紅嘴黑鵯　☐台灣藍鵲　☐紫繡鶇　☐翠鳥

☐ 白腰文鳥　☐小白鷺　☐小彎嘴畫眉　☐大冠鷲　☐紅鳩

☐ 八哥　☐珠頸斑鳩　☐白環鸚嘴鵯　☐粉紅鸚嘴☐竹雞

☐ 其他______________________________

三、今天看到最大的鳥是什麼鳥？

☐ 白頭翁　☐山紅頭　☐五色鳥　☐灰鶺鴒　☐麻雀

☐ 綠繡眼　☐紅嘴黑鵯　☐台灣藍鵲　☐紫繡鶇　☐翠鳥

☐ 白腰文鳥　☐小白鷺　☐小彎嘴畫眉　☐大冠鷲　☐紅鳩

☐ 八哥　☐珠頸斑鳩　☐白環鸚嘴鵯　☐粉紅鸚嘴☐竹雞

☐ 其他______________________________

四、今天看到最小的鳥是什麼鳥？

☐ 白頭翁 ☐山紅頭 ☐五色鳥 ☐灰鶺鴒 ☐麻雀

☐ 綠繡眼 ☐紅嘴黑鵯 ☐台灣藍鵲 ☐紫繡鶇 ☐翠鳥

☐ 白腰文鳥 ☐小白鷺 ☐小彎嘴畫眉 ☐大冠鷲 ☐紅鳩

☐ 八哥 ☐珠頸斑鳩 ☐白環鸚嘴鵯 ☐粉紅鸚嘴☐竹雞

☐ 其他________________

五、今天看到最機伶的鳥是什麼鳥？

☐ 白頭翁 ☐山紅頭 ☐五色鳥 ☐灰鶺鴒 ☐麻雀

☐ 綠繡眼 ☐紅嘴黑鵯 ☐台灣藍鵲 ☐紫繡鶇 ☐翠鳥

☐ 白腰文鳥 ☐小白鷺 ☐小彎嘴畫眉 ☐大冠鷲 ☐紅鳩

☐ 八哥 ☐珠頸斑鳩 ☐白環鸚嘴鵯 ☐粉紅鸚嘴☐竹雞

☐ 其他________________

六、今天看到顏色最多的鳥是什麼鳥？

☐ 白頭翁 ☐山紅頭 ☐五色鳥 ☐灰鶺鴒 ☐麻雀

☐ 綠繡眼 ☐紅嘴黑鵯 ☐台灣藍鵲 ☐紫繡鶇 ☐翠鳥

☐ 白腰文鳥 ☐小白鷺 ☐小彎嘴畫眉 ☐大冠鷲 ☐紅鳩

☐ 八哥 ☐珠頸斑鳩 ☐白環鸚嘴鵯 ☐粉紅鸚嘴☐竹雞

☐ 其他________________

七、今天看到飛行最快的鳥是什麼鳥？

☐ 白頭翁 ☐山紅頭 ☐五色鳥 ☐灰鶺鴒 ☐麻雀

☐ 綠繡眼 ☐紅嘴黑鵯 ☐台灣藍鵲 ☐紫繡鶇 ☐翠鳥

☐ 白腰文鳥 ☐小白鷺 ☐小彎嘴畫眉 ☐大冠鷲 ☐紅鳩

☐ 八哥 ☐珠頸斑鳩 ☐白環鸚嘴鵯 ☐粉紅鸚嘴☐竹雞

☐ 其他________________

八、你看到這些鳥，牠們大部分都停棲在哪裡？

☐ 樹梢 ☐地上 ☐草叢裡 ☐岩石上

☐ 其他________________

第三節 問題教學法

壹 問題教學法的意義

問題教學法是應用系統化的步驟，指導學生解決問題，以增進知識、啟發思想和應用所學的教學法（方柄林，民 65 ： 86 ）。問題教學法有別於傳統講述教學法，由教師與學生共同合作，共同計畫，共同提出問題，以求共同解決問題（高廣孚，民 78 ）。問題教學法的發展是源自於杜威強調人類解決問題必須循著一定的步驟：(1)問題的發生；(2)確定問題的性質；(3)提出可能的解決或假設；(4)選擇較合理的假設；(5)驗證假設的正確性等程序。因此，問題教學法是教師將各種日常所需的知識作系統化分析，運用系統化的步驟，指導學生將實際生活所遇到的問題，加以歸納分析，透過策略的運用以解決問題，藉以增進學生的知識，擴充各類生活經驗，並培養適性的思考能力。教師在教學中依據學生的年齡及心理狀態，以舊經驗或知識為基礎，強化學習的遷移，增進新知識的發現及原理原則的獲得與運用。教學的目標在於透過學習活動，引導學生針對自己的問題，擬定各種策略或方法加以解決。

貳 問題的類型

問題的類型依據學者的分析與討論，大致可分為幾個大項：

一、擴散性與聚斂性問題

1. 擴散性問題

擴散性問題是所提的問題同時有數個可能的答案，而不囿限於單一答案或固定的答案，學習者可用不同的答案、不同角度加以分析、解釋或說明。因此，回答的內容不限定於某一個框架裡，學習者擁有多元與多方向的思考。例如：「臺灣最近綁架撕票案漸多，如果您身為治安首長該如何因應？」、「教育改革呼籲聲日漸高漲，如果您是教育部長的話，您準備如何因應呢？」。

2. 聚斂性問題

聚斂性問題是指所提的問題僅能以現有的知識與舊經驗為基礎，循著邏輯思考去尋求唯一且正確的答案，學習者的思考是單一的、固定的，無法拋開舊經驗的束縛。例如「全世界最長的河是那一條？」、「世界最高峯是那裡？」等問題。

二、依據布魯姆（Bloom）分類法擬定問題

布氏的目標分類法運用在問題的擬定方面，具備良好的效果。

1. 知識性問題

屬於較普遍性的名詞、基本概念、方法、步驟、原理原則等，由教學中所得到的知識或經驗。例如：「臺灣最長的河在那裡？」、「臺灣最高的山是那一座山？」等問題是屬於知識性的問題。

2. 理解性問題

各類事實的原理原則或概念可以轉化成為符號、文字、數據、語言、概念圖等形式加以表達者。例如：「問題教學法與設計教學法的比較」、「試比較海南島與臺灣島在氣候及地形上的差異？」等問題。

3. 應用性問題

學習者能將在學習過程中所習得的知識、技能、原理原則在各種不同的情境中加以應用，即學習得以產生正遷移和類化作用。例如：「在學了性傷害預防課程之後，如何在公車上避免性騷擾？」、「請以中國地圖為例分析長江流經那些省份？」等問題。

4. 分析性問題

在學習過程中將各類事件或概念加以分解，釐出各項子事件、元素及其相互間的關係。例如：「請說明為什麼今年度夏天比起往年溫度高得多？」、「請分析臺灣東部比西部颱風多的主要原因何在？」等問題。

5. 綜合性問題

分析性問題較屬於演繹法，而綜合性問題較屬於歸納法。在學習過程中將各種不同的元素及事件，重新組合成一個原理原則或定理。此一層次的問題，需要運用高層思考能力如創造力才能處理問題。例如「中國大陸那些省份生產煤礦？」、「臺灣那些縣市的工業污染最嚴重？」等問題。

6. 評鑑性問題

學習過程中最複雜的層次是評鑑性的問題，結合前述五項特質，具有判斷性、價值性等特徵。例如「臺灣最近幾年來人民民主意識高漲，此種趨勢對臺灣政治的發展如何？」、「總統直選後對臺灣在國際的聲望如何，請分析其得失？」等問題。

三、戴維斯的分類

戴維斯 (Davis,1981) 將問題歸類為六種類型，詳述如下：

1. 開放型

開放型的問題並不限於單一的答案，而是讓學習者得以依據不同的情境提出適當的答案。此類型的問題有助於激發學習者對各類問題探索的動機。發問的方式通常以「為什麼」、「什麼時候」、「如何」、「誰」等。例如「為什麼臺灣一年四季如春？」、「在面對火災時如何處理」等問題。

2. 閉鎖型

閉鎖型問題通常只有單一的答案，學生必須依據經驗作判斷，思考方向是特定的。此類問題常見的是要求學生回答「是」、「不是」、「有」、「沒有」、「好」、「不好」、「要」、「不要」等方式。例如「你會電腦打字嗎？」、「臺灣最北部是那一縣呢？」等問題。

3. 記憶型

此類問題強調知識方面的記憶，要求學生針對舊經驗回答問題。回答的方式是採用認知或記憶型態。例如「世界永久中立國是那一國？」、「中國的科舉制度是從那一個朝代到那一個朝代？」等問題。

4. 聚斂型

此類問題是思考性的問題，學習者在回答時依據經驗作分析與組織活動，進行單一方向的思考。例如「高速公路從南到北計經過幾個收費站？」、「四季是包括那四季？」等問題。

5.擴散型

此類問題沒有固定的答案，學習者可以依據個人特有的獨創性回答問題，問題並無固定或標準的答案。例如「學校需要規定學生穿制服嗎？」、「闖紅燈如果不處罰的話會有什麼現象產生？」等問題。

6.評鑑型

此類問題通常含有固定的價值標準，學習者需依據標準回答。例如「開放教育的實施有那些優缺點呢？」、「小學實施英文教學的優缺點何在？」等問題。

參 問題教學法的步驟

問題教學法係以杜威的思維術為準，發現問題或困難→確定問題的性質→提出可能的假設→選擇合理的假設→驗證而成立結論，作為教學的主要步驟：

一、演繹法

1.提出問題

教師從日常生活中可能遭遇的問題或情境，提出來讓學生共同討論，以激發學生的興趣，並引導學生主動探索及解決問題的動機。教師所提的問題必須符合幾項要件：(1)所提問題是學生所關心的；(2)適合學習的問題應包括校外生活問題；(3)解決問題的資料要能合適地供應；(4)問題要限於合適和有效的範圍；(5)在問題解決中視資料之中肯以定取捨，學生應學習如何取捨資料；(6)問題是要值得學習上所解決的；(7)應用於學習的問題要有解決的可能；(8)解決問題的方法很多，應鼓勵學生嘗試創新的解決方法；(9)問題要有激勵性（方柄林，民 65 ）。

2. 分析問題

教師在提出問題之後，必須指導學生運用各種方式或策略，以分析問題，使學生真正瞭解問題的內涵。教師指導學生針對問題的性質，深究範圍及主要癥結所在。

3. 提出假設

在各類問題確定之後，教師應引導學生以自身的舊經驗和知識，提出可能解決問題之道，如果學生在此方面的先備知識不足或需要再加強，教師應該指導學生蒐集資料的有效方法，以充實各種知識和經驗。而後教師再引導學生針對問題，提出可能處理的方案。

4. 選擇假設

教師指導學生提出假設之後，應讓學生實地作評鑑工作，將提出來的假設一一作驗證工作，透過分析和評斷，在眾多可行方案中篩選出一個最合理的假設，以供解決問題之用。此階段對假設可行性、可用性及合價值性的評鑑是相當重要的。

5. 驗證假設

假設經過嚴謹的篩選之後，便是驗證階段。經過嚴格審查後的假設尚須考慮其實用性如何，在實際情境中的應用是否產生困難。

二、歸納法

歸納法是一種將各類原理原則歸納成為普遍原理的過程。歸納法的運用需要教師指導學生蒐集多方面的資料，加以分析、整理、比較、綜合。將歸納法運用於問題解決中的主要步驟如下：

1.教師提出問題；

2.分析問題（同上述第一、二步驟）；

3.蒐集資料：教師在確定問題之後，便著手指導學生蒐集各類資料，蒐集資料的方法端賴問題的類型而定；

4.整理資料：學生在教師指導之下所蒐集的資料透過研判、分析、比較、選擇、篩選、過濾等，作為資料取捨的依據；

5.綜合結論：教師在教學中指導學生從各類資料中，歸納出結論，以產生原理原則。

肆 問題教學法的原則

一、重視學生問題解決能力的培養

問題教學法的主要目的在於培養學生透過各類問題的思考，達到解決問題的境地。因此，教師教學的重點在於增進學習者的知識，啟發思想、應用所學以解決本身的相關問題。教師不宜將教學重點擺在課文的記憶，以免形成本末倒置的現象。

二、慎選問題配合學習活動

問題教學法的主要重點在於問題的提出，教師應該針對學生實際上的需要慎選問題，作為教學的前導事件。以引導教學活動的進行，達到預定的目標。

三、問題生活化

教師在選擇待解決問題時，要考量學生在實際生活上的需要，如此學習才能和生活緊密地結合，激勵學習者的學習動機。

四、方法的靈活運用

問題教學法無論使用演繹法或是歸納法，不必太過於拘泥形式，嚴守各類方法步驟，教師應針對各類問題的性質而選擇適性的方法。

五、教學者應居於引導的地位

問題教學法是教師引導學生解決自己生活上的各種問題，解決的責任在學生身上，要面對問題的也是學生。所以教師在教學過程中應該扮演引導的角色，不可過於干涉學生的學習，或是替代學生解決問題。如此，不但對學生沒有正面的幫助，反倒有礙學生的學習活動。

六、由低層次到高層次的學習

問題教學法應由較低層次的學習遷移，進而引發至高層次的問題解決。教師應該瞭解此種邏輯關係，引發學生解決問題及創造能力的學習。

伍 評論

教師在使用問題教學法時，要善於發問技術，同時也要鼓勵學生踴躍發問，並能適當處理學生的問題，才能達到既定的教學目標。在運用問題教學法必須考量此種教學法本身的優點及限制。

一、優點

1. 促進師生之間的互動關係

一般傳統教學法建立於「教師講、學生聽」單一關係上，教學活動的進行全憑教師的意念，學生的學習參與較少。問題教學法的運用不但增進學習者的學習動機之外，同時使師生之間的互動更頻繁。

2. 發展學生的思考能力

問題教學法的主要特色在於將日常生活中可能遭遇的問題，透過教師事前的蒐集、規劃、組織，轉化成為教學活動內容，讓學生在問題解決情境模擬中，完成學習活動，以達到教學目標。因此，對於學生思考能力的發展，具有正面的功能。

3. 多方面的學習功能

問題教學法對教學活動的進行而言，具有引起動機、評量學習、集中注意力、經驗回憶、練習發表、啟發思想、質疑解惑、相互激勵等作用。對教學活動的進行，具有多方面的助益。

二、限制

1. 忽略知識及理解層面的學習

問題教學法的主要目的，在於培養學生善於解決生活上的各類問題，對於知識和課程內容屬於需要記憶部分容易忽略，影響教學成效。教師在教學時，對於問題的選擇需要慎重，才能啟發學生的思考。

2.無法適應個別差異

問題教學法的運用不管採用演繹法或歸納法，皆適用於程度較高的學生。一般班級的組成，學生異質性較高，程度良莠不齊，在教學過程中並非所有學生都能理解教學內容。

3.問題的蒐集分析不易

問題教學法著重於教學前的準備，教師必須花相當的時間在資料的蒐集上，尤其是日常生活問題的擬定與分析，繁重的教學準備往往使教師對問題教學法打退堂鼓。其次，學生學習反應也容易影響教師的教學活動。

任何一種教學法的採用，都有其優點與限制。教師在教學過程中，針對教學法的運用，勢必依據本身的教學信念、教學經驗與現實情境，選擇一種或多種教學法，以達到預定的教學目標。

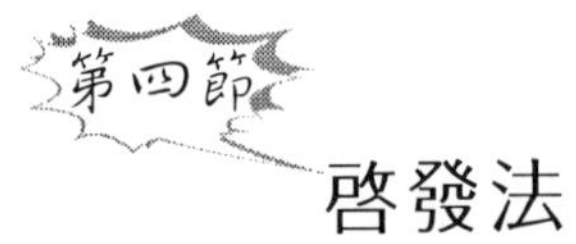

啓發法

壹 啓發法的意義

教學是一種師生互動的歷程，強調雙向回饋作用。成功的教學需要教師的刺激、指導與鼓勵，學生自動自發的學習。教學如果只有教師的「教」而沒有學習者的「學」，教學品質勢必不高。啟發式教學是避免被動地接受教師的注入和傳授，而重視啟發學習者思考和解決問題能力，以期產生積極、主動學習活動的方法（林朝鳳，民 77）。啟發法從開啟和發展的觀點加以解釋，則以開啟人類理性，發展人類潛能的理性主義和自然主義的教育思想與方法，都可以啟發加以說明（方柄林，民 65）。啟發教學法是針對注入式教學而稱，理論的發展可上溯自蘇格拉底的反詰法和孔子的教學法。孔子的「學而不思則罔；思而不學則殆。」「不憤不啟，不悱不發，舉一隅不以三隅反，則不復也。」強調的是教學方法不應停留在傳統的灌輸知識，而是重視學生的思考活動，協助學生透過各種途徑解決問題，分析歸納、觸類旁通，以達到學習效果。

貳 實施步驟

正式將啟發式的教學成為有系統有步驟的教學方法，首推 Herbart (J.F.Herbart,1776 ～ 1841) 的階段教學法。Herbart 的教學法後來經 Ziller(T.Ziller,1817 ～ 1883) 及其弟子 Rein(W. Rein, 1847 ～ 1929) 研究改進為聞名的「五段教學法」，其步驟如下：

⑴預備 (preparation)：運用學習者的舊經驗，作為學習的基礎，此即為現代教學過程中的引起動機和教學目標的決定。

⑵提示 (presentation)：學習者具備各種學習的心理準備，教師可以提示各種所要學習的材料。教師在提示時可以應用口頭、文字提示重點，或是出示各種補充資料等。

⑶比較 (comparison and abstraction)：又稱之為聯合，教師將學習者的舊經驗來提示的新教材相聯合，分析相似點和相關處，讓學習者有系統地認識各種概念。比較的方法可用圖表、板書、問答、討論、講述等方式。

⑷總結 (generalization)：是一種歸納活動。教師將比較所得作有系統的整理和分析，使之成為系統的概念或原理原則，方便讓學習者學習。

⑸應用 (application)：是將所學到的各種原理原則實際應用到日常生活中，或是解決問題以驗證知識。

五段教學法的實施與應用讓學習者擁有思考學習的機會，在複雜的教學活動中，具有啟發的功能，讓學生得到系統化的知識，比一般的教學法效果佳。教師在運用此種教學法於教學活動中，必須先佈置各種學習情境，以強化學習效果，增加學生的活動機會，靈活運用各種教學法，才能落實啟發教學法的成效。

參 啟發教學法的類型

啟發式教學法是由教師安排適當的情境作為教學活動之用，引導學習者思考，從思考中達到學習目標。因此，教師的發問和學習活動的安排成為啟發教學中重要的成敗關鍵。

啟發教學法運用在現代教學中，通常包括探究（inquiry）教學法、問題解決教學法、創造思考教學法等。各種啟發教學法的內涵及程序如下：

一、探究教學法

探究教學法是由教師引導學生主動探究問題並獲得問題解決的過程。據此，教師應主動提供、設計各種適合學習者探究、引發學習動機的環境，以發展學生較高層次思考能力及建立正確的價值觀。在探究教學中，師生的角色由以往的權威上下關係轉而為對等的關係，教師的任務在於指導學生發展有組織的思考方法，學習者則為積極的思考者，從發問、觀察、分類、解釋、應用到發展通則，整個過程中學生均須積極參與，勇於表達想法並接受他人的意見（王秀玲，民 86 ： 119 ）。

1. 引起動機

教師在教學過程中運用各種輔助器材（如投影片、幻燈片、圖片等），激發學生的學習動機。其次，引導學生透過觀察、討論方式將各種通則中的概念列舉出來。列舉概念後，以分組討論方式將概念分類，並確定各類概念的名稱。

2. 歸納通則

教師引發動機之後，便指導學生歸納通則，讓學生透過資料蒐集，加以分析、分類、歸納等，發展思維能力及求知精神。在資料蒐集時，教師應事先將與教學主題有關的資料告知學生，以利事先蒐羅。在資料蒐集之後，指導學生分析、比較工作，以瞭解概念與概念、原則與原則間的邏輯關係或因果關係。學生釐清概念與概念間的關係之後，歸納出原理原則，依據原理原則提出各種不同形式的假設。

3. 驗證及應用

學生從學習中提出各類假設之後，教師運用各種技巧和策略，指導學生應用各種有效資料作驗證工作，從假設的驗證中，建立各種通則或修正原先的理論。待通則建立後，教師指導學生應用到日常生活情境中。

4. 價值澄清與行動

在教學活動中，教師引導學生澄清自身的價值，透過討論、分析瞭解價值問題，以建立正確的價值體系，採取行動，表現出良好的行為。

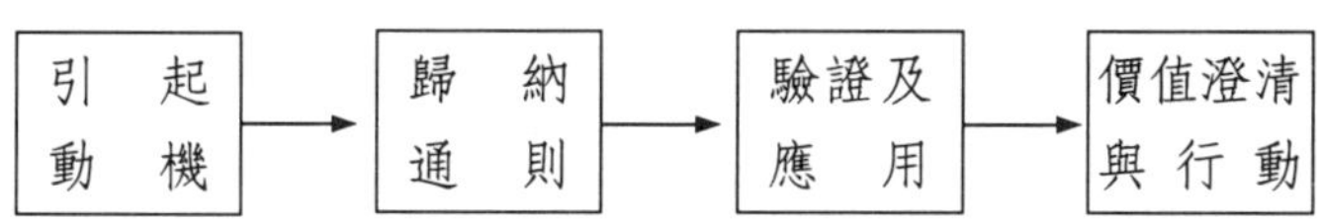

圖 5-4-1　探究教學法的過程

二、問題解決教學法

問題解決是認知科學致力於研究上的焦點，強調人類如何解決問題的趨勢，已使一些研究者檢驗並教導學生在學習過程中解決問題時所使用的策略。問題解決教學法是教師運用各種系統的方法和策略，指導學生發現問題，思索問題並循序漸進地解決問題，從而增進知識的成長，充實生活經驗，以培養創造思考和問題解決能力的教學方法。

問題解決教學法主要目的在於教導學生解決問題及教導學生應用知識在新的情境脈絡中，產生意義。前者由教師引導學生在面對各種問題時，找出問題解決的策略，建立問題解決技巧，處理自身的問題。後者係指導學生將教學中所學到的各種問題解決策略，應用在日常生活中所遭遇到的情境，產生學習的遷移（transfer）作用。問題解決教學法程序如下（方炳林，民 68 ；李隆盛，民 85 ）：

1. 界定問題

教師在教學中，從實際生活中提出各類問題，清楚地確認和界定待解決的問題，引導學生從學習環境中發現問題並自由地提出問題，激發學習的興趣，並尋求解決問題的動機。一般而言，教師提出的問題應包含：⑴學生可以理解，但解決的方法並不明顯；⑵可引發學生動機且易於描述；⑶多於一個解決途徑；⑷所需能力和概念適於學生年級；⑸在合理時段內可以解決；⑹解決後能延伸出適當的新問題；⑺能整合數種學科領域；⑻定義良好而能明確知道是否已獲得解決。

2. 設定目標

教師界定問題內容之後，即指導學生針對問題設定目標，作為欲達成效果的水準。

3. 發展備選方案

教師指導學生分析問題內容，釐清問題癥結之後，發展出解決問題的構想，擬出各種解決問題的備選方案（alternative）。通常發展備選方案的途徑有五：⑴借用經驗（如請教他人，尋找相關資料）；⑵嘗試錯誤（從各種立即性回饋中校正）；⑶洞察（以逆向思考方式從各種角度積極思考問題形成方案）；(4)腦力激盪；(5)偶遇（從無意中發現）。備選方案的發展有助於提供各種選擇的途徑，讓學生作選擇。

4. 選擇最佳方案

發展備選方案之後，教師指導學生衡量各種方案的利弊得失，以生活上實際的需求為準，選擇最佳方案。

5. 執行選定的方案

選擇了最佳方案之後，即付諸實施。

6. 評鑑結果

方案執行之後，必須與實際生活相互印證，比較理想和現實之間的差距，作為修正的參考。透過結果的評鑑活動，瞭解方案的成效，同時將獲得的原理與方法，應用於日常生活中，以解決各種相類似的問題。

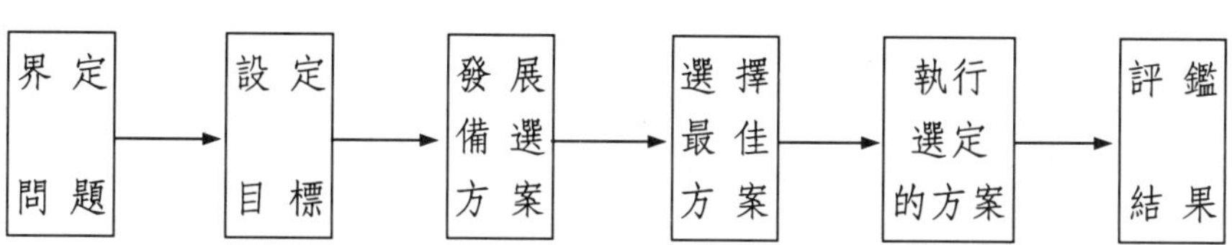

圖 5-4-2　問題解決教學法的過程

三、創造思考教學法

創造思考教學是教師透過課程內容和有計畫的教學活動，運用創造思考的策略，指導學生創造行為的一種教學方式。其目的在啟發學生創造的動機，鼓勵創造的表現，並增進創造才能的發展。創造思考教學的模式、過程和步驟依學者的界定和認知而不一。一般而言，創造思考教學粗分成四個主要步驟（陳龍安，民 77 ， 41-59 ）：

1.安排問題情境

教師事先蒐集日常生活事件安排或設計問題情境，擬定創造思考的問題，提供並引導學生思考。問題的性質必須讓學生有創造思考和解決問題的機會，尤其是引導學生摒除傳統聚斂性的思考，進行擴散性的思考。

2.提供思考與醞釀的機會

教師提出各類問題之後，引導並鼓勵學生從事自由聯想，允許學生擁有思考與醞釀的時間，提供個人不同的見解和觀點。

3.尋求解決問題的方法

教師引導學生面對各種模擬的問題情境，分析問題的內涵，從做中學，從各種層面尋求問題解決的策略和方法。

4.評鑑與應用

評鑑活動有助於師生共同尋求解決問題的最佳策略，從評鑑中，增加彼此間的互動關係，凝聚共識之後，付諸行動。將各種策略應用在日常生活中，以結合現實和理想。

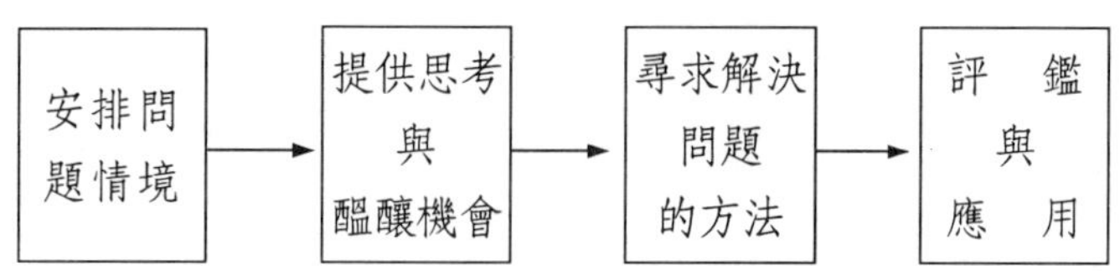

圖 5-4-3 創造思考教學的過程

肆 評論

啟發教學法主要以學習者的經驗為主體，由教師在教學中提出各類問題，引導學生透過各種途徑如理解、分析、推論、研判、綜合、評鑑等，解決日常生活中的各類問題。因此，教師的責任在於安排適當的活動和情境引導學生思考，學生在學習中自己發現問題，以培養獨立思考和解決問題的能力。啟發教學法的使用其優缺點，詳述如下：

一、優點

1. 教學程序詳細，易於發揮教學效果

啟發式教學在進行前，教師必須充分地蒐集相關資料，詳細計畫，將現實生活中的各種情境引入教學中。因而，現實與理想之間的落差較小，有助於激發學習者的學習動機，教學活動的每一階段皆經過智慧性地規劃，教學成效容易發揮。

2. 教學方法靈活運用，有助於學生思考活動

啟發式教學有別於傳統教學法，必須靈活地運用各種方法，除了教師的講述法之外，並配合採用問答、討論、腦力激盪、練習等方法，有助於學生擴散性思考能力的培養。

3. 教材系統化組織化，提昇學習成效

啟發式教學中重視教材的組織體系，教師在教學前必須花費相當多的時間和精神將教材作統整和組織工作。因此，學生容易學習到有系統的知識，有助於學習成效的提昇。

二、限制

1. 學生缺乏自動自發學習精神

啟發式教學從教學前的準備、教學活動的進行到教學後的評鑑工作，悉以教師為主體，學生處於被動的地位，學習的掌控權集中在教師身上，容易養成被動的態度，缺乏自動自發的精神。

2. 偏重教材為中心的教學

啟發式教學的特色在於教師事前的統整與規劃，教學偏重以「教材」為中心，容易忽略學生的學習興趣和實際上的需要，導致「教」與「學」無法充分配合的情形出現。

3. 教材的編製難以適應個別需要

啟發式教學中，教材強調組織與統整，由教師網羅日常生活事件，加以編製研擬，因而比較無法符合學生個別需要。啟發式教學法的運用，符合現代化教學的精神，由教師與學生的互動中，讓學生充分地發揮自身的想法，教師在教學引導過程中，啟迪學生的觀念，激發學生的學習動機，襄機運用自身「所持的智慧」面對生活中的各項問題，自行發現研議解決問題的策略，並達到預期的學習效果。

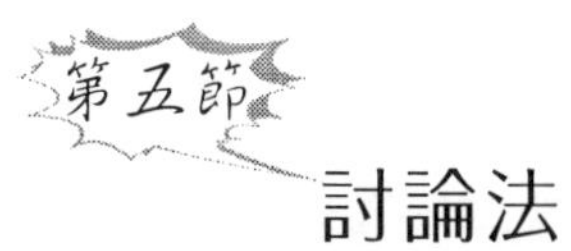

第五節 討論法

壹 討論法的意義

討論教學法係運用討論的方式，以達到教學目標的教學方式。其主要特色在於教師與學生針對主題進行探討，以形成共識或尋求答案，能為團體成員所接受的意見。討論教學法有別於講述法，重視教學活動中師生互動的歷程，從師生互動中，讓每一位成員自由發表自己的想法和意見，藉由經驗的分享、意見的交流，透過磋商、接納、尊重等途徑，發展思考與價值判斷的能力。Gall 和 Gillett (1981) 指出將討論當做一種教學法，其定義是「一群人為了達到教學目標，分派不同角色，經由說、聽、觀察過程，彼此溝通意見。」討論教學法的主要目的在於彼此意見的溝通，並達成共識。

討論教學法通常包括全體討論、小組討論、陪審式討論及座談會等四種方式。全體討論是由教師與全班學生一起討論，由教師或學生主持討論活動；小組討論是將全班分成若干組，由小組方式進行討論；陪審式討論是採小組的形式，小組成員由選舉產生，如同法庭陪審員得自由展開討論，在討論過程中學習者得以參加發言；座談會重點在於出席者報告個人之研究結果。

貳 適用情境

討論教學法可運用於任何年級、任何學科與任何情境的教學。使用情境如下：

一、熟悉課程內容

教師在教學之前，運用討論法讓學習者針對各種學習主題與目標做各種不同的思考與論辯，透過上述各種方法從不同的角度瞭解課程內容，以達到理解、應用、分析、綜合、評鑑等各種目標。

二、爭議性問題的探討

在教學過程中遇有爭議性且無固定答案的議題，教師可運用討論法讓學習者相互啟發，以獲得最好的答案，或藉此形成共識。

三、改變學習者的行爲

在教學中，教師如果期望學習者能產生某種行為，可以透過學習者相互討論，藉團體的約束力以形成共同規範，而形塑教師的預期行為。

四、培養民主素養

教師在教學中運用討論教學法除了可以讓學習者熟悉課程內容之外，也能藉機培養民主方面的素養，學習者從團體討論中涵養出民主參與的精神。

參 討論程序

在討論教學法的應用中，主持人的角色是教學成功與否的關鍵因素。在以教師為主導的教學中，通常由教師擔任討論的主持人，進行整個議題的討論；在以學生為主導的教學中，通常由學生擔任討論主持人，進行討論活動。討論教學的程序說明如下（方郁林，民 86）：

一、準備階段

1. 選擇主題

討論教學法在選擇主題方面，應該選用一致性較低的題目或是擴散性的題目，讓學習者有更多的討論空間。在議題的選擇方面應該以學習者能理解的程度為範圍。

2. 資料蒐集

在進行討論教學前，教師可以針對課程內容指定學習者進行資料蒐集工作，以利教學進行時的參考。

3. 成立小組

教師將全班學生依據人數的多寡，成立小組並指定其中一人為組長。

4. 訂定時間

討論進行所需的時間，視問題的性質、難易度和重要性而定，不宜過多或過少。

5. 排列座位

討論教學法的進行在座位的安排上，有別於傳統排排座的方式，以圓形的排列最理想。

6. 角色分配

小組進行討論前，由教師指定或學生互選主持人、記錄等。

二、討論階段

1. 引起動機

進行討論前，教師可以運用各種事先準備的題材作為引起動機之用，以帶動討論的氣氛。

2. 說明程序

討論進行前，教師應該先簡單說明討論題目、時間、各種規則等。

3. 進行討論

在各種預備工作完成時，即可進行討論活動。

三、評鑑階段

1. 綜合歸納

討論結束時，由各組派代表簡單地說明結論或建議，教師統整各組的意見做最後的綜合歸納。

2. 整體評估

討論活動結束後，教師針對此次的討論活動內容、各組討論情形、學習者的表達能力等項目，一一做評鑑和檢討工作，作為下次討論的參考。

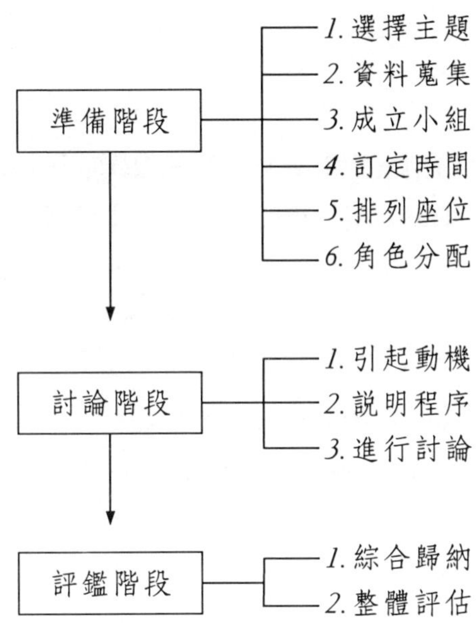

圖 5-5-1　討論教學法的過程

肆 討論的要領

討論教學法的進行教師和學習者必須花相當多的時間在準備上，才能順利的進行討論。在討論的進行中，教師必須熟諳各種要領，才能在討論中達到教學目標。

一、學習環境的安排

討論教學法在學習者座位和環境的安排方面相當重要，教師在教學之前，必須作好準備工作，讓每一位學生能暢所欲言，有效表達自己的意見和看法；因此，學習者之間的互動成為教學準備中的要件。

二、發問技巧的培養

討論教學的進行中，發問技巧相當的重要。教師在教學前應該培養學生有效的發問技巧，引導學生在學習中產生質疑，從質疑中理解。

三、肢體語言的運用

肢體語言的運用影響討論教學的品質，同時可以帶動討論的氣氛。肢體語言的運用足以彌補語言無法詮釋的概念或原理原則。

四、爭議情境及問題的處理

討論教學進行時常遇到爭議的情境，讓學習者因為不同的論點產生爭議，此時教師應該妥善處理，以免因為爭議而影響討論活動的進行。

伍 評論

討論教學法著重於學習者相互討論而形成概念，此種教學法有助於培養學習者的發表能力。

一、優點

1. 培養發表能力

討論教學法在培養學習者的發表能力方面具有正面的意義，透過討論的參與讓學習者有機會表達自己的觀點和看法。教師可以隨時指導學習者如何掌握討論的重點，將自己的意見有效地表達出來。

2. 培養思考能力

討論教學法有助於學習者思考能力的培養，讓學習者從討論問題中，使思維更加緊密，思想更合於邏輯。其次，從問題討論中培養批判思考能力。

3. 培養議事能力

討論教學法的運用讓學習者思慮更周密，更尊重他人的意見，尤其是和自己不同的意見，懂得接納相反的聲音。

二、限制

1. 教室常規不易維持

運用討論教學法時，通常在常規的管理方面較吃力，教師必須花費更多的時間在班級經營上，容易影響教學品質與學習成效。

2. 耗時費力影響進度

討論教學法比一般的教學法須花費更多的時間，尤其在教學準備方面。因此，在耗時費力影響進度的考量之下，教師不太採用此種教學法。

3. 忽略個別差異

使用討論教學法時，容易忽略程度不佳的學習者，尤其是不愛發表的學習者。在團體討論中，部分學生參與的機會不多，影響學習效果。

討論教學法的使用有助於培養學習者的發表能力，讓學習者從討論中分享自己的學習成果或經驗，從各方面互動中獲得知識概念，同時培養學習者獨立思考與批判思考能力。然而，因為時間的考量、場地的限制、常規維持不易等因素，教師在教學中不易採用此種教學法。

自學輔導法

壹 自學輔導法的意義

自學輔導法 (supervised study) 是有別於傳統班級教學，容易忽略個別差異的教學法之一，是一種學生在教師指導之下，進行自學的方法。此種教學法的主要特色在於適應學生的個別差異，學習活動的進行由學習者依據本身的經驗，對外界的情境和刺激所做的反應，學習者自己掌握學習活動的進行。自學輔導法和自修的方式不同，前者一方面重視自學，一方面重視輔導的功能；後者僅強調自學的功能。道爾頓制 (Dalton laboratory plan) 和文納特卡制 (Winnetka system) 是透過自學與指導的個別化教學法。

教師在自學輔導法中所扮演的角色是激發學生學習的興趣，指定學生學習的作業，提供學生各種相關的參考資料，指示學生自學的方法，解答學生學習上的疑難問題，評定學生的學習成就。學生則依據教師的指導，準備各種學習上所需的工具、書籍，依據教師所指定的作業，以及學習方法，進行自學活動（高廣孚，民 78 ）。因此，自學輔導法，是學生在教師的指導之下，運用各類型的學習方法，自行學習教師預先指定的課題，以達到預定教學目標的一種教學方法。

貳 自學輔導法的功能

自學輔導法的實施，有助於學習者的個性適應，尤其在同質性較低的班級中效果更佳。一般而言，自學輔導法具有下列多項功能：

一、適應個別差異

自學輔導法的實施有助於教師在教學過程中，提供學生自學的機會，教學活動的進行得以依據每個不同個體的需要（如學習速度、起點行為、舊經驗、各種特質），自行決定學習的進行，以適應學生的個別差異。

二、增進教學效果

教師教學中最常遭遇的困難是無法適應個別差異、單元內容太多、教材繁雜、教學時間太短、學習者無法瞭解等，增加教學實施上的困難，使教學品質降低。自學輔導法的實施，增加學生的學習活動，使預習、自習等各種獨自學習的機會增加，無形中減少教師在教學上的困擾，教師得以將一些無法在教學中交代清楚的概念或問題，交由學生在自學時處理。

三、培養自學能力

自學輔導法的特色在於學生自學能力的養成，從自學過程中培育學習的能力、習慣和方法，獨自面對學習上的各種問題。

四、改善教學活動

傳統的教學活動以教師的教導為主，教學範圍侷限於教科書、參考書、教師所擁有的知識和觀點，學生的學習活動無法擴展。自學輔導法的實施有助於破除此種窠臼，學習的內容不再限定於教科書的內容，教學活動除了教師觀點之外，也融入了學習者的觀點，師生之間的互動使教與學活動更多樣化。

參 自學輔導法的步驟

自學輔導法的實施通常分成下列幾個步驟（高廣孚，民 78）：

一、引起動機

在實施自學輔導法時，教師仍須如一般教學法的步驟設法引起學生的學習動機。在引起動機方面，教師可參考各種教學法的建議，或是自行設計各類活動，蒐集各種學生有興趣的資料或輔助材料，作為引起動機之用。任何教學活動的進行，如果在引起動機方面失敗的話，教學活動必然打折扣，則學習成效不佳。

二、指定作業

指定作業在自學輔導法的實施中是一個重要的關鍵，指定作業的設計與規劃影響學生的學習成效。教師在指定作業時，應該依據學生的個別差異、學習興趣、態度、速度，決定每位學生的作業量。教師在指定作業時，應明確地讓學生瞭解下列要點：第一為要學習些什麼？第二為要如何的學習。

三、指導自學

教師在引起動機、指定作業並說明自學方法之後，即讓學生展開自學活動，教師隨機在教室巡視，環顧學生的學習情形，如遇到學生有學習上的困難，即協助學生解決問題。教師的另一個職責是維持教室的安靜，以利於學生學習。

四、評鑑成績

學生自學完成之後，教師將各類作業或報告收回，由師生共同校正，然後將評量結果交由學生，讓學生瞭解學習的情況。如果有需要的話，教師仍應採取補救教學，以增進學生的學習效果，同時瞭解教學活動應該修正的地方。

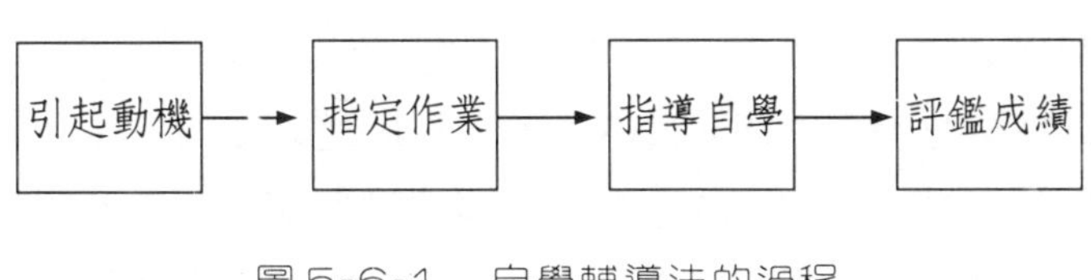

圖 5-6-1　自學輔導法的過程

肆 評論

自學輔導法的實施可以培養學生獨立學習精神，對於教學活動中無法一一處理的問題，可以讓學生獨自學習，而教師居於指導的地位即可。

一、優點

1. 補救班級教學的缺點

自學輔導法的實施，具有補救班級教學缺點的功能。以往在班級教學中，由於學生人數過多，導致教師無法一一照應，容易忽略個別差異的事實，在講求一致與效率的齊一標準下，無法因材施教。自學輔導法的特點在於教師得以因應學生各種不同的需求，指定各種作業讓學生獨自學習，達到學習目標。

2. 培養獨立學習的能力

一般的教學活動容易形成以教師為主學生為輔的型態，教學偏向由教師為主導，學生變成附屬。自學輔導法的實施，強調學生獨立學習能力的培養，由學生獨自完成教師所指定的作業，教師在輔導學生時不可代學生完成作業。

3. 強調師生之間的互動

自學輔導法比一般教學法更強調教師與學生之間的雙向互動，教師在教學前應針對學生的特質作充分的準備，從問題的蒐集、作業的擬定到教學活動的規劃，必須花相當的心力，才能達到預定的效果。學生在學習過程中，除了獨立完成各種指定作業之外，也要與教師經常互動，隨時向教師請益，加強師生之間的互動品質以提昇教學成效。

4. 重視教學環境與氣氛

自學輔導法的實施，對教學環境的布置與學習氣氛的維持相當重視，唯有良好的環境與氣氛才能激發學習者強烈的學習興趣。適當的物理環境與心理環境，有助於自學的進行。教師在教學中所扮演的角色，對學生的學習仍具有主導的功能。

二、限制

1. 適用固定學科

自學輔導法雖有別於傳統教學法，具有適應個別差異之效，在使用上仍應考量適用範圍。自學輔導法絕非教學上的萬靈丹，在學科方面僅適用於文史、社會科學、自然科學等，對於藝能科、職業類科、技能科目的教學，仍有使用上的限制。

2. 適用於程度較高學生

自學輔導法的實施，強調學生獨立學習的精神。因此適用於程度較高學生，對於低年級或程度差的學生，由於年齡的問題及經驗和知識的不足，無法符合自學輔導的精神。

3. 時間運用上的限制

自學輔導法需要適當時間的配合，時間的充分運用同時也是學習成功的先決條件。教師在使用此種教學法時必須考量各種前置因素，在時間的分配上作各種考量，才能使此種教學法發揮到最大的功用。

4. 時間花費較多

自學輔導法的實施，雖然教師處於指導的地位，而師生之間的互動影響學習成效。教師在教學過程中，必須花相當多的時間在準備工作上，自學活動進行時，教師也應隨時瞭解學生的學習狀態，如問題解決時是否循著正確的途徑或方法，以解決學習上的任何問題。

自學輔導法有別於一般傳統以教師為主的教學法，強調學習者獨立學習的精神，頗能符合獨立學習的精神，對於異質性高的班級中，有助於適應個別差異教學活動的進行。

傳統教學法(二)

- 社會化教學法
- 練習法
- 設計教學法
- 發表教學法
- 單元教學法

第一節 社會化教學法

壹 社會化教學法的意義

社會化教學法是屬於情意陶冶的教學方法，其目的在於發展群性，培養學生社會道德，以訓練民主風度及合作精神。社會化教學法又稱之為團體教學法，是運用團體活動和討論方式，以指導學生學習的方法（方柄林，民 65）。社會化教學法和個別化教學法是相對的，前者的目的在於適應學生的個別性和個別化，後者的目的在於學生群性的陶冶。

貳 適用情境

社會化教學法的運用，需要教師先將學生加以訓練，使其具備各種學習的先在條件，有能力解決各類問題。因而，社會化教學法僅適用於下列情境：

一、學習者具有濃厚的學習興趣

社會化教學法在運用之前，必須學習者對團體活動和集體討論方式具有相當的興趣及能力，如此才能在教學過程中積極參與，發揮應有的成效。

二、學習者具備問題分析能力

社會化教學法的運用，需要教師在事前設計各種情境或必須解決的問題，提供學生在教學過程中練習分析問題、蒐集資料、研擬問題解決的方案和策略。因此，學習者對問題的分析能力遂成為教學的先備條件。

三、學習者具備問題解決能力

社會化教學法的運用，需要學生具備對問題的解決能力。教師設計各類問題的情境，讓學生獨自依據平日的經驗和知識，分析問題的癥結，提出解決的假設和方法。

參 社會化教學法的種類

社會化教學法是一種運用團體歷程的教學方式，透過團體的學習方式達到教學目標。實施社會化教學法的方式包括會議、研習、討論、分組報告、辯論、表演、參觀、實習、考察等，在分類方面通常包括大班教學(large-group instruction)、小組討論(small-group discussion)、分組活動等三種。

一、大班教學

大班教學是教師常用的教學型態之一，是人數最多的一種團體教學。教師在教學中扮演主導的角色，教學以教師為主而學生為輔。教學偏重於教師的講解和說明，不易引起學生的學習興趣，教學效果不容易提昇。此種教學活動適用於社會學科、輔導活動、學生自治活動，實施過程如下（徐南號，民 64 ）：

1. 擬定討論議程

教師在教學前，指導學生從教材中商定共同討論的議題及議程。議程內容包括使用時間、地點、主席報告、討論事項、討論程序、討論規則等，作為討論進行的依據。

2. 討論開始

在進行討論時，由組長宣布討論開始及推選主席和記錄人選等事項。前二者由學生自行提名表決決定。

3. 主席報告

主席選定之後，由主席主持討論，並簡單報告討論的目的、程序、事項、預定時間和規則等。

4. 進行討論

在討論進行時，必須依據事先擬定的規則進行，提案部分由與會人員充分討論之後，再行議決。

5. 主席結論

各項提案經一一討論決議後，主席依據記錄，將決議向全體同學做簡要的報告。

6. 講評

主席作結論之後，請教師作講評工作。教師針對該次共同討論的準備工作、進行程序、討論情形、問題解決情形、發言狀況等提出評論，並指導作為下次的改進參考。

7.散會

完成上述程序之後，由主席宣布散會。

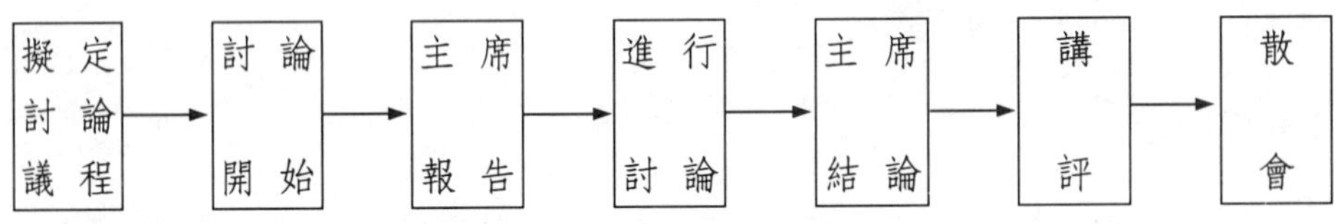

圖 6-1-1　大班教學的過程

二、小組討論

小組討論是社會化教學法的一種，透過各類活動如設計、研究、調查、資料蒐集、參觀、考察等方式，達成預定的目標。

1.決定討論問題

小組討論的重點在於問題的擬定，問題內容大都是教材的重要內容，或是適用於作補充教材的資源。教師在教學前應該針對教學內容作各種準備工作。

2.指導小組分工

小組分工的方式，依據教學活動內容及教材而定。教師在教學過程中，需指導學生作分組工作，並善加指導。

3.分配工作

教師指導學生分組之後，各組即著手進行各種準備工作。從資料蒐集、分析、研判、重點整理到分工合作等，由學生自行處理。

4. 進行討論

學生分配工作完畢後，即著手各種準備工作。由組長進行討論活動，組長在討論過程中需要瞭解是否每項問題都獲得充分的討論，在學生討論時，教師必須不定時巡視教室，掌握學生學習情形。

5. 綜合報告

分組討論結束之後，各組進行綜合報告；透過綜合報告的進行，讓所有的學生分享學習心得；教師針對綜合報告內容，提出個人的意見及指導學習，進行初步的成績評定。

6. 評鑑

小組討論的評鑑工作是教師指導學生共同進行；評鑑的內容通常包括各類準備事項、分工合作、活動內容、討論議題、行為表現、學習表現等，由教師作最後的評定。

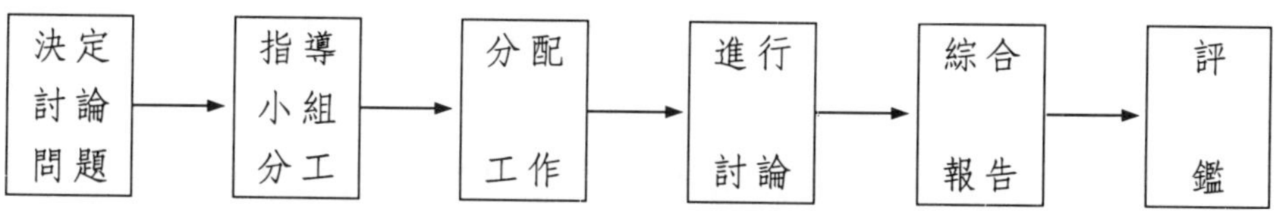

圖 6-1-2　小組討論的過程

三、分組討論

分組討論是社會化教學法中最普遍的一種，過程大致分成下列六個步驟：

1. 準備活動

教師在教學前先將學生分組，指導學生擬定活動程序，將各種教材分類，研擬討論問題。

2. 全班活動

學習活動開始時，在教師的指導下進行討論活動；討論的內容是教師預先擬定的問題，由各分組進行問題的討論，並提出討論的結果。

3. 分組討論

全班活動結束後，即進行分組活動；此時，教師應依據實際上的需要，進行指導活動。

4. 綜合報告

進行的方式及形式與小組討論相同，唯討論的內容需要提交全班活動中討論確定。

5. 綜合討論

由班長擔任主席，進行討論活動，教師仍居於指導地位。

6. 評鑑

教師指導全班學生進行評鑑活動。

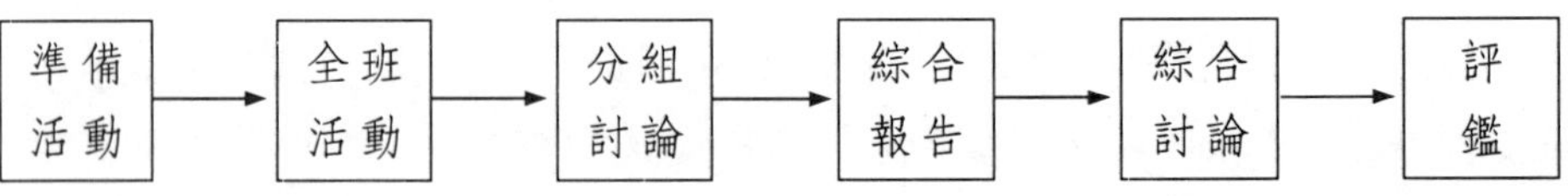

圖 6-1-3　分組討論的過程

肆、評論

社會化教學法的運用比一般教學法更具彈性，教師必須依據實際教學需要隨時作彈性處理。

一、優點

1. 促進學習興趣

社會化教學法的內涵相當具有彈性，活動方式和內容比一般教學法富變化；學生在學習過程中，參與的機會相當多，不像傳統教學呆板、嚴肅、僵化；學生在教師教學過程中，擁有共同參與、集體活動、相互討論的機會，無形中提高學習興趣。

2. 涵養共同學習的氣度

社會化教學法的實施，讓學生培養共同學習的精神，透過共同工作、共同學習、共同蒐集資料等方式，完成學習的目標。

3. 促進學習發表能力

社會化教學法強調學生集體或分組討論的方式，由教師鼓勵學生勇於發表自己的想法；教師居於指導的地位，指導學生參與各種討論活動。

二、限制

1. 教學準備影響教學成效

社會化教學法的實施強調教學前的準備工作，教師對於要討論的議題如果沒有充分的準備，或是資料的蒐集不足，容易影響教學活動的進行，降低教學品質。

2.容易忽略多數學生的學習

社會化教學法的實施，重視學生的素質問題。對於不善於發表的學生容易被忽略，學習活動時間成為少數人的權利。

3.教材及知識的組織不易

社會化教學法在教材和知識的組織方面，不像一般教學法容易。教師在教學前的準備工作，如僅注意組織工作而忽略教學活動的擬定，學生所得到的知識容易成為片斷或是零碎而缺乏統整性。

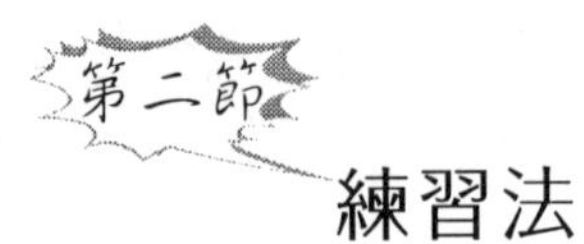

第二節 練習法

壹 練習法的意義

練習教學法是以反覆不斷的練習，使各種動作、技能、經驗、教材，達到熟練和正確反應的教學方法。主要目的在協助學習者將各種動作、技能和需要記憶的概念，養成機械和正確的反應。例如：電腦文書處理、縫紉、機械製圖等屬於技能性的課程，都需要採用練習教學法，讓學習者達到精熟的程度。練習教學法的主要功能在於養成習慣、熟練技能和強固聯念（方柄林，民 65 ）。具體而言，練習教學法的主要目的有三（高強華，民 77 ）：

一、增進學習的保留或記憶

練習教學法的主要作用在於透過個體的記憶產生學習後的保留(retention)，以反覆練習方式增進記憶，建立自動的行為反應和習慣。

二、發展學習的技能或方式

練習教學法是指導學習者從不同的技巧或方式，調整改變種種步驟的歷程，以達到學習目標。

三、建立正確的瞭解和學習

學習者在反覆練習的過程中，因為練習的目的明確，意義清晰，方式的變化是配合學習的目的而調整，因此對於學習的概念、結構和內容、結果等均逐漸的調整修正，透過練習的進行，促進更佳的學習。

貳 適用情境

練習教學法一般較常運用於語文科、技能科教學上，或是屬於記憶方面的課程上。在運用方面通常適用於下列情境中：

一、瞭解學習反應

教師在教學過程中，當講解某種概念或原理原則時，需要瞭解學生理解程度時，可運用練習法要求學生立即模仿，藉以評量學生的熟悉度。

二、增強正確反應

學習過程中學習者在達到技能自動期之前，需要不斷地複習正確的反應或動作，教師可透過練習法讓學習者減少嘗試錯誤的機會，並修正學習者錯誤的動作，增強正確反應。

三、實施補救教學

教學結束後，對於趕不上進度的學生，教師可運用練習法做補救教學工作，讓學生能迎頭趕上其他同儕。

參 教學程序

練習教學法在教導技能課程時，應該提供學生更多的練習時間和校正時間，才能收到教學效果。練習教學法通常包括六個主要步驟：

一、引起動機

引起動機是所有教學法必經的歷程，教師在教學前必須設法引起學生的學習動機，有了動機才有學習上的驅力，才能集中注意力，專心地學習。教師的教學活動與學生的學習活動才能相互契合，產生共鳴。

二、解說重點

在此階段中教師應該明白告訴學生，課程目標和學習目標何在？讓學生清楚所要達到的預定目標。教師對課程的解說越清楚，學生的學習效果就越佳。在練習過程中的挫折感就越低，教學品質就越高。

三、教師示範

教師在講解各個動作技能後，接下來就是教師示範，學生從示範動作中瞭解每個動作的精髓所在。因此，教師應該將各個複雜的動作細分成幾個簡單動作的組合，讓學生很清楚地觀摩，並從教師示範中學習。

四、學生模仿

教師在講解每個動作技能之後，即引導學生模仿，從學生的模仿動作中矯正學生的錯誤動作，並解說錯誤的產生和修正方法。此階段中教師應負責解答學生的問題，提示動作的重點。

五、反覆練習

教師在矯正學生的動作之後，確定學生的動作技能已屬正確的話，必須要求學生反覆練習，才能強化正確的動作，並透過練習達到精熟程度。

六、評量結果

教學告一段落之後，教師必須運用各種評量工具瞭解學生理解的情形和精熟的程度，作為修正教學活動的依據，並形成新的教學計畫。

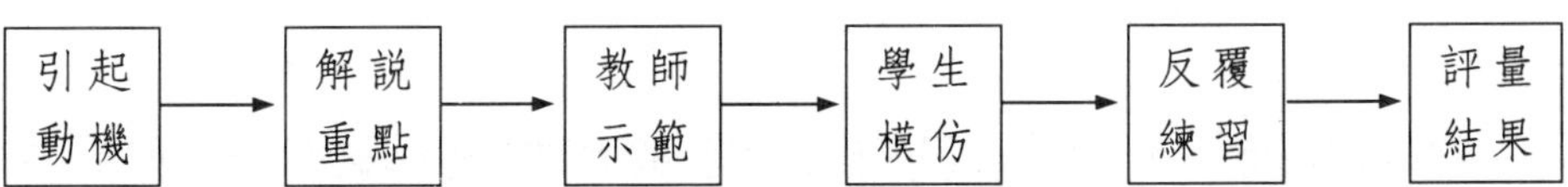

圖 6-2-1練習教學法的活動步驟

肆 練習法的原則

要運用練習法於教學中應該把握下列幾項原則（方柄林，民 65 ；高強華，民 77 ）：

一、確定練習的意義和目的何在

在運用練習教學法時應該瞭解練習是為了強化、澄清和確保正確的學習。無意義的練習對教學而言並未具任何的意義，只是浪費時間。

二、激發練習的動機

教師在教學中應該透過各種策略的運用，激發學生練習的動機，將學生內在的驅力和潛能釋放出來，如此才能提高練習的動機。例如設計各種教學遊戲和競爭性的活動，讓學生從相互競爭的情境中，達到學習效果。

三、間歇或分散練習的原則

在練習過程中，過與不及對學習成效的提高並無正面的助益。過度的練習容易造成生理和心理方面的疲憊，對學習產生負面的作用。讓學習者擁有一些思考的時間和空間，有助於學習成效的提昇。

四、減少不必要的重複和形式訓練

在練習過程中，教學者應該不斷地評量教學成效，減少不必要的重複動作，以避免學習者因過度練習產生的躁鬱或厭煩，降低學習上的興趣。對於形式上的練習也應該設法減少，以免成為機械式的重複反應。

五、把握個別化的練習

練習教學法的應用過程中，教師也應設計針對個別差異的教學策略，讓學習者的潛能得以適時地發揮。減少在班級教學情境中齊一的標準影響個別的需要，忽略特殊的學習困難。因而，教師必須提供學生自我導引(self-directing)的學習機會以適應個別差異。

伍 評論

Johnson(1987)針對練習教學法提出中肯的質疑，教師在運用時應該考量下列問題：

1. 是否相信各種練習都是必要的、有用的？
2. 學生真正瞭解練習的目的、過程、行為表現和結果嗎？
3. 學生有機會運用練習的種種技巧和不同的方式嗎？
4. 學生能獲得立即性和適應個別差異的回饋嗎？
5. 學生繼續練習的動機何在？
6. 學生能經由練習而成功的表現其技能的機會嗎？
7. 學生能經由自動運用種種練習而成為主動自然的習慣嗎？
8. 班級的團體氣氛或規範和種種練習和技能的運用相關嗎？

練習法運用於教學時，教師必須精心規劃設計，才能收到預期的效果。

一、優點

1. 增進學習的記憶和保留

練習教學法對於學習者的記憶和保留有正面的效益，透過練習途徑，減少學習上的遺忘，增進記憶以建立自動的行為反應和習慣。

2. 發展學習的技巧和習慣

練習教學法透過練習，由教師指導學習者發展屬於自己的學習技巧和習慣，經由教師的修正和示範動作，讓學習者修正自己的錯誤。

3. 瞭解和學習途徑的建立

練習法讓學習者在反覆練習的過程中，建立正確的學習途徑，從對學習概念、結構的調整，進而達到學習目標。

二、限制

1. 容易淪爲機械性的練習

練習教學法在使用時，容易因為大班教學與齊一的標準而淪為機械性的練習，學習者容易產生過度練習上的疲憊現象，出現學習效果不佳的情形。

2. 不易適應個別差異

練習教學法在使用時，教師不易設計出適合個別差異的教學策略，對於異質性高的班級，容易產生學習上的問題。

練習教學法是最常用的教學法之一，尤其是技能科方面的教學。教師在運用練習法時應該在教學前設計各種學習策略以增進教學效果，不致於使練習成為毫無目的的活動，教師也應融合各種教學法使教學更生動。

第三節 設計教學法

壹 設計教學法的意義

設計教學法 (project method) 是學生在自己決定的學習工作中，發現一個實際問題，由自己擬定工作目標，設計工作計畫，運用具體的材料，從實際活動中去完成這件工作，以解決實際問題的學習單元和教學的方法（高廣孚，民 78）。由以上的定義可知，設計教學法是一種解決問題，培養創造能力的教學法。設計教學法最早源於杜威的反省思考歷程，經李查德斯 (L.R.Richards) 命名為設計教學法，後經克伯屈 (W.H.Kilpatrick) 極力提倡而定型。克伯屈以為設計是一種全神貫注有目的的活動，設計教學法是針對日常生活中待解決的實際具體問題，由學者自行負責和計畫進行的，有意義的單元學習活動（高強華，民 77）。

貳 設計教學法的類別

設計教學法的重點在於讓學生從學習參與中解決實際的問題，是一種在自然的狀態中，利用實物的材料教學，由學生自行計畫以達到目標的教學。設計教學法的分類，可分成下列幾種類型（方柄林，民 68；高廣孚，民 78；高強華，民 77）：

一、依據學生人數

設計教學法依據學生人數的多寡可分成個別的設計、團體的設計二種：

1. 個別的設計

個別的設計是教師要求學生獨自從事一項設計活動，以完成指定的作業。個別設計在進行時，教師可以依據學生的特質、單元進度內容要求學生設計共同主題的內容，或是設計不同的主題。

2. 團體的設計

通常稱之為集體設計。團體設計視教師的需求分成小組設計與全體設計。小組設計是將全體學生分成若干小組，分別進行設計活動；全體設計是全班學生針對一個主體，發揮群體的力量，完成設計活動。

二、依據學科範圍

設計教學依據學科範圍及性質可分成單科設計、合科設計與大單元設計三種：

1. 單科設計

單科設計係所設計的範圍以單一科目為限，和其他學科方面並無關聯或是相互統整。

2. 合科設計

合科設計是聯合幾個性質相近的科目，共同設計一個單元，採用設計教學法，通常採用聯絡教學方式，以一個共同的主體作為設計的題材。

3. 大單元設計

大單元設計的精神是打破學科的界限，廢除科目名稱及教學時間表，由學生以「做中學」的方式，以實際的問題作為活動的中心，在一項活動中同時學習各種教材。通常小學的社會科教學即採用此種類型而設計。

三、依據學習性質

設計教學依據學習的性質可分成建造設計、思考設計、欣賞設計與練習設計四種：

1. 建造設計

此種教學設計的主要目的在於培養學生的設計、製造、創造、研究與發展的能力，由此獲得具體的成果。

2. 思考設計

透過思考活動歷程，以解決日常生活中的各種問題。通常思考設計採用問題教學法和思考設計法二種。

3. 欣賞設計

讓學生從欣賞中獲得滿足，並且達到學習效果。學生從設計活動中，和同儕相互觀摩，增進相互欣賞的能力，並獲得學習上的滿足。

4. 練習設計

透過此種學習的設計，讓學生練習各種技能和習慣，達到熟練的學習。

參 設計教學的步驟

設計教學法的進行，通常包括引起動機、決定目的、擬定計畫、實際進行、評鑑結果等五個步驟：

一、引起動機

任何教學法的進行，引起學習動機都是必經的歷程，少了引起動機，教學活動就少了催化作用。教師要引起學生的學習動機，必須在教學前作各種詳細的規劃，蒐集有利於教學活動進行的文獻和各種資料。讓學生感受到學習的重要和需要，教學活動才能在高度關切的心態下順利進行。

二、決定目的

在進行設計活動之前，必須確定學習的目的何在。設計教學活動目的通常是由學生自行決定，並依據目的擬定相關的計畫，進行設計活動。學生在決定目的時，教師應該在旁從事指導，瞭解目的的決定是否合乎學生的起點行為、舊經驗與能力。

三、擬定計畫

計畫的擬定必須根據實際狀況而定，作為設計教學法進行的精髓；計畫的擬定依據各類設計的差異，需要詳細地思考進行的步驟、資料的蒐集、時間的分配等細節，此階段教師應視學生的能力和經驗配合指導。

四、實際進行

計畫擬定完成之後，學生依據計畫內容展開工作。實際進行是設計教學法最重要的一環，在此階段中學生實際參與各項活動，無論是思考、模擬、練習或欣賞，學生都能集中精神與注意力，完成各項學習活動。

五、評鑑結果

設計教學法的評鑑階段是驗收成果的時刻。教師在評鑑時應視設計的類別和性質，指導學生作自我評鑑工作。在評鑑階段通常需考量下列要點（高強華，民 77）：

1. 實行是否依照計畫？
2. 預定的設計目的是否實現？
3. 從設計活動中學到些什麼？
4. 計畫和實行方面有何缺點？
5. 下次設計學習應如何改進？

設計教學的評鑑活動與一般教學評鑑活動不同點在於評鑑活動是教師與學生共同參與，有別於教師主導評鑑活動的教學模式。學生對自己的教學活動透過評鑑得以更清楚瞭解問題癥結所在，藉以擬定有效的改進策略。

圖 6-3-1　設計教學法的過程

肆　評論

設計教學法的應用，在學理和實務方面各具特色。一般對設計教學法的評價，皆認為具有應用廣泛、具體實際、手腦兼用、主動有趣等特色。

一、優點

1. 系統化的教學步驟

設計教學活動的進行，在步驟的規劃與活動的擬定方面具有系統化的特色。

設計教學系統的步驟分析圖
系統層次： 1. 分析需要，目標及優先順序 2. 分析資源，限制及傳達系統 3. 決定課程或科目的範圍及內容
科目層次： 1. 決定科目結構與序列 2. 分析科目之的目的目標
單元層次： 6. 確定單元目標 7. 準備單元計畫 8. 發展教材準備教學媒體 9. 評估學生表現
系統層次： 10. 教師的準備 11. 形成性評量 12. 實地測驗及修正 13. 總結性評量 14. 確定和推廣傳播

（引自高強華，民77：170）

2. 應用廣泛

設計教學法在運用方面，不限於一般教學法或知識啟發、思想啟迪的活動，更適用於練習、欣賞、建造等教學法中，是屬於多功能的教學法，如能配合其他教學法的運用則效果更佳。

3. 主動學習

設計教學法的進行，從引起動機、決定目的、擬定計畫、實際進行到評鑑結果階段，強調學生的參與，讓學生自行決定自己的學習活動。因此，學生從活動中涵養主動學習的精神，符合「從做中學」的理念。

4. 具體實際

設計教學活動的實施，是在實際情境中進行學習，透過具體活動和工作讓學生完成學習目標。

5. 手腦並用

設計教學的活動，強調學生必須不斷思考與參與。讓學生動手也用腦思考，透過各項建造和作業活動，達到同時學習的效果。

二、限制

設計教學法在實際運用方面，不適用於中學和小學高年級的課程，學生也不容易獲得系統的知識。教師在使用時，必需瞭解下列限制才不致於誤用。

1. 系統知識的獲取不易

設計教學法的使用，強調學生參與設計活動而獲取完整的經驗，在實施過程中系統化的知識獲得不易。

2. 過於強調問題中心的教學

設計教學法在實施過程中，教師需要花相當的時間，將各種知識歸類，以各類問題為中心組織教材，讓學生自行決定目的。此種過於強調問題中心的教學，在教學成效方面容易打折扣。

3. 容易受限於師資、設備和財源

設計教學法的實施，需要良好的師資配合，然而在師資培訓方面往往供不應求，無法收到預期效果。其次，在設備和財源方面的困難無法突破，導致教學方法不易被採用。

在設計教學法中，教師的角色由以往的「主導」轉而為「指導」的地位。教師是設計的指導者，不是替代學生學習。在教學活動的進行時，教師要能經常性地觀察學生的學習活動，隨時提供支持性的指導和引導，提供學生評鑑的標準和方向，讓學生的學習有依循的方向。

第四節 發表教學法

壹 發表教學法的意義

教師在教學過程中，指導學生經由不同的途徑和方式，以表達自己的知能和情意，達到各種預定的目標，此種教學方法就稱之為發表教學法。發表教學法是教師鼓勵學生，將自己的思想、情感、意志，利用語言、文字、動作、圖形、工藝、音樂、戲劇等方式，充分表達出來（徐南號，民78）。發表教學法實施的主要用意在於為了學習者的自我實現或學習成就而發表，不是為了教師的自我表現或期望抱負而為。學習者表達自己的意念，目的在於溝通意見、增進瞭解、滿足需要、知行合一、熟練所習、清晰思想、陶冶情趣、促進創造、更新文化和有助生活（方柄林，民65）。教師在使用發表教學法時，應該在內容方面力求創新，設計一些符合學習者心理需求的策略，從心理需求滿足層面讓學生從發表中達到學習目標。

貳 發表教學的類型

發表教學的類型因學者所持意見不同而有不同的分類，舉凡能有效表達人類情感或情意的方法皆可納入發表教學的範疇。茲歸納相關文獻（方柄林，民65；高強華，民77；孫邦正，民67）將發表教學法的類型分為以下八類：

一、語言表達的發表

教師在教學中指導學生透過語言表達自己的思想、觀念和舊經驗，在運用此種方法前教師可以利用談話、討論、問答、答辯、即席演講等方式，訓練學生此方面的能力。

二、文字創作的發表

在教學中引導學生運用豐富的文字，發表自己的價值觀、想法。讓學生透過文字的發表，磨練用字遣詞的能力。教師可以作文、散文、小品文或短文欣賞的方式，使文字在日常生活中發揮最大的作用。

三、美術創作的發表

藝術的境界相當的高，是一種真、善、美的結合。教師可指導學生從事各種藝術的創作，並且提出來和他人分享，以培養學生的創造力和想像力，達到陶冶性情的目標。

四、技能動作的發表

純熟的技能動作必須靠長期間的苦練和臨摹，它同時是一種力和美的結合。技能方面的培養必須由教師鼓勵學生公開發表，才能展現出學習成果。

五、創作發明的發表

任何事物從無到有，從有到更好必須經過一段漫長的努力。創作發明的發表可引導學習者對知識和學習的正向肯定，透過發表讓學習者彼此觀摩求進步。

六、音樂演唱的發表

音樂的發表有助於學生陶冶情意，透過演唱和發表讓學生抒發情感，寓教於樂。

七、戲劇表演的發表

戲劇是一種揉和智慧與藝術的產品，教師可指導學生從戲劇表演中達到學習的目標，將表演和課程相互結合起來。

八、媒體創作的發表

媒體創作是一種結合視覺、聽覺的結晶，教師可以依據學生的程度和能力，提供各種發表的機會，讓學生有機會將自己的作品提出來和大家分享。

上述八種發表教學法的類型，在教學上皆有助於培養學生知、情、意方面的學習，教師應該熟悉各種方法和策略，隨時激發學習者的興趣和學習動機。

參 教學程序

一般的發表教學法包括六個程序，詳述如下：

一、引起動機

教師在指導學生發表之前，應該設法讓學生對發表有強烈的動機和興趣，對發表活動產生高度的關懷，從內心深處對發表感到相當的重要，如此才能達到效果。教師在教學前應該營造各種自由創作的氣氛，以激發學生的潛能。

二、準備發表

發表之前的準備工作是影響教學成效的重要關鍵，教師在此方面應該充分的準備，指導學生作好事前的各項準備工作，才不致於在發表時產生各種挫折感。

三、充分練習

練習是技能成熟的不二法門，任何型態的發表，事前的練習工作相當的重要，有了足夠的練習才能在發表時得心應手，取得優異的成績。

四、佈置場所

不同型態的發表需要不同的場地配合，才能收到預期的效果。發表的場所不論在室外或室內皆應事前妥善佈置，才不致於臨時起意而影響成效。

五、正式發表

在此階段中，教師應該給予每位學生充分的時間發表自己的作品。同時指導其他學生欣賞他人的作品，方能收到觀摩之效。

六、評鑑結果

評鑑結果可以讓學生瞭解發表教學法的重要性，評鑑的標準可以由師生共同決定，讓學生從評鑑過程中瞭解自己作品的優缺點，需要改進和加強的地方何在？教師可以透過評鑑歷程修正自己的教學。

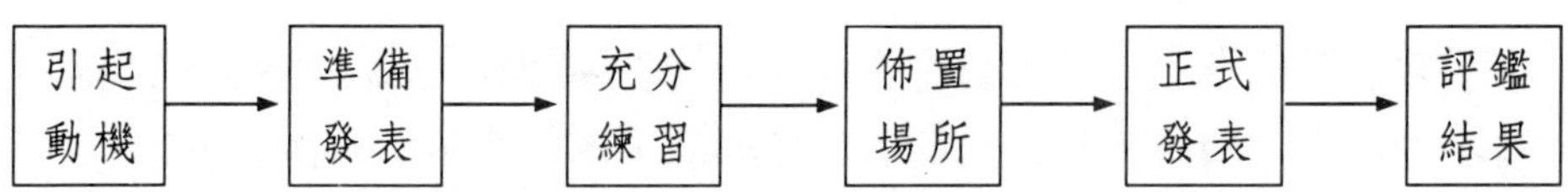

圖 6-4-1 發表教學法的活動步驟

肆 發表教學的原則

發表教學在實施過程中需要師生共同參與，因此教學是建立在師生相互成長的基礎之上，教師透過發表教學瞭解自己的理論是否需要修正，學生透過發表活動認識自己的長處。在實施發表教學法時要注意下列原則：

1. 增進知能原則

發表教學法的實施應以增進學生的知能為主，從學生的發表中達到教學的預定目標。

2. 師生互信原則

發表教學法是教師與學生共同參與活動的教學，是一種學生在教師指導下表達自己思想與概念的學習活動，因此師生必須建立在一種和諧互信的氣氛之下，才能提高學習效率。

3. 自由創作原則

學生作品的發表應該在興趣重於成果的心態之下，讓學生自由的發揮，發表的層面無所限制，發表的技巧應該尊重學生的靈感，教師不可有過多的涉入或干預行動。

4. 提供情境原則

教師在教學中應該提供學生真實的情境，以提高學生發表的真實感和興趣，每個學生都在倍受尊重且無批評的情境下發表自己的作品。

5. 自我實現原則

作品的發表是一種學習過程中的自我實現，在教師的引導之下，每位學習者都擁有相當程度的成就感，在無挫折的情境下，快樂的發表和學習。

伍 評論

發表教學法對於目前偏重認知能力學習的教育環境，具有啟示作用，它的著眼點在於讓學生從學習中得到自我實現，而在使用的過程中往往因客觀環境而無法達到應有的效果。

一、優點

1. 情意的陶冶

發表教學法是訓練學生技能、啟發學生思想與陶冶學生情感最佳的教學方法。

2. 讓學生有自我實現的機會

發表教學法是所有教學法中學生自我實現機會最多的教學法，透過作品的發表激發學生的學習興趣，讓每位學生都有自我成長的機會。

3. 教學相長

發表教學法讓教師從教學過程中，得到教學相長之效，從學生作品的發表中瞭解學生理解的情形，進而修正自己的教學活動，據以改進各類教學措施。

二、限制

1. 費時費力

發表教學法往往需要教學者花費相當多的時間做教學準備，學習者也要有長時間的籌劃，因此在效率方面無法達到經濟原則。

2. 學生配合的問題

發表教學法主要的關鍵在於學生的配合問題，如果學生無法和教學者的教學活動亦步亦趨的話，教學品質就容易打折扣。

3. 學生能力限制

發表教學法必須學生擁有某種程度的能力，才能順利進行，教學中有太多教師無法掌握的因素。

單元教學法

壹 單元教學法的意義

單元教學法是以單元為範圍的一種教學方法。單元教學法通常是以一課（lesson）、一章、一節、或以一個日常生活中的問題為中心的完整學習為單元。單元教學法是以性質相近、目標一致的材料、內容或經驗為單位範圍，實施教學的方法（方柄林，民 65）。單元教學的種類，通常依據單元範圍分成學科單元、合科單元、聯合單元和大單元活動設計等數種。畢斯和衛哲理（Beavis & Weatherley,1980）以個別學習單元設計為例，舉出單元應具備的特質如後：

1. 每一單元內容和形式應配合科目目標。
2. 單元教材所用的文字應配合學習者本身的程度。
3. 單元內容應該配合學習者的能力，尤其是起始的單元。
4. 教學技術應該鼓勵學習者之間及學習者和教師之間的互動，例如：

檢核表或積點票的運用。

5.儘量使學習者參與記錄和評估進步的系統以增進學習動機。

6.單元進程架構應給予學習者加以組織及彈性選擇學習活動機會以加強自治能力。

單元教學法可讓學生在學習活動中，獲得完整的知識或實際的生活經驗。教師在運用單元教學法之前，應該依據學生本身的需要，做各種學習前的統整工作。使學習產生有意義的相互聯結，尤其是知識與經驗之間的有效串聯。

貳 莫禮生的單元教學法

莫禮生（H.L.Morrisan）提倡的單元教學法是依據學習上的熟練原則，強調完整學習的重要性。莫氏將單元教學法的步驟分成試探、提示、自學、組織、複講等五個重要階段，茲詳述如下：

一、試探（exploration）

試探是教師在教學之前，透過各類測驗或評量，瞭解學生在學習前的準備度，以作為教學活動進行的依據。教師從試探階段中，瞭解學生的特質、舊經驗，並引起舊經驗的類化作用，提高學習效果。

二、提示（presentation）

教師在此階段運用各種方法（如講述法、示範），讓學生瞭解學習的內容、單元性質、學習的重點，並引起學生的學習動機，激發學習的欲望。通常教師是運用「作業提示單」，內容包括學習目標、中心議題、相關資料、學習策略等，鼓勵學生參與學習活動，提高教學成效。

三、自學 (assimilation)

學生在教師的指導之下，運用教師所提供的各項資料，從事學習活動，將單元內容、學習題材轉化成為自己的知識。

四、組織 (organization)

教師在教學過程中，指導學生將所學的知識或經驗做有效的組織，成為系統化。透過列成綱要、構成結論、解決相關問題等，做有效的組織，不但有助於教學效果的提昇，對於學生的組織和解決問題的能力，也有正面的效益。

五、複講 (recitation)

教師在指導學生將所學得的知識或經驗作系統化的組織之後，便要求學生將組織的學習結果，以各種形式報告出來，使學生的思考更加條理化，加深學習印象，並瞭解學習活動之後，是否真正地成為認知的一部分。

參 一般的單元教學法

單元教學法除了莫禮生提出的方法之外，將完整的課文、章節、或是以問題為中心的單元教學，通常包括幾個主要步驟：

一、準備活動 (initiatory activities)

教師在教學前應該針對學習內容，做各方面的教學準備。從資料文獻的蒐集、情境的佈置、引起學習動機、學生特質的瞭解、補充資料的準備及各種事前的溝通工作，都屬於準備活動。教師在準備階段應指導學生從事相關的準備，讓學生有機會參與教學計畫和準備，使學生主動瞭解所要學習的內容、知識、經驗和興趣。

二、發展活動 (developmental activities)

發展活動是教學活動的主要關鍵，教師可以採用觀察、實驗、討論、發表、閱讀、分享等活動進行教學，達到預定的目標。

三、綜合活動 (culminating activities)

綜合活動是教師在教學結束前一項重要的階段，同時也是教學的總結活動，教師透過活動的進行將學習做一整理，俾便形成新的教學準備活動，構成新的教學計畫。

肆 評論

單元教學法的運用，可以配合以問題為中心的教學。教師在運用單元教學法於各類科目時，應該考量科目的性質是否能符合單元教學的要求。單元教學法在運用時具有下列優點及限制：

一、優點

1. 更完整的學習

單元教學的進行，比一般教學法更具系統化。傳統的教學將知識或概念化整為零，分成幾個部分，學生學到的知識往往過於零碎而缺乏系統化，單元教學法的採用，學生學到的是更完整的知識。

2. 有效聯繫各科教材

單元教學法的特色在於以問題為中心，或是以單一概念為核心，教學活動的進行得以有效聯繫各科教材，達到課程統整的效果。

3. 重視學生的活動

單元教學法的運用，強調學習者的參與。在教學活動的進行方面，無論從準備活動、發展活動到綜合活動，皆重視學生的參與，讓學生從活動的進行中達到學習效果。

二、限制

1. 花費時間較長

單元教學法相對於一般教學法，教師在時間的花費上較多，教師必須花相當的心力在問題的蒐集、剪裁、組織方面。因此，對教學負擔相當重的教師而言，無異加重沉痾。

2. 教材的組織不易

單元教學法的進行，需要教師智慧性地將各類題材，做有效的組織統整，此方面對教師而言，誠屬不易。在師資培育過程中，往往缺乏此方面能力的養成，在先備知識不足的情況下，教師往往望而怯步。

3. 學生能力上的限制

單元教學法的運用，需要學生本身具備某種程度上的相對能力，才能使教學活動順利地進行，學生能力上的限制，容易使教學活動的進行受阻。

單元教學法的設計，對於需要以問題為中心，或是以知識統整為核心的科目而言，相當實用。教師在運用時，除了本身能力的培養之外，學生能力的培養也是重要的議題。

Chapter7

個別化教學法(一)

- 文納特卡計畫
- 道爾敦計畫
- 莫禮生的精熟理念
- 卡羅的學習模式
- 凱勒的學習模式

個別化教學法 (individualized instruction) 是在大班級教學情境中，以適應學習者的個別差異和學習者的特性為考量，而採取的各種有效教學策略。個別化教學的採用，由教師針對學習者的需要、舊經驗、成就、特質、興趣等方面的差異，擬定最適合學習者的策略，讓學習者以適合學習的方式，強化學習效果，運用個人潛能最大化，提昇學習效果的教學法。

本書在個別化教學法中介紹文納特卡計畫、道爾敦計畫、莫禮生的精熟理念、卡羅的學習模式、凱勒的學習模式、編序教學法、精熟學習法、個別處方教學和適性教學模式等教學法的實施，並分析在教學法中的得失。

第一節 文納特卡計畫

壹 文納特卡計畫的意義

文納特卡計畫 (Winnetka plan) 是美國教育家華虛朋博士 (Dr. C.Washburne) 所創。華氏自一九一五年任文納特卡鎮之教育局長，負責該地教學實驗，此地區的教學實驗計畫稱之為文納特卡計畫。文納特卡計畫的目的有四 (孫邦正，民 74 ： 234) ：

⑴使兒童獲得必須的知識和技能，以適應生活上的需要；

⑵使兒童的生活快樂，自由而優美；

⑶充分發展兒童的個性和才能；

⑷發展兒童的社會意識，使兒童感到社會的利益就是個人的利益，個人的利益是建立在社會利益之上的。

學校為了實現上述的目標，必須有各種知識和技能的教學，配合各項團體活動和創造活動的進行，才能實現以上的目標。基於以上的理念和想法，文納特卡計畫將課程分成二部分：第一為學習者必備的基本知識和技能方面的訓練，此方面的訓練是採用自學輔導的方式實現之。第二為團體活動，如學生的自治活動、音樂欣賞、團體遊戲、各類集會等活動，此方面的訓練是採用課外活動的方式完成。

貳 實施方式

文納特卡計畫的實施係依據三個主要的原理（Washburne, 1926）：

⑴以個別化方式進行之，將每一學科分成許多次要單元，每一單元都有具體目標。

⑵教學活動的進行由學生進行自我教學，並自我校正（self-correction），因此每一科目都編有提供學生自學的練習材料，促進學習效果。

⑶重視學生的自我表達（self-expression）和社會性的團體及創造性活動的進行。

文納特卡計畫的實施，依據課程內容分成自學輔導法與團體活動方式，自學輔導法的用意在於適應學生的個性和特質，團體活動的用意在於使學生接受團體生活的訓練。在教學步驟方面，詳述如下：

一、自學輔導法

自學輔導法的教學步驟通常分成確定課程目標、編輯提供學習的教材、準備診斷測驗、指定作業、進行工作、評量成績等。

1. 確定課程目標

文納特卡計畫的首要工作即依據學科性質進行選擇教材工作，確定課程的主要目標，依據目標的性質和內容將教材作邏輯性的編輯，提供教學上的應用。

2. 編輯提供學習的教材

文納特卡計畫的重點在於編輯新的課本，新課本要以學生的需要為準，讓學生學習之後，得以自行練習，並且自行校正，一直達到純熟程度，並由教師作正式的測驗，通過測驗之後，學習新教材。

3. 準備診斷測驗

診斷測驗通常包括練習測驗與正式測驗二種；前者是附在教科書後面，由學生在學習活動告一段落後，自行練習測驗並校正之。正式測驗是由教師進行，讓學生在學習結束後，實施測驗，由教師進行批閱工作，透過測驗以瞭解學生的學習狀況。

4. 指定作業

教師在各種材料準備完成之後，即可指定作業讓學生完成自學；指定作業內容通常包括單元名稱、內文大意、練習方法、練習題、參考資料、練習題的解答等。

5. 進行工作

指定作業之後，學生在教師的指導之下，自行學習。

6. 評量成績

學生在完成一個單元的作業之後，由教師實施正式的測驗。透過評量瞭解學生的學習狀況，作為教師教學準備的參考。

二、團體活動

團體活動的進行大部分使用於社會科和語文科，活動目的在於發展學生的創造力和團體的精神。團體活動的設計通常是由學生自行處理，自己依據學習上的需要作設計，教師處於指導的地位，讓學生處理學習上的一切問題，自行承擔學習的成敗。

文納特卡計畫的實施編有讓學生自行學習的「練習教材」，學生可以根據自己本身的實際需要，作逐步的練習直到熟練為止。練習教材本身備有標準答案，讓學生自行核對結果，自行校正。文納特卡計畫是一種打破班級、年級限制的制度，以單元教學設計的方式，讓學生自行控制學習的速度，直至達到應具的標準為止。因此，文納特卡計畫不失為一種適應個別化的教學良方。

第二節 道爾敦計畫

壹 道爾敦計畫的意義

道爾敦計畫 (Dalton plan) 是指海倫．派克郝斯特 (Helen Par-khurst) 於一九二〇年在美國麻州道爾敦中學 (Dalton High School) 所實施的一種個別化教學計畫。道爾敦計畫的特點在於採用自學輔導的方法，讓學生依據自己的能力而進行學習活動，如此教學不但可以適應個別差異，也能考量學生不同的需求。

貳 課程內容

道爾敦計畫的主要內涵是依據自我練習、自我測驗和學習的個別學習原理加以修正而來（林寶山，民 87 ： 52 ）。在學習活動的進行方面，道爾敦計畫打破各種年級的限制，以適應學生不同的學習速度為主，使教學活動的進行，按照學習者的學習速度，如此可讓教與學緊密的配合。道爾敦計畫將學校課程劃分成「學術性課程」(academic subjects) 和職業性課程 (vocational subjects)。

一、學術性課程

道爾敦計畫的學術性課程強調教學應該依據學生個別的學習速度，不受任何因素的干擾。學術性課程通常依據學生的學習程度分成主科和副科。主科包括數學、科學、英文、歷史、地理、外國語文等；副科包括音樂、藝術、手工、體育等（林寶山，民 87 ： 52 ）。道爾敦計畫學術性課程通常是從主科著手，其次才進行副科的學習。

二、職業性課程

職業性課程在道爾敦計畫中是以小團體的方式進行教學，內涵包括各類職業科目、社會性科目及身體的活動等。希望讓學生從各種活動中汲取職業性知識。

參 實施方式

道爾敦計畫的主要特色在於以自學輔導的方法，按照個人的能力進行學習活動。在實施方面，由教師先佈置供學習用的實驗室或作業室，讓每一個學生都擁有自己的實驗室，在實驗室中提供各類的參考書籍和材料，由教師指導學生進行學習活動。學生依據自己的能力和需求決定到實驗室學習的時間和方式。每一學科由教師規定各類的作業項目，並與學生訂立合約 (contract) 稱之為「工約」，每一項工約包含一個月的作業份量，因此又稱之為「月約」。工約是由教師在開學前，針對學生的能力或測驗的成績，指定由那一個工約開始學習。學生在學習期間可以依據自己的興趣、能力、學習性向，決定從那一個實驗室開始，在學習期間如遇到困難或是阻礙，教師隨時在旁提供必要的指導。學生在完成一項月約之後，隨即由教師進行測驗工作，作為決定是否通過學習的依據，學生如果通過一個月約的份量之後，可以進行下一個進度，學習的進度是掌握在學生的手上，完全符合自學輔導的精神，不受其他學生學習進度的影響。

肆 特色

道爾敦計畫和文納特卡計畫都是屬於典型的個別化教學，運用自學輔導法讓學生自己依據自身的特色和需求，達到學習目標。道爾敦計畫對教師教學而言，具有下列特色：

一、強調學生的自學

道爾敦計畫的主要特色在於強調學生的自學，教師只是居於指導的地位，教學是以學生為主，教師為輔。教師只有在學生需要協助時，才發揮必要的功能。

二、重視個別學習

道爾敦計畫的進行依據學生在學習速度上的變化，而進行下一個單元的學習活動，學習者彼此之間不受干擾，學生得以適得其所，不會因為統一的標準而影響學習活動的進行。

三、打破傳統課表式的教學

道爾敦計畫以打破傳統的方式，進行教學活動。在教學過程中打破班級的建制和固定課表制，學習活動未受到課表的影響。學生可以隨時進行學習活動，也可以停止學習活動，學習活動的進行完全照學生的需要。

四、教師與學生訂定合約

道爾敦計畫的另一個特色是教師在教學前與學生訂定各種工約，學生瞭解工約的內容，知道學習的主要內容，同時可以培養學生的責任感，讓學生為自己的學習活動盡心盡力，也為學習成敗承擔必要的責任。

教學法的運用對教師而言，是一種專業的考驗，對學生而言是影響學習成效的關鍵。教學法是否適合學習者，必須依據學習者的各項特質而定。各類教學法本身很難評鑑出優劣、利弊，只要對學習有正面助益的教學法，教師應該設法加以運用。道爾敦計畫的實施，對於異質性高的學生，具有正面的作用，可作為教師教學時的參考。

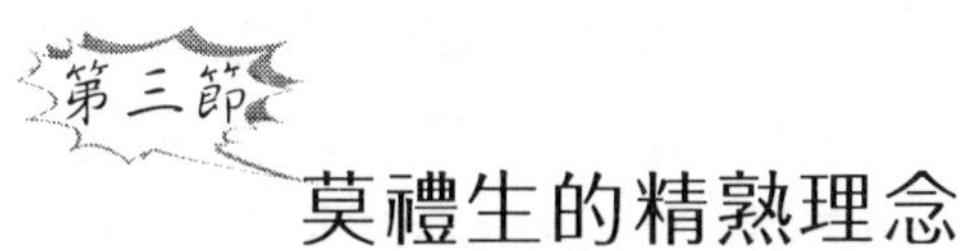

莫禮生的精熟理念

壹 精熟學習法的發展

精熟學習的主要理念在於透過精熟教學 (mastery instruction) 策略與設計模式，以期在普通班級教學中能夠使學習者均達到預定的標準。精熟教學的理論是源自於心理學的精熟學習的概念。精熟學習的發展提供教師更適用的教學途徑，其理念是建構於學生在適當的學習情境之中，幾乎都能學得相當好甚至於確實的「精熟」任何學科。如果從學習者學習的歷程分析，此種理念正符應布魯納 (J.S.Bruner) 在一九六〇年提出的論點：「任何科目皆可以藉某種方式教給學習者」(any subject can be taught to any child in some honest form)。精熟學習法的發展，大體上可區分成三個時期：一是一九二〇年代至一九三〇年代，華盧朋

(C.W.Washburne) 與莫禮生 (H.C.Morrison) 時期；二是一九六〇年代的卡羅 (J.B.Carroll) 時期；三為一九六〇年代至今的布魯姆時期 (B.S.Bloom)（黃光雄，民 78 ）。

一、華盧朋與莫禮生時期

精熟學習的實施雖在一九七〇年代才展開，其理念早在一九二〇年代即已萌芽。一九二二年的「文納特卡制」（參見第七章第一節）及一九二六年莫禮生在芝加哥大學實驗學校所進行的教學實驗，即是精熟學習法的濫觴。此二種教學制度的特徵如下：⑴以學習者所要達成的教育目標界定為「精熟」的標準；⑵將學習內容細分成較小的學習單元，將小單元依序排列，以期達到既定的目標；⑶學習者的學習順序必須從單元的精熟到整體內容的精熟，學習的進行是依據對單元的精熟程度而定；⑷單元學習結束時，提供各種型態的評鑑活動，讓學習者瞭解學習的情況；⑸依據學習者的學習情況，安排適當的學習校正，以完成學習單元；⑹以學習時間作為主要變項，實施個別化教學，培養學習者的學習精熟。

二、卡羅時期

卡羅在一九六三年提出「學校學習的模式」（詳見第七章第四節），確認影響學習歷程所費時間與所需時間的各項因素。依據卡式的論點，學習者的性向是影響學習速率的重要指標，學習性向高的學生學習較快，學習性向低的學生學習較遲緩。

三、布魯姆時期

布式的精熟學習理念源自於卡氏「學校學習模式」。依據布氏的論點，學習者的性向如果可以顯示出學習歷程中的學習速率，則將學習者的學習精熟的程度加以固定，並透過系統化的操作學校學習模式的相關變項，學習者幾乎全部都可以達到精熟的程度。基於此種理念，布氏指出教師在教學過程中應該設計最佳的教學策略，讓學生接受最高品質的教學及給與適當的學習時間（因個別需要不同而調整），則所有學習者都可以達到預定的精熟程度。因此，精熟教學是時間本位的教學創新設計，它是根據時間本位的教學研究建立的教學模式（林生傳，民 79 ： 157 ）。

貳 莫禮生的精熟理念

莫禮生的精熟學習理念重點在於單元的熟練性，因此又稱之為單元教學法，此種教學法強調學習者在單元學習中的熟練性。莫氏將各學科分成各種不同的單元，每個單元不管學習目標內容如何，教師皆致力於使學生達到熟練的程度。此種教學理念即是建立在心理學所謂的類化層面上。教師在教學過程中，將各種既有的資料加以分析，分成各類簡要而組織的知識體系，讓學生在學習歷程中，對於單元都能達到熟練程度。莫禮生的精熟模式是「預測驗→教學→測驗教學成果→修正教學程序→再教學→再測驗→熟練」。莫氏強調學習的重點不在於記憶一些零碎片斷的知識或材料，而是獲取一些完整的生活經驗，只有完整的生活經驗才有助於精熟的要求。

參 教學程序

莫禮生的精熟理念運用在教學方面，主張教學應該符合下列五個步驟：

一、試探

試探是教學單元的第一個步驟，目的在於瞭解學生對學習的單元內容，已經具備那些舊經驗或起點行為。教師透過試探深入瞭解學生的經驗背景，並將經驗背景與學習活動相對照，如果學生已經有相當程度的瞭解，則教師可以免去一些教學活動；如果學生在學習單元方面缺乏經驗背景，則教師應該提供適當的學習活動供學生學習。

二、提示

提示是單元教學中的第二個步驟，教師在經過試探階段之後，針對教材做適當的提示。此階段強調教師應該將教材事先統整與組織，以為提示的參考。在提示階段，教師應該作詳細的解說，讓學生得以完整地學習。並針對學生的瞭解狀況作不同的分組學習活動，完全瞭解的學生可以進行自行研究工作。其次者，由教師再設法給予學習者適度的說明與引導。再次者，由教師進行重新提示活動，務必讓學生完全瞭解。

三、自學

學生在教師的提示之後，對學習內容已經完全瞭解，可以在教師的指導之下，進行獨自研究活動，或是從事各種閱讀、蒐集資料、進行各種設計活動。

四、組織

組織的主要目的在於將學生所蒐集的知識，將之分析、歸納並組成各類體系。此階段的實施，可由教師指導學生進行師生雙方的合作，等到學生的學習能力更進步時，由學生自行建造學習活動。

五、重述

重述是單元教學的最後階段，由教師指導學生將自學的成果，歸納分析，並且作簡短的報告（以口頭或文字敘述方式）。教學活動的進行，可以由教師指派或學生自願上臺發表，其餘的學生發問或補充，如時間因素而未能上臺的學生，則採取交書面報告的方式。

莫禮生提出的精熟理念是建立於學習者具有自學能力的假設之上，教學活動的進行重點在於培養學生獨立學習的精神與態度。透過活動的進行，學習獨立蒐集資料及自我組織的能力，將各類的知識和原理原則，作深入的瞭解，並於日常生活中加以活用所習得的知識。教師所扮演的角色是學習的協助者，引導學生從資料的蒐集、分類、歸納到活用，培養獨立學習的精神。其次，透過單元學習的評鑑活動讓教師瞭解學生學習的狀況，作為教學活動進行的參考。學習者在完成一個單元的學習之後，即可進入下一個單元，如單元學習未能達到預定的標準，則教師與學生作雙向互動，達到精熟程度之後，再進入下一個單元。

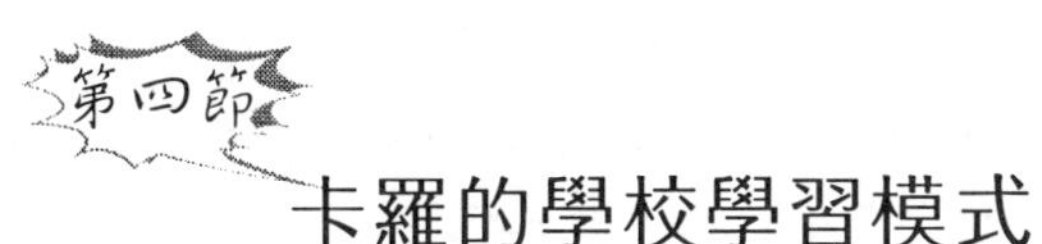

第四節 卡羅的學校學習模式

壹 基本原理

精熟教學是以時間本位的教學創新設計，它是根據時間本位的教學研究建立的教學模式（林生傳，民 79 ）。此種教學法的建立和傳統教學以學習者學習成果、教師教學效能等為主的觀念有所差異，教學的發展完全以時間為考慮的基準。卡羅 (J.B.Carroll) 於一九六三年提出「學校學習模式」(model for school learning)的理論，認為學習的程度決定於個人學習的時間因素，即個人學習所需的時間以及個人所能獲致時間和如何真正運用而定。因此，學習成果的決定因素與個人的「性向」、「機會」和「教學如何」有關。教師如果在教學品質方面力求改進的話，使學生獲得充分時間，並使學生能夠確實有效運用學習時間，則學習的效果就會提高，大多數的學生也能在學習上獲得應有的成就（林生傳，民 79）。

貳 性向因素對學習的影響

在卡羅的學校學習模式中，強調性向因素對學習者的影響。卡氏對性向的見解與傳統對性向的定義不一；茲分析如下：

一、傳統的性向論

心理學將性向視為一個人可能發展的潛在能力(potential ability)，此種潛在能力經過適當的學習和訓練即可以加以發揮。因此，性向是一種可發揮的潛力，包括基本的能力與特殊的能力。性向因素對學習的影響以科隆巴(Cronbach,1977)提出的「性向與處理交互作用」(aptitude-treatment interaction, ATI)為例，教育措施（如教材教法、教學策略等）之選擇必須視學習者的性向如何而定。不同性向的學生，必須給予不同的教育措施(treatment)才能得到最大的教學效果。科隆巴將教學歷程視之為性向與處理的交互作用，認為在某一方面性向較高的學生接受某種教學方法效果較佳時，教師應該設法讓學生接受此種適合發展的教學法；如果在某一方面表現較差的學生，教師應該設法讓學生接受另一種較適合的教學法，學生的學習表現才能處於最佳狀態。

二、卡羅的性向論

卡羅認為所有的學生在學習方面都具備某種程度的潛力，學習的展現只是所需學習的時間不同而已。卡羅主張性向應該定位於學習速率 (learning rate) 的指標，而不是學習成就方面的指標。學習者在學習上所具備的性向，影響學習成效。性向較高的學生學習快，性向較低的學生學得慢。因此，學習不同點在於學習者所需要的時間差異而已。依據卡羅此種學習性向的論點，則所有的學生都能達到某種學習成就，只是每個人所需要的「時間量」不同。具備某種學習性向的學生在學習某種概念或原理原則時，所需要的時間較短暫即可學好，而具備其他性向的學生，在學習上則需要較長的時間才能達到學習目標。雖然，每個學生在學習上所需的時間量不同，但只要教學者提供學生適當的學習時間量，學習者仍能達到預定的目標。

參、學校學習模式

卡羅依據學習性向理論，提出學校學習模式。此種模式是建立在給予學習者適當的學習時間，學習者必能在需要的時間內完成學習的假定上。因此，學習者的學習程度等於學習者真正使用的學習時間除以應該要使用在學習的時間 (Guskey,1985)：

$$\text{學習的程度} = f\left[\frac{\text{學習者真正使用在學習的時間 (time spent)}}{\text{學習者應該要使用在學習的時間 (time needed)}}\right] \quad \text{公式(一)}$$

從上述的公式可看出，學習的程度和學習者真正使用在學習的時間和應該要使用在學習的時間有關。如果二者的時間相等，則學習容易達到精熟程度。如果真正使用在學習的時間較少的話，學習效果就不佳。

$$\text{學習的程度}=f\left[\frac{1.\text{學習的機會}+2.\text{毅力（願意去學的時間）}}{3.\text{學習的速度（性向）}+4.\text{教學的品質}+5.\text{教學的瞭解能力}}\right]\text{公式(二)}$$

從公式二可以得知，影響學習的程度方面，學習者真正使用在學習的時間上，包括學習機會的多寡和學習者願意去學的時間（毅力）等二種因素；在應該要使用在學習的時間方面，包括學習者的學習速度（性向）、教師的教學品質和學習者對教學的瞭解能力等三種要素。

依據卡羅對學習的理解和論點，教師在教學時應該考量學生的學習機會、學生的學習毅力、學生的學習速度、教師的教學品質和學生對教學的瞭解能力。

一、學生的學習機會

教師在教學過程中，應該給予各類學生充分的學習機會，讓每位學生在學習過程中得以擁有充分的時間量和學習的機會。學生所擁有的機會越多，調整錯誤修正缺失的機會就越多，當然成功的機會就越多。教師在教學中應該因應個別差異，對於高成就的學生給予加深加廣的教育機會，對於低成就的學生也應給予更多的等待時間(wait-time)，讓學生依據適合於自己的速度進行學習活動。

二、學生的學習毅力

卡羅的觀點以為，學生的學習毅力是依據願意花在學習上時間的多寡而定。此方面與學生對該學科的興趣、舊經驗和本身對學科的能力有關。通常學生在學習時，對於本身較有興趣的學科願意花更多的時間在學習上。對於興趣缺缺或能力受限的科目，學生容易以得過且過或是矇騙打混的心態加以面對。因此，教師在教學歷程中一項重要的任務在於如何引發學生對學科的學習興趣，如果學生對該學科不感興趣的話，問題的癥結何在？是學習者本身的問題？教師教學上的問題或是學科本身的問題？瞭解問題的主要癥結之後，教師才能擬定各種有效的策略加以因應，或是設定增強策略設法提起學生的學習興趣。

三、學生的學習速度（性向）

卡羅對學習的觀點，認為學生對學習的性向不一。教師在教學前應該深入瞭解學生對學習性向的高低，設法讓學生依據本身所需的時間量進行學習活動，則每一位學生都可以達到精熟程度。此種學習的型態是依據學生速度和時間量而定，教師必須對前述的因素有所理解，才能提高教學效果。

四、教師的教學品質

教師的教學品質取決於教師於教學歷程中所展現出來的教學行為，高效能的教師所表現出來的教學行為讓學生能產生共鳴，教與學構成雙向互動，揉合科學與藝術於教學過程中。

五、學生對教學的理解能力

卡羅以為學生對教學的瞭解能力，受到學生本身普通智力和口語能力的影響。學生普通智力決定學生對書面內容的瞭解，口語能力決定學生是否瞭解教師的教學語言，而二者直接影響學生對教學的理解能力。

卡羅的學校學習模式對性向在學習過程中的影響有了全新的詮釋，同時也突破傳統對性向的看法。強調任何學習者本身都具備學會各種概念的能力，只不過是性向方面的差異，教師的教學應該建立在不可放棄任何學生的理念之上，隨時協助學生提高在學習上的性向，特別是對於性向低的學生，更應該針對個別差異，提供學生適當且充足的時間量，讓學生擁有各種不同的學習機會，以屬於自己最適合的學習方法學習，隨時調整自己的學習步伐，直到精熟為止。此種理念正符應了「只有不會教的老師，而沒有教不會的學生」的崇高目標。

第五節 凱勒的學習模式

壹 理論基礎

凱勒的個別化教學系統 (Kellers' Personalized System of Instruction, PSI) 是由凱勒 (F.S.Keller) 、謝爾曼 (G.Sherman) 、艾茲 (R.Azzi) 、波里 (C.M.Bori) 共同發展出來的教學系統（林生傳，民 79 ）。凱勒式教學計畫是受到行為主義心理學增強理論和編序教學理論的影響，將教學歷程視為學習者自行決定的過程。一方面依據學習者身心特質所需的時間給予充分的時間進行學習，並自行控制學習進度和速度 (self-pacing) ；一方面由學習者自行決定學習的時間，何時進行學習，何時接受學習評量，以取得適時、及時的學習；另一方面採用行為心理及學習理論，講解提示，細緻化教材，具體化教學目標，利用增強原理立即回饋，以增加學生真正專注用功的時間（林生傳，民 79 ）。凱勒式教學法強調學習者在學習過程中的主導權和自主權，學習者在面對學習時可以依據自身的學習條件，選擇受教的機會和時間，同時決定接受評量的時刻。傳統式教學的主導權在教師身上，由教師依據實際的教學情境決定學習者的受教時間和接受評量的時間，學習者的決定權較低。

貳 凱勒教學程序

凱勒教學的主要設計和程序如下（Keller & Sherman,1974）：

一、建立具體而且明確的教學目標。

二、將教學內容編製成各種教材，將教材分成細小的單元，每個單元皆為達到特定的具體教學目標而設計。

三、教師在教學過程中的初始階段，進行講述教學活動，提示有效學習方法，引發學生的學習動機。

四、教師提供適切合用的自學教材，讓學生可以獨自進行學習，學習地點和情境由學生自行選擇，學習地點不限於教室，時間的使用也由學生自行選定。

五、學生自行進行學習之後，自認為可以達到預定的水準時，可請教師隨時安排學習評量活動。

六、教師在學生申請評量時，立即給與適當的評量活動，並給予評分，通過評量者教師給予增強並決定下一單元的學習；未通過評量學生立即給予訂正，並請學生繼續進行自學活動，以準備下一回合的評量，直到完全通過教學評量之後才開始下一個單元的學習。

七、學期結束時，全體學生參加教師準備的總結性評量。

參 凱勒教學理論要項

凱勒的教學理論主要包括下列六項：(1)熟練標準；(2)學生自我控速；(3)單元考試和成績評量；(4)立即回饋；(5)助理制度；(6)學習材料（林寶山，民 87 ： 57 ）。

一、熟練標準

凱勒教學在評量方面，要求學習者一定要達到預定的標準，才能通過評量。一般而言，學生必須在學習之後至少達到百分之九十的熟練度才能通過單元的測驗，並代表學習已達到熟練標準。如果學生無法達到上述的標準，就必須不斷反覆地學習該單元的內容教材，直到自認為已經熟練為準。因此，凱勒教學的重點在於學習是否達到既定的熟練標準。

二、學生「自我控速」

凱勒教學的特色在於允許學習者依據性向、能力、時間及學習條件而決定學習之進度，學習能力強的學生，在學習上所花的時間較短。學習能力差的學生，在學習上所需要的時間比一般學生需要量較大。因此，在此種制度之下，學生對達到單元熟練程度所需要的時間各不同，但最後仍可達到熟練的目標。

三、單元考試和成績評量

凱勒教學中教師將教材事先分成幾個小單元，每個單元本身都附有評量考試，單元測驗本身屬於「形成性評量」。在各個單元結束後，學生必須參加期末測驗，以便於教師對整個學期課程作一總結性的評量。總結性評量通常包括每個單元的教學內容，讓學習者在期末測驗時對一學期的學習作深入的瞭解。在凱勒教學中，期末測驗成績佔整個學期的百分之二十五，百分之七十五為單元評量或是其他教師指定作業。在成績的評定方面，凱勒教學採用標準參照制度，因此學習者的學習如果符合教師事先預定的標準，則學生的成績應該都一致。

四、立即回饋

凱勒教學的另一個特色是讓學生在評量過程中，得到立即性的回饋，有助於學習效果的提昇。讓學生得以隨時修正自己的學習活動，改進自己的學習策略。凱勒教學中設有助理一職，隨時提供學習者在學習上的各種訊息，如批改評量試題讓學生能立即知曉評量是否達到預定的標準，如果通過了可以隨時決定是否進入下一個單元的學習；如果未通過的話，可以隨時修正自己的學習。

五、助理制度

凱勒教學中的助理一職，主要職責在於擔任教學評量的工作，提供學生適時的答案，對學生的學習活動隨時提供各種訊息。因此，助理人員通常是由曾經修過該科目的學生或是學生當中學習進度較快者擔任。其次，助理必須將學生的學習狀況隨時稟告教師，讓教師得以隨時掌握學生的學習。

六、學習材料

凱勒教學模式中，主要的教學資源是學習材料，這些學習材料通常是由教師在教學前事先作規劃、蒐集、設計的，如學習指引、書面資料、指定的教科書、參考資料、作業等。學習材料必須由教師作精心的組織、歸納與分析，才能提供作為學生的學習資源。

肆 成效評估

凱勒教學模式的實施推廣在各國引起廣泛的討論，對於 PSI 的教學應用及模式，經過多次的修正與調整。因此，此種教學法在移植至國內時需要多方實驗並評鑑成效之後，才能加以運用。凱勒的教學效果，目前已有實徵資料顯示實施效果，然負面的評價亦不少。主要在凱勒教學模式的建立是依據行為主義心理學的觀點，並且著重於由學習者自行控速以適應個別差異的個別化教學，然人類都具有與生俱來的墮性與依賴性，教學法的應用恐無法面面俱到，使用時需慎思熟慮。凱勒式個人化系統教學在國內經過學者的修正（如林寶山，民 74 ； 75 ； 77 ），較能適用於國內長期以「升學導向」的環境中，然而在使用時，仍需再多加斟酌，俾能提昇教學品質。

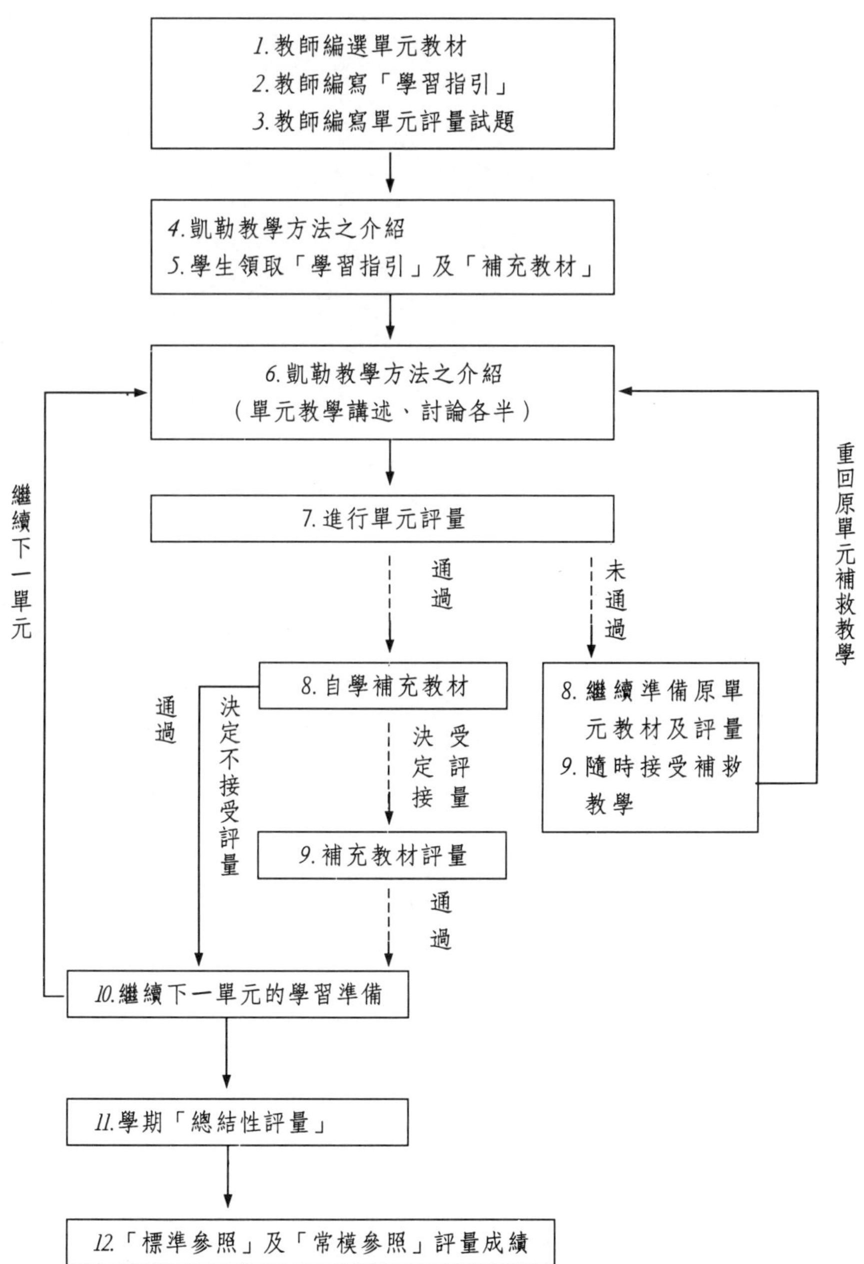

圖 7-5-1　修訂凱勒式個人化系統教學流程圖（林寶山，民 86：63）

個別化教學法(二)

- 編序教學法
- 精熟學習法
- 個別處方教學
- 適性教學模式

第一節 編序教學法

壹 編序教學的意義

編序教學 (programmed instruction) 是屬於自學的教學方法之一，教學實施的重點在於教材組織的改進。實施步驟是將教材依據程序，編成各類細目 (frames or small steps)，以利於學生從一個細目到另一個細目，採循序漸進方式進行學習（方柄林，民 65；高廣孚，民 78）。編序教學的主要特色在於將教材細目依據學習心理的形式分析精細，組織嚴密，以利於學生學習；學生在學習過程中，可以得到立即性的回饋，從資料的核對中獲得即時增強的效果。

編序教學法是根據學習原理中聯結論的理論發展而成的，教學實施是將教材內容詳加分析，分化成很多的小單元，在各單元之間找出它們的先後層次關係，然後加以組織，按照由簡而繁由淺入深的順序排列，循次漸進最後達到預定的教學目標（林清山、張春興，民 75）。編序教學法的發展是採用聯結理論中的操作制約學習，由教師安排刺激的反應情境，使個體的反應受到增強而達到學習的目標；其次是將個體的行為依據內容分成一些可以觀察、處理、測量的單位，使個體針對反應與相對的刺激建立正確的聯結關係，而達到學習的目標。

貳 編序教學的歷程

編序教學法的發展是依據自動原理、個性原理與熟練原理而成。「自動原理」是指學習者在學習過程中，應該發展出自動自發的學習精神。因為，真正的學習起於學習者自我活動，並非全盤倚賴教師的指導。「個性原理」是指學習的安排應該適應學生的個別差異，讓每位學生都有成功和自我實現的機會。編序教學的基本精神是建立在學生自己控制學習速度的基礎之上。「熟練原理」是指編序教學著重於學生能否將知識作融會貫通，將各類知識作分類成系統化與組織化以利於學習。準此，編序教學的發展在於適應學生的能力與個別差異。編序教學的實施通常包括三個主要的歷程，即教師提示教材、學生作答、核對學習成果（高廣孚，民78）：

一、教師提示教材

教師在教學之前，針對整體的學習內容作邏輯順序的分析，將教材依據學科性質或知識的分類，實施編序工作，將編好的一連串教材細目，利用工具，逐次地提示出來，配合學生的程度，讓學生自由自在地學習。

二、學生作答

編序教學進行時，學生依據教師所呈現出來的教材，逐次作答。作答的方式大致上分成填充和選擇二種。學生在選擇學習時機之後，配合教師事先設計的單元教材，填寫答案。

三、核對學習成果

學生在作答完成之後，可以立即得到回饋。編序教學過程中，第一個問題的正確答案，在第二道問題之前呈現出來，讓學生在學習第二道題目之前，可以瞭解自己在第一道題目中的作答情形，使學習得到立即性的回饋。

參 編序教材的編製

編序教學在教材的組成方面，以一系列程序，讓學習者達到更合適的學習。學生在面對學習教材時，要能自動地反應，並且從立即性回饋中瞭解學習的情況。因此，編序教材的基本構想是將教材內容詳加分析，分成許多細目，在各細目中建立起先後的層次關係，然後加以組織，由簡而繁、由淺而深順序排列，而達到學習目標（高廣孚，民 78 ）。編序教材在編寫過程中，必須遵循下列的程序：

一、界定範圍

編序教材在設計之初，必須針對教學的需要和學習的特性，將範圍作有效的界定，如此才能瞭解教學要達到的目標何在？學習的最終目標何在？

二、蒐集相關的原理原則

界定範圍之後，下一個步驟即針對目標蒐集有關的術語、事實、原理原則，並且將各類資料依據知識的分類或學習的特性，作歸類、分析、整理工作。

三、確定原理原則之間的邏輯關係

將各類蒐集的原理原則，依據本身的特性，以彼此之間的關係作「直線」式的順序加以安排，以利於教材編撰的參考。

四、將教材的細目分佈均勻

瞭解原理原則之間的邏輯關係之後，下一個步驟即將教材中的細目(frames)分佈均勻，讓學習者精通所學的內容，不致於有所偏失。

五、透過增强作用强化學習效果

編序教材細目整理完成後，運用各種增強作用，選擇學習者所出現的各種反應加以增強，透過變項的控制讓學習者出現更成熟的行為、更精密的反應。

六、各類知識有效地呈現在細目中

將先前所學習的術語或知識，加以整理並間歇地出現在各類細目中，與所學習的概念加深加廣，使學習活動與教材內容作有效地聯結。

編序教材的編撰應該以配合學習者身心的特質為重點，讓學習者在學習過程中，將原理原則變成有組織、有系統的知識行為。並且透過各種增強作用，強化學生的學習行為。

肆 編序教材的呈現方式

編序教學在教材的呈現方面，有別於傳統的教學法。教材的呈現是教師事先將學生所要學習的知識或原理原則，依據知識的分類或學習上的需要，作組織、歸類、分析，以利於學習活動的進行。編序教材的呈現方式包括卡片式(scrambled book)、書本式(programmed text)和教學機(teaching machine)三種。

一、卡片式

卡片式的教材是將學習者所要學習的內容，以問題的方式印在卡片上，標準答案印在卡片的另一面。學習者在學習過程中，可以透過標準答案的核對，隨時瞭解自己的學習情況。

二、書本式

書本式的教材是將學習者所要學習的內容，以問題的形式依次排列印成書本或教科書的方式，通常在正面印上問題，在反面上印上問題的標準答案，學生在面對各個問題時，透過思考活動將答案呈現出來，再由反面的標準答案作立即性的回饋，由此瞭解學習情況。

三、教學機

教學機的形式是將各類教材的細目和標準答案，依據分類或教學上的特性置於教學機內。學生在學習時，只要操作教學機時細目和標準答案就會呈現出來，學習者針對教學機所出現的問題和答案，做立即性的回饋，以達到立即學習和立即增強的效用。

編序教材從資料的蒐集、分類、教材的編寫、安排等程序，完全以學習者的特性和需求為準，讓學習者得以自行學習，並從立即性的回饋中瞭解自己的學習情形，作為修正學習的參考。

伍 評　論

編序教學的實施對教師而言，具有多方面的功能，不僅可以適應個別差異，還能讓學生自行決定學習的內容、範圍。學生從各細目的學習循序漸進，達到學習的最終目標。然任何教學法的發展都有使用情境及限制，教學者在運用時，必須瞭解教學法本身的特性，才能將教學法發揮得淋漓盡致。

一、優點

編序教學法的運用，在優點方面依據 Skinner(1987) 的觀點，具有下列的優點：

1. 學生主動進行學習

學生在教與學過程中，往往處於以教師為主、學生為輔的相對關係上。編序教學法的運用，可以讓學生的學習化被動為主動，從各細目的獨立完成中，主動的進行學習。

2. 正確的反應得到立即性的增強

編序教學讓學習者的正確反應得到立即性的增強，對於學習活動和反應的增強有正面的助益。學習者不但可以在學習過程中得到立即性的評估，同時獲得學習上的成就感。

3. 減少厭煩的控制

編序教學的進行，以教學機為主體讓學生完成學習活動。因此，和一般教學法相比，少了厭煩的控制，讓學習者得以自行決定活動的進行，可以避免一些行為控制對學習產生負面的影響。

4. 教師可以監控全班的學習活動

編序教材的編寫是採用細目方式，學習活動的進行以細目和細目間的關係為主。學習的進行由學生自行決定進度和內容，可以依據自己的進度學習。教師的角色以輔助為主，因而得以巡視全班，瞭解學生的學習情況。

5.由簡而繁完成複雜的行爲

編序教學將複雜的行為，簡化為各類細目，讓學生可以隨時繼續學習，不會因各種外在因素的干擾而影響學習活動，同時也不必擔心趕不上進度。學生透過各種簡化細目，逐漸完成複雜的學習成果。

6.學習者得以精熟學習內容

編序教學教材的編寫以學生為中心，將各項教學進度組織成細目，學生得以依據自己的能力和需求，逐步完成學習活動。在此種適合個別化學習的引導之下，學習者對學習內容能逐步地達到精熟階段。

二、限制

1.教材編製不易

編序教學的重點在於教材的編寫工作，編序教材的編列需要分析教材成序目或細目，內容部分要按邏輯程序編排，依據學習者的特質或需求作最妥善的安排。因此，教材的編製非一般教師得以勝任，而由相關的學者專家或學科教學專家、心理學者等集體合作而成。一般教師在師資培育過程中，缺乏相關課程的研修，在此方面往往無法勝任。

2.教學設施的限制

編序教學的進行，需要相當數量的教學機配合才能竟其功。因此，在實施編序教學時往往受限於設備而無法進行。尤其以目前中小學以班級教學為主的教育生態裡，編序教學的實施常礙於現實方面的考量而無法如期進行。編序教學的實施，通常用於分析和診斷學生的學習困難上面，無法全然運用於一般的教學。

3.缺乏系統性知識的傳授

編序教學的特點在於將知識依據學習者的特質和知識體系的邏輯關係編製成各類細目方式呈現。因而，編序教學所提供的知識多半是零碎的，缺乏統整性與系統性的，容易降低知識的完整性和實用性。

4.情意教育缺乏

編序教學的進行，學生與教師之間的互動機會減少，學生終日面對教學機，對情意、態度、品性、價值觀方面的陶冶，比一般教學法少且來得不易。此外，對於教師的地位產生負面的作用，師生之間的互動關係不像一般教學法來得融洽和諧。教師平日的工作職責無形中被機器取而代之。師生關係的建立和情意陶冶方面相對減弱，對學習者情意方面的教育成效隨之降低。

5.缺乏群性活動

編序教學的實施，讓學習者以面對機器的方式獨立完成學習活動。學習者彼此之間的互動關係減少，過於偏重個別化的活動相對地忽略教育過程中的群性培養。

編序教學的實施在國內雖已提倡多年，然真正落實的機會因各種現實環境使然，而無法採用，僅用於診斷學習活動上。今後，在教學法的研究發展上，必須針對影響教學方法的內外在因素，進行理論性的分析與實務性的對話，才能提昇教學法的可用性。

第二節 精熟學習法

壹 精熟學習法的意義

精熟學習 (mastery learning) 的概念早在華須朋與莫禮生時代即已發展出雛形來，至一九六八年由美國芝加哥大學教授布魯姆 (B.S.Bloom) 提出完整的概念。精熟學習的理論主張教師在教學時，如能有系統地進行教學活動，學習者在遇到困難時能夠獲得到適時的協助，就能擁有達到成熟程度的足夠空間，並且訂有清楚明確的精熟標準，幾乎所有的學生都能學習成功（王秀玲，民 86 ： 163 ）。布氏同時指出，如果性向的確可以測出學生所需的時間，即有可能設定出每個學生預期達到的精熟水準。只要教師在教學時針對教學相關變項、學生學習的機會及教學品質加以控制，幾乎所有的學生都可以達到既定的精熟程度。布氏依據對班級教學的觀察研究發現，在傳統的教室中，所有的學生都接受相同的學習機會和教學品質。在此種情況之下，對部分學生是適當的，但對大多數學生是不足的。在教學歷程中感到適當的學生幾乎都可以達到精熟程度；對感到不足的學生，在學習中容易得到挫折感而無法達到精熟程度。布氏以為教師只要調整教學方式，提供學生適當的教學品質和學習機會，大部分的學生都可以達到預定的精熟程度。

精熟學習的發展是建立在如果教學品質上能力求改進，讓學生擁有充分的時間，並引導學生切實有效地運用時間，則學習的效果就會提高，達到各種精熟標準的假設之上。從布魯姆的觀點而言，影響學習結果的主要變項在於教師的教學品質 (quality of instruction) 、認知起點行為及情意的起點行為之上。教師在教學時，必須瞭解學生的學習性向，依據學習性向給予充分的時間和學習上的支持（support），透過教學技巧的運用，激發學習的情意動機，建立學習的信心和自我觀念，對學習效果的促進有正面的幫助（Bloom,1968）。

貳、精熟學習的步驟

精熟學習的實施是依據以時間為本位的教學研究所建立的模式，認為學習的決定關鍵在於學習者所需的時間。精熟學習的實施通常包括三個主要步驟，即精熟學習計畫的擬定、精熟學習的實施和精熟學習的評量（黃光雄，民 77:133）。

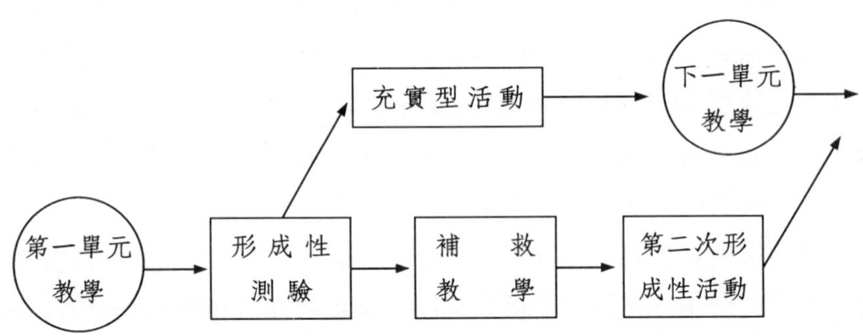

圖 8-2-1　精熟學習法的教學過程（黃光雄，民 77:133）

一、精熟學習計畫的擬定

精熟學習法的計畫步驟包括六個主要的步驟，即分析學習目標、編製形成性測驗、安排校正活動、設計充實活動、編製總結性測驗和在教室中的運用（請參閱圖 8-2-2）。在計畫的擬定方面，詳述如下：

1. 分析學習目標

學習目標是教學的重心，決定教學的起點行為與終點行為。教學目標明白地陳述學生在學習過程中需要獲得的能力和技巧，教師清楚分析學習目標對學習能充分地掌握，並能精確地評量出學生的學習成果。

2. 編排學習內容

學習內容的編排必須考量教科書的章節、邏輯順序、因果關係及知識的結構問題，教師對學習內容的編排應該將教材分成連續且相關聯的「較小單元」或「細目」，將教材組織成為有意義的教材順序，以利於學習活動的進行。

3. 編製形成性測驗

形成性測驗可以指出學習的重點，瞭解學生學習的程度和需要再加強的地方。教師在教學時，透過形成性測驗診斷學生的學習，並事先設定精熟的標準，讓學生透過學習以達到百分之八十至百分之九十的精熟。

4. 設計回饋校正及充實活動

教師在學生遇到學習困難時，進行相關的補救教學活動，瞭解學習者的學習狀況之後，依據實際需要進行補救教學活動。精熟學習實施中，往往透過校正活動達到預定的目標。教師應該針對學習速度特別快的學生設計充實活動，以加深加廣學習內容；對於學習遲緩的學生也應從補救教學活動中，指導學生達到預定的精熟程度。

5. 編製總結性測驗

形成性測驗的目的在於瞭解學生的學習狀況，總結性測驗的目的在於匯集學習的成果，以及學習者在知識、技能和情意方面的獲得情形，在學習結束之後，用來作為評量學習結果的依據。

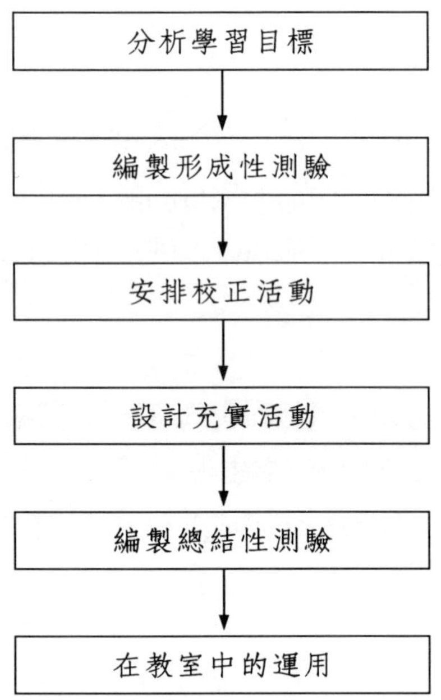

圖 8-2-2　實施精熟學習法的計畫步驟 (Bloom, 1968)

二、精熟學習的實施

精熟學習法的實施依據布魯姆的構想，可粗分成幾個重要的步驟：

1. 精熟學習法的引導

精熟學習法在實施之前，教師需要作學生及家長方面的引導工作。在學生方面，教師應該在學期前課程尚未實施時，撥一些時間讓學生對新構想有所認知，再引導學生進入精熟學習的管道，瞭解學習的最終目的、必須精熟的程度等問題。在家長方面，教師可以透過家長對學生的影響力強化學習的效果，透過溝通管道取得家長的支持與協助。讓家長也能瞭解精熟學習的實施步驟、學習的程序和精熟的標準。

2. 精熟教學

精熟教學在實施過程中，同時考慮課程與教法的問題。在實施時通常包括提示 (cues)、參與 (participation)、增強與獎賞 (reinforcement & reward)、回饋與校正活動 (Bloom,1976)。

(1)提示：教師在教學時以提示方式，讓學生瞭解學習的重點，應該注意的線索及教師對學生的期許。教師的教學透過提示使計畫更完善，課程內容的實施更順利、學生的學習更有秩序化。

(2)參與：通常是指學生投入學習的狀況或程度。教學歷程中，學生對學習的投入往往影響教師的教學品質。教師在實施精熟教學時可以運用各種鼓勵的方式，促進學生對學習的參與，讓學生樂意花更多的時間在學習工作上 (time-on-task)。

(3)增強與獎賞：增強與獎賞是教師用來激發學生學習動機的方式。由於教師對學生的讚美或鼓勵，具有激發學習動機的作用。增強與獎賞的運用應該讓每位學生都有同等的機會，而不是僅集中於少數優秀的學生身上。教師應該提供每位學生相同次數和機遇的獎勵。在精熟學習的形成性測驗上，增強與獎賞的運用更能強化學習的效果。

(4)回饋與校正：回饋與校正是精熟學習中最重要的一環，透過立即性的、直接的、清楚的、明確的回饋提供學生改善學習的方法。在教學過程中，回饋活動應該定期實施，同時讓學生瞭解教師對學習的期許及確信每位學生都可以達到預定的目標。

3. 進行形成性測驗

形成性測驗的實施在於檢視單元學習是否精熟。教師在教完一個單元的精熟學習課程之後，須透過形成性測驗檢視學生的學習進步情形。從形成性測驗的實施中，瞭解學生的學習那一部分較好？那一部分需要再充實？需要充實的部分由教師再設計相關的活動以強化學習效果。透過形成性測驗的實施，瞭解學生精熟的部分和不精熟的部分，作為調整教學活動的依據。

4.引發學習動機

教師在實施精熟學習時，必須在各種教學情境中設法引起學生的動機。教師可以透過「學習成功」的條件，引發學生強烈的學習動機。教師在形成性測驗之後，對學生的讚美，肯定學生的學習進步，有助於學習動機的引發。再則，讓學生在學習過程中獲得優異成績，對學習動機的激發同樣具有正面的效果。

5.校正及充實活動的安排

在學習活動告一段落之後，教師以形成性測驗瞭解學生的學習狀況，對於已經達到精熟程度的學生，可以安排各種充實活動，以加深加廣學習內容。已經精熟的學生在學習之餘，可以商請擔任「小老師」教導未精熟的學生。對於未達精熟的學生，教師可以實施校正活動，改用其他不同的教學技巧或策略，以學生可以理解的方式進行學習活動，讓學生可以在不同的情境、條件之下，達到精熟程度。

三、精熟學習的評量

精熟學習的評量目的在於瞭解：(1)精熟學習法的引進，是否導致一些改變；(2)有那些預期與非預期的事發生；(3)如何改進精熟學習應用的程序等問題。精熟學習結束時，教師透過總結性評量對整個單元進行評鑑，作為教學上的參考。在實施過程中，教師需要蒐集學習成就方面的資料（包括情意方面、學習參與、出席狀況、學習表現等），並進行有意義的比較，作為教學上的參考。

參 評論

一、優點

1. 適應個別差異

精熟學習的實施，讓學生在學習過程中得以因應不同的差異，進行學習活動，並且達到精熟的程度。教師在教學中，透過形成性評量的方式，瞭解學生的學習程度，是否達到精熟。對於達到精熟的學生可以再加深加廣，未達精熟的學生，透過小老師或充實活動等策略，讓學生達到預定的精熟標準。

2. 確保學習標準

精熟學習的實施，教師預定學生可以達到的精熟標準，再設計各種學習策略，讓學生達到精熟標準。其次，運用形成性測驗隨時得以瞭解學習狀況，診斷學生學習困難之處，並設計各種補救活動，以確保學生的學習成果。

3. 簡化學習內容以利於學習

精熟學習的實施，將所有科目的教材簡化成為細目，依據學生的身心發展成熟度排列，讓學生依序學習，以達到精熟程度。學習內容的簡化，對平時有學習障礙的學生，不啻為一良策。

二、限制

1. 理論假設上的疑議

布魯姆的精熟學習是建立在透過教學歷程，每個學生都能達到精熟程度的假設之上。然學生本身因各種先天條件與後天環境的交互作用，本身有個別性，對相同的作業、相同的學習內容，勢必無法表現出同樣的學習成效來。

2. 教材編寫上的困難

精熟學習在教材方面，係由教師依據教材的性質，轉化成較單純的材料，讓學生依序學習，達到精熟程度。教師在教材轉化方面往往因能力問題而無法勝任，尤其是數學、理化、自然科學等科目教材，與一般科目相比較，很難加以單純化、容易化(Groff,1974)。

3. 過於簡化教學行爲

教學是一種師生互動的複雜歷程，精熟學習的推展過於將教學行為簡化，而低估了教學行為的複雜性質（黃光雄，民77）。教學歷程需要教師與學生不斷的溝通與互動，才能達到預定的目標。精熟學習過於將教學行為簡化成為學習者的行為，以預定的精熟目標讓學習者去達成。

第三節 個別處方教學

壹 基本原理

個別處方教學 (Individually prescribed instruction, IPI) 是「調適學習的環境」(adaptive environments for learning) 系統之教學設計（林生傳，民 79 ： 129 ）。屬於個別化教學方案之一，由美國匹茲堡大學學習研究發展中心 (the Learning Research and Development Center) 於一九六四年發展出來的教學方案，後經實驗、應用與驗證，始廣為推展。個別處方教學的實施，基本上是基於下列的基本原理：第一、學生的學習方法與方式有很大的個別差異；第二、學生在學習起點方面本身的能力和特殊能力均有相當大的差異。基於此種理念，學習者在學習環境的適應能力，影響學習成效。教師在教學時，應該先考量學習環境對學生的影響，設計一個適合學生學習的環境，將學生在各方面的差異降至最低。同時讓學生對學習產生興趣，樂於進行有效的學習。教師在教學時，隨時診斷學生的學習狀況，作為調整教學的參考，並透過變通方案使學生充分發揮自己的潛能。

個別處方教學設計的基本原則包括（林生傳，民 79 ： 129-131 ）：

⑴訂定明確的學習目標：以學習者的行為以及表現行為的情況和條件敘述之。

⑵評估學前的能力，俾便確定是否具備即將進行學習的起點條件。

⑶設計可以自由選擇的變通性教育活動 (educational alternatives)，便利學生自由選擇。

⑷在學習進行中，不斷檢視並評量進行的情形。

⑸教學如何進行視學生（在評量上的）表現，可得的變通性教學活動，與能力的標準關係而定。

⑹隨著教學的進行，隨時蒐集資料並提供資料，來檢討並改進教學系統。

從上述的基本原則，可以瞭解個別處方教學在學習目標的訂定過程中，強調學習者的行為及表現；其次，對學習者的學前能力進行評估，瞭解起點行為是否具備學習的條件。換言之，學習的準備度如何；教師在教學歷程中，不再如傳統教學法秉持著一種或固定的教學方案，而是研擬多種的備選方案，讓學習者依據自身的需求作不同的選擇；教學進行時，教師不斷地檢視（monitor）學習進行的情形，以為調整教學活動的參考；變通性教學活動與學生在評量上的表現有關；最後，教學系統的改進，透過教師在教學時，不斷地蒐集與教學有關的各類訊息，以為調整或持續進行教學活動的參考。

個別處方教學系統的發展（如圖 8-3-1），將教學活動分成三個主要部分，即學生、教師和個別處方教學資源，詳述如後：

⑴學生：個別處方教學的進行，讓學生按教師所提供的處方進行學習活動。處方的擬定是由教師以學習者的條件和學習行為表現為準，再加上各種有效的教學策略。

⑵教師：教學過程中扮演計畫與指導的角色，並且提供學生各種學習上的處方。在教學前，教師依據對學生的瞭解擬定各種學習方案，讓學生作自由的選擇；在教學中，教師針對學生的學習狀況，隨時指導學生的學習。

⑶資源：個別處方教學的資源以教育目標為主，包括診斷工具、資料與設備、教學技術、教學進度等方面。

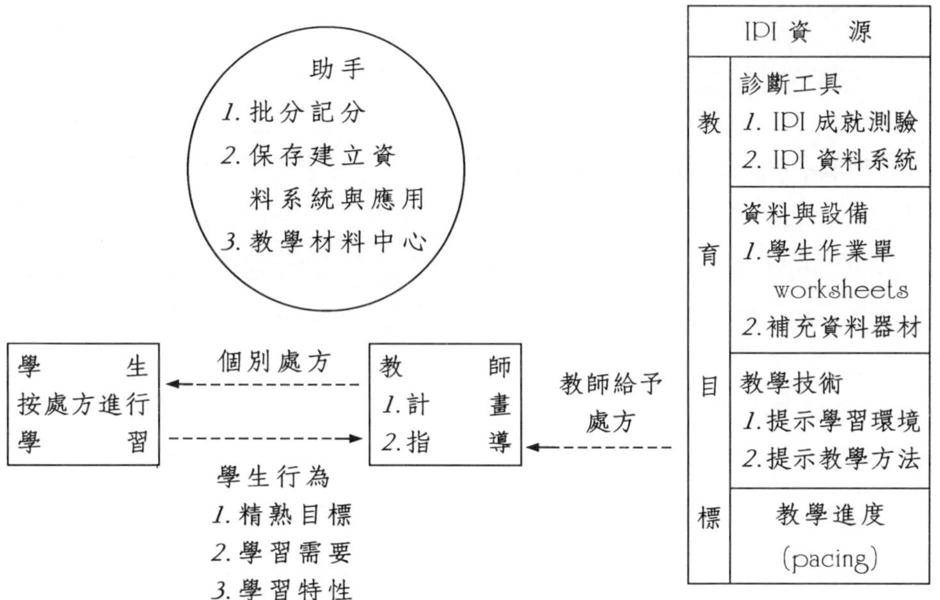

圖 8-3-1　個別處方教學系統（轉引自林生傳，民 79：130）

貳 教學步驟

個別處方教學的實施包含六個主要步驟，詳述如下（請參見圖 8-3-2）：

一、安置性評量

實施安置性評量的主要目的，在於學期開始前瞭解學生的起點行為，在學習方面的表現和行為水準，作為擬定預期達到的精熟標準 (the level of mastery)，並決定學生應該學習的單元和進度。

二、教學前評量

教師在教學前實施「教學前評量」，有助於瞭解每一個單元教學前，學生的舊經驗如何？具備那些先備知識？在學習的性向如何等，作為決定學科教學的參考。同時，可以依據評量結果修正教學目標，那些目標已經達到？那些目標需要納入學習？那些目標要再增加。

三、提供學習處方

教師在透過安置性評量和教學評量之後，就能確定學習目標。確定學習目標之後，可以針對學習內容，擬定各種學習處方，進行教學活動。教師安排的學習處方包括閱讀資料、聽講、參考文獻、討論活動、運用電腦輔助教學、電化產品、視聽媒體等，以輔導學生的學習活動。

四、實施習作測驗

教學活動進行至一階段之後，教師實施習作測驗（Curriculum-Embed Test, CET），瞭解學生的學習是否已經達到教學目標的精熟程度（85％），學生如果通過預定的精熟程度即可進行下一階段的學習。習作測驗的內容通常是教師從學科內容中，選取一個完整的材料及作業以編製成的測驗。

五、實施後測

學生在通過習作測驗之後，教師再實施後測，以瞭解學生是否真正達到教學目標，確定是否學會該單元的內容。

六、決策

教師在實施各項測驗之後，如果學生都通過測驗的話，即能進行下一單元的學習，如果學生未能通過測驗的話，需要再學習同一目標的內容，教師就得針對學生的學習狀況，編擬各項測驗或策略，協助學生完成精熟程度的學習。

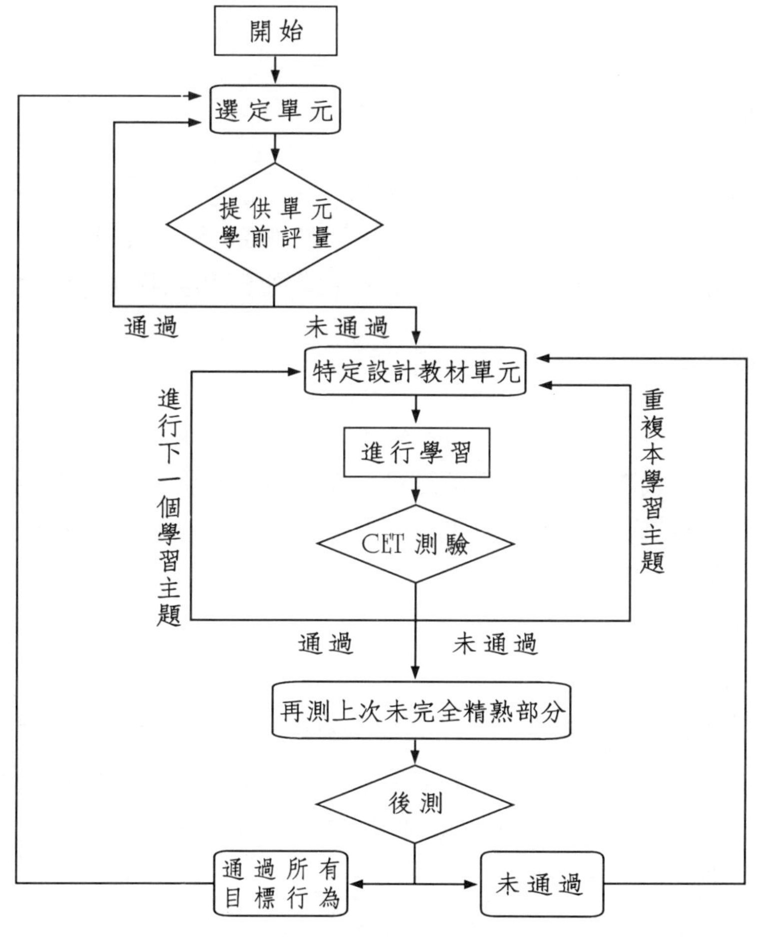

圖 8-3-2　個別處方教學流程圖（林生傳，民 79：133）

參 評論

個別處方教學的實施，以學習者學習適應為主，從目標的確定、目標的選擇、評量的實施、教材的編選等，完全以學生的學習為主，以期達到個別化教學的成效。

一、優點

1. 適應個別差異

個別處方教學在教學前的計畫擬定，學習目標的訂定，學習能力的評估、變通性教育方案的規劃等，完全以學生為經，學習發展為緯。因此，在教學中能符合並適應個別差異，讓學生達到預定的精熟程度。

2. 學習成效高

個別處方教學的實施，教師對學生的引導以各種處方，提昇學生的學習成效。以形成性測驗、教學前評量、後測等瞭解學生的學習狀況，作為教學上的隨時修正或調整的參考。因而，有助於學習成效的增進，學習效果維持在某種水準。

3. 教師角色多樣化

教師在個別處方教學中，必須隨時診斷學生的需要和學習情形，作為教學的參考。其次，依據學生的學習表現，發展個別學習計畫，隨時指導學生從事有效的學習。因而，教師的角色除了指導者、引導者之外，同時扮演設計者的角色。

二、限制

1. 教學成本較高

個別處方教學的實施，在成本的花費上比一般的教學法高，學校或班級教學恐無法負擔。因而，在採用時往往因費用而無法如願。

2. 評量的實施問題

個別處方教學的實施，在評量方面需要花相當多的時間。從安置性評量、教學前評量、習作測驗、後測實施等，必須花相當多的時間才能達到預定的目標，與傳統教學法相較，自然佔用太多時間，有喧賓奪主的現象。

3. 班級的維持不易

個別處方教學在實施中，和傳統教學法相比，主要特色在於適性盡性，對於教學目標的達成，能適應學習者不同的特性。然而，在此種個別性的教學活動時，班級系統的運作較無法維持。

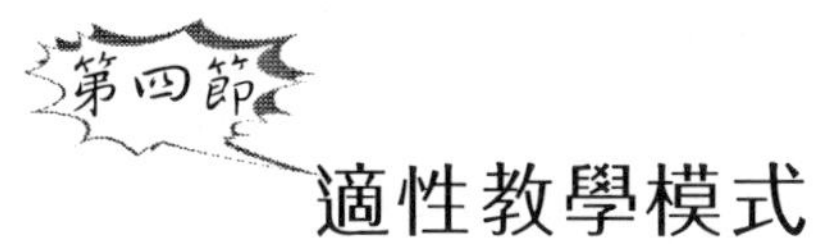

第四節 適性教學模式

壹 適性教學的意義

適性教學的定義來自於教育機會均等理念的延伸。教育機會均等的理念是提供每一位學生適性教育 (adaptive education) 的機會，讓每個學習者在學習過程中，不會因為各種先天的條件和後天的環境而造成學習上的不平等現象。適性教學的理念，最早源於孔子的因材施教和蘇格拉底的詰問法，針對不同的學生所提出的問題和回饋的內容因人而異，教師對學生的期望因不同的對象、不同的情境而有不同的表現。適性教學的發展，近則可以追溯至道爾頓制和文納卡制強調的適性教學。

適性教學的實施源自於早期的個別化(individualization)的概念，讓每個學習者依據自己的學習狀況、需求而選擇學習或教學的方式和模式（李咏吟、單文經，民 84 ： 209 ）。適性教學的定義，學者多有著墨。

蘭達(Landa,1976)認為適性教學是一種診斷和處方的過程，教學目的在於調整基本的學習環境，以適應個別學生的特性和學習上的需要。

布魯姆(Bloom,1976)則認為適性教學是依據學習者在學習方面的性向，決定每個學生所需要的學習時間和精熟水準，教師可以針對各種教學變項、學習的機會及教學品質加以控制，讓每個學生都能達到事先擬定的精熟水準之學習。

蓋聶和布里格(Gagné & Briggs,1974)更進一步指出，適性教學主要在於符合個別化的教學，其特色如下：

⑴教師本身提供較少的教學活動；

⑵教材本身提供較多的活動；

⑶教師在教學歷程中的時間較自由，因而有更多的機會進行個別指導，決定個別學生應該學那些或如何進行學習；教師同時擁有更多的時間仔細地觀察學生的記錄，以從事學習困難的診斷和補救教學工作；

⑷教師要給學生更多的機會選擇和決定自己的學習內容，要學些什麼、如何學、用什麼教材學習；

⑸學生可以依據自己的進度學習，取代所有學生以同一進度學習。

由以上學者對適性教學的闡釋，可以瞭解適性教學的發展是依據學習者在學習方面的需求、學習狀況、學習表現、學習性向，教師設計符合學習者學習的情境、有效的策略，以達到教學目標和精熟程度。適性教學是以學生為主軸，教學為輔助的教學法。在特色方面，教師提供較多的活動讓學生完成學習目標，教師在教學歷程中擁有較多的自由空間，自主性較大。並且擁有較多的時間觀察學生的學習情形，以便從事學習診斷和補救的工作，以協助學習困難的學生。

貳 適性教學的類型

適性教學的發展主要以學習者為中心，讓學習者在教學歷程中，能夠依據自己的需求，完成學習的目標。適性教學的類型，以瓦爾貝 (Walberg,1975) 的論點，包括三種基本的形式，即選擇 (selection) 、充實 (enrichment) 和加速 (acceleration) 。

選擇是以學生的資質或表現作為篩選學生的參考。充實制是在固定的學習時間之內，設法增加學習的內涵以達到不同的學習目標。加速式是以相同的學習目標，觀察學生完成目標所需的時間。瓦氏對適性教學的分類，著重於以學習表現為分類的標準。蓋聶和布里格對適性教學的分類，以學習者在教學目標、教材設計方式、時間期限、評量等變數上的不同決定程度，作為分類的標準（轉引自李咏吟、單文經，民 84 ）。在教學中讓學習者決定教學方法者為學習者決定教學 (student-determined instruction) 和學習者中心計畫 (learner-centered programs) 兩種形式。在教學中，由學習者擬定教學目標，由學習者依自己的方式學習稱之為獨立學習計畫 (independent study plans) 和自我指導計畫 (self-directed study) 。如果在學習過程中，由教師決定學習目標，由學習者依據自己的速度進行學習的模式為個別進度 (self-pacing) 學習（李咏吟、單文經，民 84 ）。適性教學在發展類型方面，以學習者在學習過程中的決定為主，讓學習者對自己的學習活動擁有相當程度的自主權，學習才能盡性適性。

參 適性教學模式

適性教學在實施過程中，強調教師與學生之間的互動，藉以達到教學目標。教師在實施適性教學時，以家教式的教學實施最為理想。家教式的教學在人數的控制方面，不像一般傳統式的教學，應以少數教學為主。適性教學的實施，較著名的模式如個別化引導教育 (Individually Guided Education) 、精熟學習 (Mastery Learning) 方案、適性教育計畫 (Adaptive Education Program) 。各模式的運用及程序說明如下（李咏吟、單文經，民 84 ： 212-215 ）：

一、個別化引導教育

個別化引導教育是 Klausmeier 在一九六〇年代和其同事發展出來。教學實施首先重組教師的工作，組成教學單位 (instructional aides) 。教學單位是由五個教師、一位專業助理和六〇至一二〇位學生所組成。教師決定學習的「相同終點目標」和「不同終點目標」。目標決定之後，依據目標的內容發展單元教材和學習策略。

二、精熟學習方案

精熟學習方案是教師針對班級學生的學習實施診斷測驗及補救教學措施之後，針對明確的單元目標進行分析教學細目，並發展形成性測驗和編序教材，以協助學生達到精熟程度的教學策略。精熟學習方案的詳細內容請參考本書第八章第二節。

三、適性教育計畫

適性教育計畫是由美國賓州 Temple University 的人類發展和教育研究中心主任 Margaret Wang 所領導的適性教育措施。適性教育計畫在實施過程中，包括九個主要的工作層面：

(1)開發和管理教學材料；

⑵發展學生自己負責的能力；

⑶診斷學生學習的需要；

⑷個別的、小組的、大班級的教學；

⑸交互式教學（對個別學生的指導、校正、增強和作業調整）；

⑹追蹤學生的進步情形；

⑺引起動機（鼓勵和回饋）；

⑻設計教學計畫（團體的和個別的）；

⑼檔案記錄。

適性教學計畫的實施，通常和一般教學法有所差異。適性教學計畫需要將教室的規劃重新調整，才能符合教學和學習上的需求。教學的進行是以個別的和小團體為主，讓學生完成學習任務。

肆 教學程序

適性教學的實施步驟，依據 Romiszowski(1982) 的論點，分成四個基本步驟：

一、工作分析 (job analysis) 與科目分析 (topic analysis)

教師在教學前，針對課程內容或科目性質，分析課程的起點目標與終點目標，作為教學歷程中方法、策略、評量、活動設計的考量。

二、單元工作分析 (task analysis) 和主題分析 (topic analysis)

教師進一步分析單元學習的結構，內容的邏輯關係，作為診斷工具的擬定和篩選、單元教學法的採用、教學輔助媒體的選擇等。

三、知識和技能的分析 (knowledge and skill analysis)

教師在教學活動的分析包括行為目標的擬定，作為教學活動策略、方法及輔助媒體的選擇參考。

四、學習行爲及問題的分析 (detailed analysis of the learning behavior / problems)

學習程序的分析包括合適媒體的選擇，有效學習活動的擬定，練習活動、電化用品、教學策略的運用等。

教師在採用適性教學時，必須依據實際上的需要，詳細考慮各種相關的因素，隨時瞭解學生的特質，作為修正教學的參考。

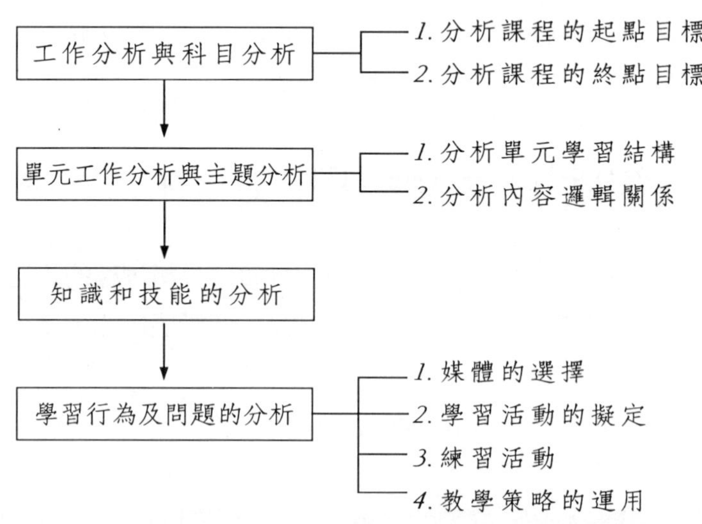

圖 8-4-1 適性教學的實施過程

伍 評 論

一、優點

1. 教學情境的重新安排

適性教學的實施，教師必須將教學情境作重新的安排，以適應學習者在學習上的需要。在教學情境上的安排必須考量學校的組織氣氛、物理環境及教材教法的編選等，才能落實適性教學的成效。

2. 配合其他教學法

適性教學法的實施，教師必須考量學習者的特質和需要，和其他的教學法互相配合。教師在教學法的採用上，可以配合編序教學法、多媒體教學、分組討論、小組教學和電腦輔助教學等。

3. 多樣化的適性教學策略

適性教學的實施是教師針對學習者的需要，設計各種適性的策略，在傳統的班級教學情境之下進行教學，以提昇學習效果。

二、限制

1. 學習者決定權的問題

適性教學法的實施，強調學習者的學習決定權的概念。在教學中教師要賦予學習者多少的決定權，學習者擁有多少的決定能力，一直是研究者想要瞭解的議題。

2. 適性教學的發展不易

適性教學的發展，必須仰賴行政、輔導、教學和課程等多方面的配合，才能達到預定的效果。教師在教學計畫的思考與決定，高度教學效能的達成方面，必須花相當的心力才能達到目標。

3. 資源設備上的配合

適性教學的實施，需要行政單位在資源與設備方面的支援，學校往往在此方面心有餘而力不足，影響教學品質的提昇。適性教學的實施，因前者要素而窒礙難行。

群性發展教學

- 群性化教學模式
- 合作學習法
- 協同教學法
- 分組探索教學

教學的發展應該適應與發展個別性，同時也要適應與發展社會性。強調教學的個別性，主要是以學習者為取向的個別化教學，讓學習者的學習活動能盡性適性，每個學習者都能達到適合本身條件的精熟程度。強調教學的社會性，主要是以學習活動應該讓學習者能適應社會的生活步調，學習結果與社會結構相結合，使教學活動成為社會生活的預備。群性發展教學是以社會取向的後個別化教學，同時是適應並發展社會性為主導的適性教學活動。群性化教學活動的進行，著重於教師與學生之間如能發展出合作的結構體，進行教與學的合作，將有利於教學的進行與學習效果的提昇。群性發展教學不管在教學目標、教學活動、教學互動方面，強調合作學習的精神，藉以提昇學習效果。本章在群性發展教學法中介紹群性化教學模式、合作教學法、協同教學法、分組探索學習等教學法，讓教學者隨時指導學生在群性學習結構下，完成學習的共同目標。

群性化教學模式

壹 群性化教學模式的意義

群性化教學模式是一種相對於個別化教學概念的教學法。群性化教學是教師指導學生適應與發展社會性的教學理論與方法，讓學習者在學習過程中，發展出社會適應的能力。因此，群性化教學是以適應並發展學習者的社會性為主導的適性教學。群性化教學的發展包括合作學習 (cooperative instruction) 、協同教學 (team-teaching) 、分組探索教學 (group investigation) 、角色扮演 (role-playing) 、社會知能技巧教學 (social-competency or skill training) 等（林生傳，民 79 ）。

貳 群性化教學的模式

群性化教學既然強調學習者社會性的發展，因此在教學策略與方法方面和傳統教學法有很大的差異。一般群性化教學模式，可以區分為二個主要的模式，即為認同民主歷程的教學模式和直接增進群性知能的教學設計二種。詳述如後（林生傳，民79：172-173）：

一、民主歷程的教學模式

民主歷程的教學模式，強調教學的實施應該摒除傳統以固定教師主導教學活動的觀念，由集體教師就個人的專長，發揮集體的力量，以三個臭皮匠勝過一個諸葛亮的精神，完成教學活動。因此，群性化教學模式的實施，教學者共同合作，學習者充分發揮班級中同儕團體的群體力量，使學生彼此之間充分地互動，運用個人的學習潛能，從參與團體的歷程中，使教學發揮多向的功能。

民主歷程的教學模式，教師仍然以原班級為主，改變教學的結構和組合，以學習分工的方式，透過人際競爭的策略，教學目標的訂定，教學時間的安排，教學活動的設計與運用，達到預定的教學目標。

二、增進社會技巧的教學模式

群性化教學的另一個模式，教學強調學習者增進社會技巧的成效。透過各種教學策略的擬定和應用，讓學習者從學習過程中嫻熟人際交往的技巧，以同儕之間的互動，促進群性的發展。

參 實施程序

群性化教學模式的實施，教師可以配合其他教學法使用。以同儕媒介教學 (Peer-Mediated Instruction, PMI) 為例，教學的實施強調以學習者互為媒介而進行教學活動，教師引導由學生互相教學以達到發展群性的教學模式。教師指導學生每兩個人組成教學次級社會體系，一位擔任教師，一位擔任學生，互相輪流，決定對方的學習進度和學習活動。明白揭示彼此互為師生身分，教師有指導學生的義務，同儕對自己進行的學習活動需負完全的責任。

肆 評論

一、優點

1. 增加人際之間的互動

群性化教學模式的實施，有助於學習者同儕之間互動關係的增進，學習者依據角色的發展需求及期望進行互動，以達到學習目標。

2. 保留傳統班級的特色

群性化教學模式的實施，雖與一般傳統教學大異其趣，但在教學情境、班級學生結構方面，並未作重大的調整。教師只是改變學習中的社會體系，而非改變教學內容。

3. 增進學習效果

群性化教學模式的實施，對於學習者的學習成效的確有正面的幫助。

二、限制

1. 夥伴教學時間的問題

群性化教學的實施，並非所有的時間都用來作為夥伴教學。因此，教師必須判斷夥伴教學的適當時機，並且預先視教材的性質，做精密的規劃，才能收到預期的效果。

2. 學習效果難以預期

群性化教學模式，對學習者之間的互動，常須編製專用的指導手冊加以規範。但學習者的個性各異，對於互動行為恐難以格式化，影響學習預期效果。

3. 教學策略的配合問題

群性化教學模式需和一般傳統教學加以配合，然並非所有的教材皆適合用來作有效的學習，因此在選用時需持審慎的態度，教學策略才能相互配合。

第二節 合作教學法

壹 合作教學法的意義

合作教學的發展主要是基於學習者生長的社會結構差異，使得來自不同階級、種族、性別的學生所擁有的「文化資產」(cultural capital)、文

化資源 (cultural resource) 不同或不等，因此學習結果也不同。為促使學習機會更平等，應刻意安排，俾學生能夠共同運用文化資產與資源來進行學習（林生傳，民 79 ： 179 ）。因此，合作教學是運用團體氣氛，促使學習者相互幫助、利益與共、團結一致，使每位學習者皆能蒙其利，達到學習效果。

合作教學是一種系統化、結構化的教學方法，教學的進行是以學生能力和性別等因素，將學生分配到一異質小組中，教師經由各種途徑鼓勵小組成員間彼此協助、相互支持、共同合作，以提高個人的學習成效，並同時達成團體目標。在合作教學中，每個學習者不只對自己的學習負責，也對其他學習者的學習負責，讓每個學習者都有成功的機會，對團體都有貢獻，能為小組的學習成功盡一分心力（黃政傑、林佩璇，民 85 ）。因此，合作教學是運用小組成員之間的分工合作，共同利用資源，彼此相互支援，完成學習活動。在學習過程中，運用小組之間的競爭與評量，以團隊比賽的社會心理氣氛，增進學習的成效（林生傳，民 79 ）。因而，合作學習是建立在以團體方式，達到學習目標的教學策略之上。

貳 教學原理

合作教學在教學原理方面，主要的構成因素，包括任務結構 (task structure) 、酬賞結構 (reward structure) 、權威結構 (authority structure)（林生傳，民 79 ： 180-181 ）。

一、任務結構

合作教學的實施，在班級教學中將學習分成各種不同任務體系，教師運用各種學習活動，以不同的組合，讓學習者完成預定的目標。在學習過程中，教師需針對學習目標擬定各種有效的策略，如聽講、討論、分析、作業單、實驗、操作、觀賞等，作為學習的媒介。教師將學習者分成各種

同質性小組 (homogenous group) 或異質性小組 (heterogeneous group)，以便採用不同的學習策略，完成學習目標。

二、酬賞結構

學習活動的進行，預期達到預定的目標，除了學習者對學習的投入、參與，在學習方面的性向等，教師對學生的獎賞、獎勵，同時影響學習的成效。合作學習強調人際之間酬賞的互依性，減少負向的增強結構 (negative reward interdependence)，而強化正向的增強結構 (positive reward interdependence)。讓學習者在完成學習任務時，同時也增進他人的成功。學生的成功同時幫助別人成功，學習的完成具有多方的效應。個人的成敗對他人不致於產生任何的影響，運用正性的增強結構激發與維持學習活動。

三、權威結構

權威結構是運用各種社會性方案，控制學習活動或行為的進行。社會體系維持正常的運作，才能達到社會目標，並進而滿足社會需要。合作教學是運用班級的社會體系，達到預定的學習目標。在教室體系之內，教師、學校行政人員、家長、學生、同儕團體等，透過層層的控制與策略，達到學習目標。合作教學從計畫的擬定、活動設計、策略的應用，運用任務結構、酬賞結構、權威結構，達到教學目標。

參 合作教學的類型

合作教學在實施方面，因不同的教學設計而呈現出不同的策略。一般最具代表性的合作教學為學生小組成就區分法 (Student's Team Achievement Division, ATAD)、小組遊戲競賽法 (Team-Game-Tournament, TGT)、

拼圖法 (Jigsaw) 、拼圖法第二代 (Jigsaw Ⅱ) 、團體探究法 (Group-Investigation, G-I) 、小組協力教學法或小組加速學習法 (Team Assisted Instruction or Team Accelerated Instruction, TAI) 、協同合作法 (Co-op Co-op) 、合作統整閱讀寫作法 (Cooperative Integrated Reading and Composition, CIRC) 、共同學習法 (Learning Together, L.T.) 等（黃政傑、林佩璇，民 85 ）。教學方法的採用由教師視實際需要而定，根據教材、年級、課程上的需要而採用不同的設計。合作教學最常用的是學生小組成就區分法、小組遊戲競賽法和拼圖法，詳述如下：

一、小組成就區分法

小組成就區分法是合作教學中最典型的一種，是一種異質性的編組教學法。教師在實施時，將學生分成四至五人一組，每一組學生依據能力、性別、社會性、心理性分組，學生之間的差距相當大，教師在教學時，利用各種策略讓學生學習新教材、作業單。學生學習的進行以組為單位，教學評量也以組為單位。學生學習活動的進行，以組為主要的考量，必須透過團體合作才能共同完成學習目標。學生在完成學習單元之後，參加十五分鐘的教學評量，評量的結果以組為單位作競賽。學生學習的表現和自己過去的學習表現相互比較，以瞭解進步的情形，個人進步的情形作為小組計分的依據。在計分時，將學生學習的表現，最優的和最優的比較，中等和中等的比較，差的和差的比較，以形成不同的區分 (division) 。計分時，分數最高者為小組爭取八分，其次的六分，再則四分，依此類推。各組的學習積分，只計團體的積分，表現最佳者在級會上或公開場合表揚。

二、小組遊戲競賽法

小組遊戲競賽教學法在理念上與小組成就區分法相似。教師在實施小組遊戲競賽時，將學生依據特質以五人為單位分成各學習小組。小組的構成是異質性團體，小組的形成目的在於共同準備每週一次的學習競賽，小組成員必須同心協力，才能以團體的力量完成競賽的準備。教師在教學時發給學生學習工作單，工作單的內容包括學習內容、教學進度、學習結束後的學藝競賽。學生在收到工作單時，必須以小組為單位，共同進行學習活動，隨時接受由教師實施的各種學習評量，以確定學習達到的精熟程度。在學藝競賽方面，為了求公平起見，採用能力分級法，各小組同級的學生彼此競賽，每個學生的競賽結果轉換成團體分數，作為決定小組的優勝名次。

三、拼圖法

拼圖教學法 (Jigsaw Instruction Method) 是亞倫遜 (Aronson, 1978) 發展出來的教學法。拼圖教學法將教材分成五個小子題，教師將全班學生分組，每組有六位學生，每位學生負責一個小子題，另一位學生列入候補，以便遇到學生缺席時，遞補之用。負責相同子題的學生先成立「專家組」(expert group) 共同研究負責的子題，以達到精熟程度。而後，負責將精熟的內容教給同組的其他同學。拼圖的教學方式，可由圖 9-2-1 瞭解教學法的精義（見 p289）。拼圖教學法的運用由學生形成學習上的共同體，經由同儕學習的關係，完成預定的學習目標。

肆 教學實施步驟

合作教學的實施，對於增進學習者的學習氣氛有正面的效益。合作學習教學法的實施步驟，通常分成教學前的準備、教學的實施、學習評鑑與表揚、團體歷程與教學反省（黃政傑、林佩璇，民 85，33-52）。

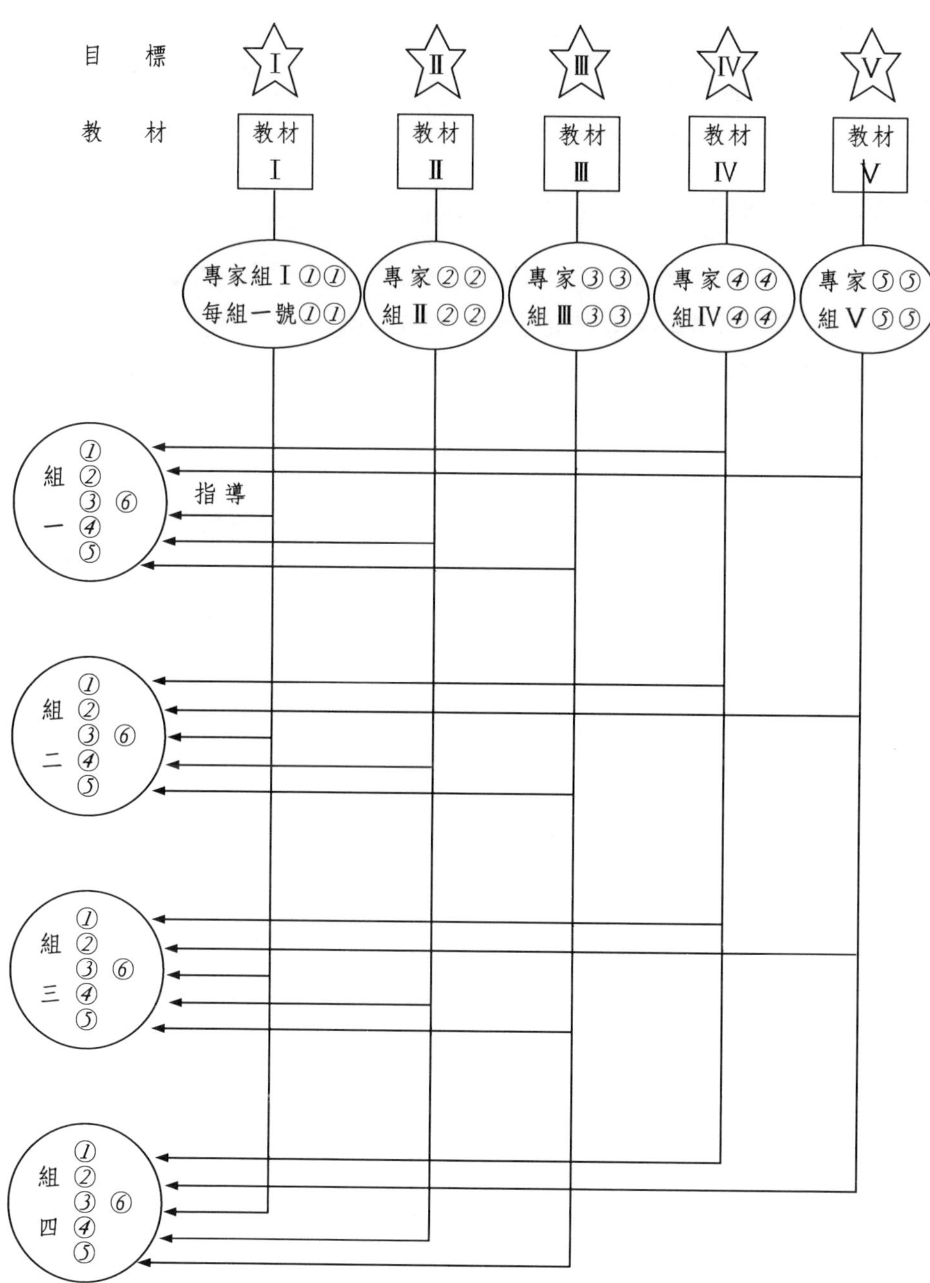

圖 9-2-1 拼圖教學法示意圖（林生傳，民 79：184）

一、教學前的準備

1. 小組人數的決定

教師在實施合作教學之前，必須依據教學時間、學生的學習特質、合作的技巧、教材及相關因素決定小組的組成人數。合作教學的人數通常以四至六人較為適當。

2. 進行學生分祖

學生的分組通常以異質性分組為主，使每組成員皆有不同背景的學生。每組學生都有能力高、中、低程度者，以及不同族群或性別的學生。如以 S 型的分組分式較佳，將全班學生分成若干的小組，分組方式如表 9-2-1 。

表 9-2-1 依據學生能力進行異質分組的方式

組別／成績別／能力別	第一組	第二組	第三組	第四組	第五組	第六組	第七組	第八組
高能力	1	2	3	4	5	6	7	8
中等能力	16 17 32	15 18 31	14 19 30	13 20 29	12 21 28	11 22 27	10 23 26	9 24 25
低能力	33	34	35	36	37	38	39	40

3. 分配組內角色

合作教學的小組成員包括主持人、記錄、報告、觀察員、檢察員、摘要員、教練員、資料員等八種。組內角色可以針對實際的需要而重新組合，以符合小組分工的需要。教師在角色上的安排，可以依據學生本身的特質或學習上的表現而定。

4. 學習空間的安排

合作教學實施時，小組成員的座位應該儘量接近，以方便在學習過程中相互分享資源、相互討論及指導。小組和小組之間應該儘量加大空間，以避免組與組之間的相互干擾。

5. 準備教材

教師在實施合作教學之前，依據教學目標準備教學所需的教材、教學內容、教學流程、作業單、工作單、文獻資料、評鑑活動、觀察表、各種活動設計等。

二、實施教學

1. 說明學習任務

實施合作教學時，教師在學習開始前應該明確說明學習目標及作業安排，讓學生瞭解，以便有方向可循，俾促進學習效果。

2. 說明學習標準

教師在教學時，應該讓學生瞭解學習表現標準何在，如未達預定的標準，則應該重新學習，讓學生瞭解學習的最至終目標和努力的方向，以為凝聚小組成員的動力。

3. 建立積極互賴關係

合作學習的主要精神在於讓學習者建立彼此之間的積極互賴關係，讓同儕之間涵養學習利益與共的關係，成為學習上的心理和行動，並為學習成功的關鍵。教師在合作教學時，應該營造小組積極互賴的關係，使小組之間的成員為自己的學習負責，同時也為團體的學習負責任，為其他成員的學習成敗負責。

4.設計個別績效評鑑

合作教學的實施，需要教師隨時評鑑學生的學習，以瞭解學習過程和結果，作為教學實施的參考。教師透過小組學習後的評鑑活動，確保個別的學習績效。

5.指出期許的合作行爲

教師在實施合作教學時，應該讓學生瞭解具體的合作行為，例如鼓勵學生參與小組的學習活動，充實學習經驗，並且正確掌握他人的說話內容。學習上的期許行為如：輕聲細語、依序發言、對事不對人、發言的禮貌等。

6.進行合作學習教學

教師在完成前幾個階段之後，即進行合作教學活動。

三、學習評鑑與表揚

1.追蹤學生的學習行爲

教師在教學進行時，應該隨時觀察小組成員之間的互動關係，評鑑學生的學習情形，在同儕互動的關係和技巧上的表現，以瞭解學習的情形。

2.提供學習任務和社會技巧方面的協助

教師在合作教學中，應該依據形成性評量的結果，指導學生學習的錯誤，並再次擬定有效學習方法和策略，協助學生減少學習上的障礙。其次，教師在教學過程中，觀察學生的社會技巧，瞭解社會技巧的運用是否渾圓成熟，隨時給予各種指導。

3. 評鑑學習結果

合作教學的學習結果評量相當重要，經由評鑑的實施瞭解學生的學習績效，並適時提供回饋，作為修正教學的參考。教師在實施評鑑時，要以小組為單位，將學習的成果與預定的標準作比較，學生是同等級的相互比較，和自己以往的學習相比較，而不是和其他學生作比較。

4. 進行學習表揚

任何的評量活動，最後都需要表揚活動，以增強評量結果的使用成效。教師對於小組的學習表現應該給予適當、共同的表揚，以鼓勵學習者在學習上的努力，並激勵小組成員之間的互賴關係。

四、團體歷程與教學反省

1. 反省團體歷程

教師在教學結束之後，應該針對自己的教學行為作反省工作。在表揚學習者的表現之後，指導學生進行整體性的檢討和回饋，以清楚明確的語言或策略，讓學生瞭解學習方面的表現。

2. 反省及改進教學

合作學習在教學完成之後，應該進行檢討活動，作為反省教學是否適當的參考。例如教學目標的訂定是否具體，教學活動的進行是否順利，每一個步驟的發展是否妥切，教學實施的利弊得失如何，作為檢討教學的參考。

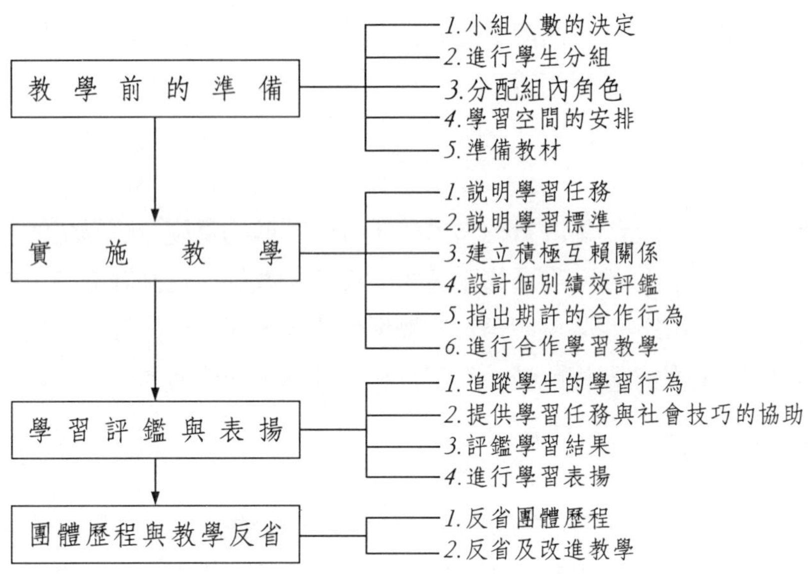

圖 9-2-2　合作教學法的實施過程

肆 評　論

一、優點

1. 重視團體學習氣氛

合作教學的實施，強調以小組為單位的學習。學習者必須摒棄個人主義的學習，學習和小組成員維持良好的互動關係，才能以同儕學習的方式，完成預定的學習目標。從小組合作競爭中，培養良好的學習氣氛，學習者在學習方面也能收到協同學習之效。

2.增進社會互動關係

合作學習的推展，學習者必須以小組的學習成敗為己任。學習活動強調成員之間的互動關係，才能完成教學目標。學生在學習情境中，必須透過和團體成員的良好互動，彼此攜手成長，才能在教學評量時取得優異的成績。

3.減少惡性競爭

合作學習的實施，在教學評量時以小組為單位，小組成員的組成以異質性團體為主，學習者依據能力、等級的不同，在小組之內採不同的評量標準和對照的辦法，有助於減少學習者和學習者之間的惡性競爭。

二、限制

1.阻礙個人的發展

合作學習強調以小組為單位的學習型態，在教學活動的進行、學習策略的運用、教學評量的實施與計分、學習成效的評估和表揚，皆以小組為單位，雖能收到團體學習的成效，惟對於個人的發展恐有負面的影響。例如，對於學習反應較快的學生，必須遷就其他小組成員的學習表現。

2.容易形成小團體

合作學習教學強調小組成員的團體學習歷程，對於學生互動關係的發展，容易形成負面的作用。教學以小組為單位，容易讓學生形成小團體，影響班級中的社會生活。

3.時間上的負擔重

合作教學的實施，在教學前的準備、教學中的運作、教學後的反省思考方面，需要教師不斷地花時間才能完成。對於平日教學工作負擔重的教師，在時間的負擔上恐無法負荷。

第三節 協同教學法

壹 協同教學法的意義

協同教學法 (team teaching) 是一種打破以教師個人為主體的教學法。教學活動的進行是由數個專長不同的教學人員組成教學團 (teaching team)，由教師發揮個人在不同領域中的專長，負責教學計畫的擬定、教學活動的設計、施教和教學評鑑工作的進行。因此，協同教學是一種集合數個教師，共同完成教學活動的方法。教學團的組成通常包括學校主任、資深教師、普通教師、實習教師、視聽專長人員圖書館人員及助理等（高廣孚，民 77；李春芳，民 79；王秀玲，民 86）。

協同教學法和一般傳統教學法相比，有相當大的變革。傳統教學法的實施完全以教師為主，是一種綜合性和集體性的教學。透過教師不同領域的素養，以群體設計教學的方式，完成教學活動。協同教學的運用，可以有效整合教師的專業素養，並且運用教師本身的資源。它是一種運用社會化和個別化的教學模式，由教學相長的互動過程中，教師彼此相互成長，並兼顧學生的學習適應。

貳 協同教學法的要件

協同教學法與一般教學法最大不同點在於運用教師團體的力量，集體完成各種教學目標。因此，在教學環境的要求方面比傳統教學法需要更多的要求。協同教學法在教學活動場所、課程安排、組織分工、時間分配方面，需要更周詳的考量（方炳林，民 67 ；高廣孚，民 78 ）。

一、教學活動場所

1.教學活動場所的規劃設計，必須配合教學與活動的需要，才能有利於各種活動的規劃進行。

2.在活動場所的需求方面，必要時得運用大教室、普通教室、專科教室、實驗室、資料室、圖書館、會議室、講堂、閱覽室等。

3.採用大班教學時，教師應該考量借用學校大型場地，才能發揮應有的效果。

4.小組討論時，應該借用小型會議室，或隔音效果佳的場地。

5.如果需要獨立或個別的活動，教師應該借用適合的場所。

6.視教學實際需要，隨時調整或改變活動場所的型態，以達到實用的目的。

二、課程安排

協同教學法的實施，在課程安排方面必須事前作詳盡的規劃設計。教師針對課程的實際需求，採用單學科的協同或是多學科的協同，或打破學年建制，以改進教學實施或增進教學效果為目的。

三、組織和分工

協同教學法的組成分子包括各類人員，因此在分工方面比一般教學法強調組織分工的功能。

1.在教學實施過程中，教學團由學校主任領導，負責教學前的準備、教學計畫、教學實施、教學評鑑等工作的執行。

2.資深教師負責專長科目的教學工作。

3.普通教師擔任一般教學工作。

4.視聽教育人員負責教學相關器材的準備和維修工作。

5.實習教師協助教師進行教學工作。

6.助理協助教師監控學生和評閱試卷工作。

7.分組討論的指導工作，由全體教學團人員共同負責。

8.圖書館人員負責說明相關資料的蒐集工作及圖書的借閱規定。

9.除了教學團成員之外，在特殊狀況之下，可以商請校外人士協助教學工作的進行。

四、時間的分配

協同教學在時間的分配方面，並未做硬性的規定，教師視實際教學上的需要，可以作彈性的處理。在時間的分配面，可考慮下列的原則：

1.大班教學時間約佔全部活動時間的百分之四十。

2.分組討論時間約佔全部活動時間的百分之二十。

3.個別學習或獨立研究時間約佔全部活動時間的百分之四十。

協同教學的實施，在時間的分配方面，應以個別活動時間多於團體活動時間為主。

參 實施步驟

協同教學法的實施，一般分成三個主要的活動步驟（方柄林，民67；高廣孚，民78；王秀玲，民86）：

一、教學計畫

任何教學法在計畫方面，皆需要教師作詳細的規劃設計。協同教學法在計畫方面，係由教師發揮集體的力量，完成各項規劃。在教學前的計畫方面，需要發揮組織合作的功能，共同商量並決定下列事項：⑴教學、討論及獨立學習的內容；⑵參與的班級和人數；⑶教學活動的詳細程序；⑷教學團人員之工作分配；⑸教學活動場地的佈置及教具的準備；⑹教學、學習及協同工作的評鑑方式；⑺其他。教學活動計畫的擬定需要經過多次協商，由全體教學團的成員共同參與，透過集體協商達成目標。

二、實施教學

協同教學的進行方式包括大班教學、小組討論及獨立學習三種方式。

1. 大班教學

協同教學法的大班教學，學生通常在二班以上，人數以八〇至三〇〇人為原則。教學活動的進行，由教學經驗豐富的主任或經驗教師擔任。在教學內容方面包括教材基本原理原則的介紹、共同理解事項、實驗、操作前應該注意的事項。大班教學的實施，教師應該引導小組進行問題討論。

2. 小組討論

協同教學在小組討論方面，應該以能力分組，以求適應個別差異。分組人數以五至六人為原則，活動的進行在於培養學生思考、理解、探討、分析和綜合的能力，教師在此過程中，利用適當的機會進行個別指導。小組分組討論的內容，通常是由教師團依據學生的學習需要，擬定學習的綱要和內容。在實施小組討論時，教師團可以依據問題的性質和數量，決定小組討論題目的多寡，以小組全數討論方式或分別討論的方式進行。在最後階段，由小組做總結報告，以分享討論結果。

3. 獨立或個別學習

協同教學法在獨立或個別學習方面，教師應該選擇個別學習學習室、圖書館、實驗室、資料室等適合個別學習的場所，讓學生可以在適合的空間，從事學習活動。在學生學習過程中，教師扮演指導的角色，隨時指導學生學習。

三、教學評鑑

協同教學法在評鑑方面，由教師團的成員共同擔任，從不同的學習場所、不同的角度從事評量工作。評量的客觀性和傳統的教學法由教師單獨進行評量並決定成績的分數高低。在評鑑方面，通常包括學生學習成績的評鑑、教學成績的評鑑和協同工作的評鑑等三方面。

協同教學法的實施過程，可以圖 9-3-1 清楚表示之。

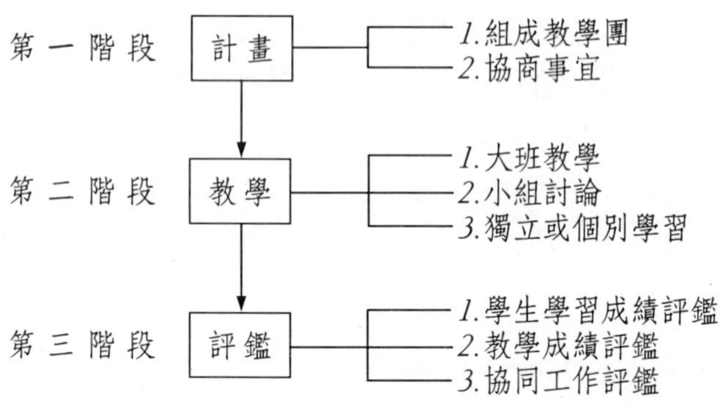

圖 9-3-1 協同教學法實施過程

肆 評　論

協同教學法的實施可以讓教師發揮集體的力量，結合教育資源完成有效的教學行為。結合講述教學法、討論教學法、個別化學習等方法，教師可以在教學中充分發揮自己的專長，從教學相長中得到專業方面的成長。

協同教學法的實施，由於和傳統教學法大相逕庭，因此在實施過程中，難免遭遇到阻礙。

一、優點

1. 統整教師專業能力

協同教學法的實施，由教師組成的教學團共同擬定教學計畫，構思教學行為，進行教學評鑑工作，是一種屬於集體完成教學行為的教學型態。教學團成員在教學中，皆可以發揮個人的專長，以截長補短的方式，讓學生的學習活動更順利進行。

2. 組織分工完成教學

傳統教學法的限制，在於由教師自己承擔教學上的成敗得失，學生的教學評量由教師單獨擔任，在客觀性方面備受質疑。協同教學法強調組織分工的觀念，教學團的組成包括學校主任、資深教師、助理、實習教師及其他專業人員。在教學過程中，建立教階制度，由資深教師領導教學活動的進行，在經驗取向與專業主導的情境之下，容易收到眾志成城完成教學的實效。

3. 教學相長專業成長

協同教學法的實施，必須透過教師團成員密切的互動，才能提昇教學品質。因此，在教學歷程中，不管教學前的計畫擬定，教學中的教學行為，教學後的評鑑與反省思考，資深教師可以協助並指導教師，在教育專業方面持續地成長，擴增教學方面的經驗，達到專業成長的境地。

4. 教學活動富變化

協同教學的實施，強調教學方式與風格的彈性化。教師可以針對實際上的需求，作各種不同的調整。教學中又有專業人員的協助，如視聽媒體專家的協助、圖書館專業人員的解說等，對於教學成效的提昇，有正面的成效。學習活動的多樣化，教師的隨機指導，容易引起學生的學習興趣，對於教師教學品質的提昇也有幫助。

二、限制

1.教師觀念上的偏差

協同教學法的實施，代表一種教學發展的新趨勢，需要更多的教師調整傳統的觀念，投入協同教學工作的研究發展。然受限於傳統教師的教學觀念，以個人取向的教學觀，要求以集體合作方式完成教學活動，恐怕需要漫長的時間，才能調整此種在教學觀的偏差。

2.學生的學習適應問題

學生從以往的學習經驗中，已然習慣傳統教學形式。如果貿然實施協同教學活動，學生在學習適應方面，恐怕無法在短時間內調適自己。此種限制，或許經過教師取得共識之後，再慢慢培養學生的學習步調，才能落實教學成效。

3.行政上的支援

協同教學法的實施，需要行政人員作各種的溝通協商，並提供行政上的各種支援。因此行政人員對教學法的認同與支持，遂成為教學成敗的重要關鍵。增加行政人員工作負擔，家長經費上的支出，恐成為實施教學的重要阻礙。

第四節 分組探索教學

壹 分組探索教學的意義

分組探索教學 (group investigation ； GI) 是由推夏倫 (H. Thelen) 依據杜威的「設計教學法」理念而發展出來的民主歷程教學。分組教學在實施時，可以和一般教學法合併使用，同時本身也衍生各種新的教學方式。分組探索教學適用於各種不同的科目，和不同的學校教育中。分組探索教學的重點在於提供各種刺激的教學情境，讓學習者因不同的身心狀態，所體會的、知覺的、意會的各有不同，因為不同的察覺，在學習上的表現也不同。因此，分組探索教學是在師生共同安排下，為著手一項學習——通常是為研究一個問題或從事一項研究，組合成一個小組，所進行的學習活動歷程。學生透過團體歷程，確定目標，安排步驟，蒐集資料，分析發現，獲得結論，然後提供全體分享（轉引自林生傳，民 79 ）。

貳 基本原理

分組探索的教學策略，在學理方面包括三個主要的基本概念 (Thelen ，1960) ：

一、探究 (inquiry)

分組探索教學活動的進行，在於提供問題的情境 (problem situation) ，讓學習者對問題本身產生知覺，再而進行研究，提出問題的假設，運用周遭的資料和既有的知識，考驗假設，進而從解決問題中，發現、形成新的知識。分組探索教學實施過程中，要求學習者自行確認問題，利用自身和周遭的知識解決問題。

二、知識 (knowledge)

分組探索教學的實施，由教師提供問題的情境，讓學習者從解決問題中，達到學習的目標。因此，知識的形成是分組探索教學的結果。學習者在面對各種問題情境時，必須運用自身的先備知識，察覺問題的脈絡 (context)，結合相關文獻和資料，在解決問題中生成新知識。分組探索教學的實施，教師引導學習者從對問題的知覺中，增加彼此之間的互動，相互修正觀念，引發個人不同的反應和思考。

三、學習群體動力學 (dynamics)

分組探索教學的實施，是藉由團體動力的運用助長並促進學習活動的進行。學習目標的完成，必須透過各學習小組成員之間的合作，集體行動，才能在面對問題時，集思廣益，眾志成城，以群體的力量完成學習目標。

參 實施程序

分組探索教學在實施時包含六個主要的階段 (Joyce & Weil, 1986)：

第一階段：學生遇到各種困擾的情境。

第二階段：學生對問題情境作各種試探。

第三階段：學生確定研究主題並明白確定分析組織。

第四階段：進行獨立與小組研究。

第五階段：學生分析進步與過程。

第六階段：重新學習或再探索的行動。

依據上述的實施步驟，分組探索教學活動在實際進行時，明確的步驟如下：

1.教師提示各類問題或設計問題的情境。

2.教師指導學生自願或指定分組。

3.教師指導學生確定問題的歸屬權和問題脈絡。

4.教師協助學生將問題結構化和明確化，以確定問題、目標和假設。

5.教師指導學生以分工合作的方式蒐集資料。

6.教師指導學生嘗試提出不同的見解。

7.教師指導小組從事協調工作。

8.各小組提出報告。

9.小組提出綜合報告。

10.教師指導學生討論與評論。

11.結論與檢討。

肆 評論

分組探索教學的實施，教師對所有學習者均能給予尊重，讓學習者發揮學習的自主性，激發對社會問題探求的熱衷，從學習中建構出新的知識，運用有效的團體過程以充實學科素養。

分組探索由於需要透過團體歷程，才能完成預定的教學目標，所以團體紀律對教學歷程而言，就顯得相當的重要。團體過程的管理和運作，影響學習的成效。教師在實施分組探索教學時，在小組團體的指導方面恐造成相當程度的負荷。

概念與思考教學

- 創造思考教學法
- 批判思考教學法

概念與思考教學法是一種有別於傳統教學法的教學策略。此類教學法鼓勵教師應該因時、因地、因人、因事、因物而制宜，變化教學方式和策略。教學的目的在於引導學生創造的動機，鼓勵學生創造的表現，以增進創造思考才能的最終目的。本章將概念與思考教學分成創造思考教學法、批判思考教學法等教學法加以介紹。

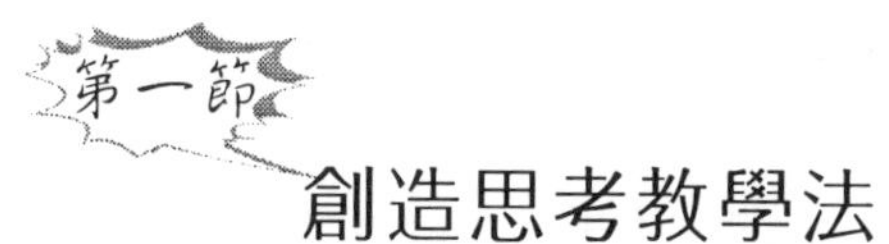

第一節 創造思考教學法

壹 創造思考教學的意義

創造思考是人類一種較高層次的心理活動，內涵包括深思熟慮、判斷以至於產生想法，完成一項新的行動（action）。杜威在其著作《思維術》（How we think）一書中指出思考的產生是源起於困惑與疑難的情境中。當個人處於此種情境中無法以既有的習慣、經驗、知識作為有效的適應時，必須經由搜尋、探索、分析等各種的途徑以獲取資料，並企圖解決困苦消釋疑竇，直至目的達到（張春興、林清山，民 78 ： 153 ）。杜威同時指出思考是解決問題的心理活動歷程，運用思考解決問題時，可以分成五個基本步驟：⑴遇到疑難或挫折；⑵發覺問題關鍵之所在；⑶蒐集資料並提出可能解決的假設；⑷就可能之解答中評鑑並選出最適當者；⑸依解答方案實際付諸行動，並隨時修正。

創造思考教學的意義是指教師在實施教學過程中，依據創造和思考發展的學理和原則，在教學中採取各種方法或策略，作為啟發學生創造力、思考能力為目標的一種歷程。因此，創造思考教學法的採用不限定於某一種特定的教學方法，而是教師依據學科性質、學習者的需要等，融合各種創造思考原理原則，而設計的教學活動歷程。依據前項原則而發展出來的教學法如腦力激盪法（Brain storming）、分合法（Synectics method）、聯想技巧（Association techniques）、夢想法（Big dream approach）、屬性列舉（Attribute listing）、型態分析（Morphological analysis）、目錄檢查法（Catalog technique）、檢核表技術（Checklist technique）、六W檢討法等模式（陳龍安，民 77 ）。

貳 創造思考教學法的特質

創造思考教學的實施，特別強調學生的腦力激盪，由教師提出各種問題，引導學生面對問題，運用自身的創造思考能力，解決問題以達到學習目標。因此，創造思考教學法具有下列特質：

一、重視學生的思考能力

創造思考教學強調學生面對問題時，運用自己的思考和創造能力解決問題。因此，學生思想的啟迪和腦力的激盪，遂成為教學活動的重點。

二、民主開放的學習

創造思考教學和一般傳統教學法的不同點在於教師應規劃適當的教學情境，讓學習者得以充分發揮自己的創造力，教師以民主和開放的態度指導學習活動的進行。

三、自由輕鬆的學習氣氛

創造思考教學在學習情境方面，需要教室內經常保持自由和輕鬆的氣氛，教學活動的進行要動靜合一，不能吵雜缺乏秩序，才能讓學生在無拘束的環境之中，發揮創造和思考能力。

四、自動自發的學習態度

創造思考教學本身不強調標準答案，提供學習者充分的發揮空間，因而學習活動不限定於某種窠臼之中，對學生自動自發學習精神的培養，有正面的幫助。

五、高層次認知能力的培養

創造思考教學在學習能力的培養方面，兼顧學習者分析、綜合、評鑑等高層次認知的培養。

六、重視情意教學

一般教學法的實施，偏重於知識和技能方面的陶冶，對於情意方面的陶冶較少。學生在此種情境下學習，無法得到情意方面的正面陶冶。

七、強調個別差異

創造思考教學過程中，教師引導學生依據自身的特質、心理能力，從事各種創造和思考能力的學習，不同學習者之間人格特質、心理特質就有所不同，創造思考教學讓每位學習者充分發揮創造力。此種教學法重視學生在學習上的個別差異，讓每位學習者有自我實現的機會。

八、潛能的有效激發

創造思考教學過程中，教師必須不斷地引導學生從事創造活動，因此有助於對學生潛能的激發與創造能力的啟發。

參 教學的程序

創造思考教學和一般教學法不同，教師必須在教學前先分析教材單元的性質和內容，決定採用的策略。因此，創造思考教學實施程序常隨方法的採用而調整。以腦力激盪法為例，創造思考教學至少應該有下列五個步驟（簡紅珠，民85）：

一、選擇適當問題

教師在進行腦力激盪之前，應該針對學生的學習內容，擬定或選擇適當的問題，提供學生進行創造思考以尋求解決的答案。學習問題在擬定之後，教師應該事先讓學生瞭解，以便提早蒐集資料，並作各種準備。

二、組成腦力激盪小組

教師將問題揭示之後，將學生依照學習性質分成學習小組，在人數方面，每小組人數至少要五至六人，以十至十二人為理想。小組成員以男女混合為原則，以不同的性別提出各種想法。小組組成之後，由教師或學習者互選一名較有經驗者擔任小組負責人。

三、說明應遵守規則

在實施腦力激盪教學時，學習規則對學習成效的影響很大。因此，教師應該在學習前，向學生詳細說明應該遵守的規則：

*1.*不批評別人的構想，使小組各成員勇於發表自己的見解。

*2.*小組成員必須拋開各種足以影響創造力的障礙，讓個人的見解可以自由的舒發，不要羞於表達與眾不同的構想。

3.成員提出的構想越多越好，小組成員盡可能提出各種不同的想法，構想越多，得到好主意的可能性越高。

4.尋求綜合與改進，提出構想之後，小組成員依據提出的構想，做進一步的發揮，以研擬出更好的解決方案。

四、進行腦力激盪

腦力激盪活動進行時，主持人必須將所要解決的問題重新再敘述一遍，或是將問題寫在黑板上，讓小組成員能隨時注意問題，使學習不致於偏離主題。每個學習者在提出新構想時，主持人要將構想記錄下來，並適時地編號，將所有的構想統整起來，作為討論的參考。

五、評估各類構想

進行腦力激盪時，學生提出各類新的構想，教師必須指導經由評估找出好的構想。評估的方式由全體成員進行評估，教師或主持人將整理歸類的新構想列一清單，讓每位成員瞭解，並選出最有價值的構想。主持人在評估活動結束時，依票選結果選出較佳的構想供大家參考。

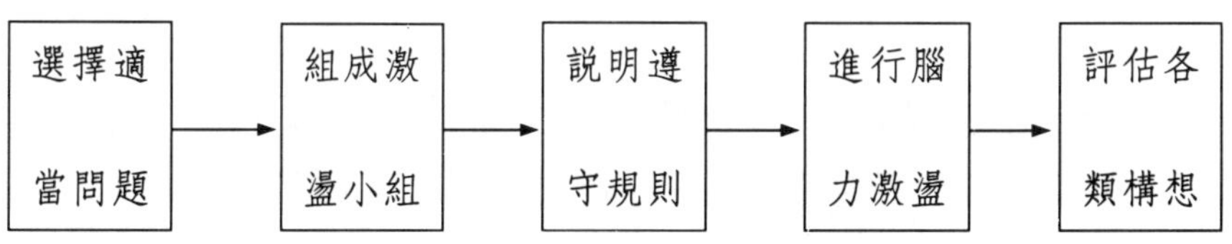

圖 10-1-1　腦力激盪教學法

肆 創造思考教學注意事項

創造思考教學法和一般教學法差異甚大，因此教師在使用時必須瞭解注意事項，作正面的引導和指導，才能發揮教學的成效。教師在採用創造思考教學時，在學習指導和發問技巧方面，需要隨時注意（高廣孚，民78）：

一、學習指導方面

*1.*教師應該多提一些開放性問題，避免單一答案或固定答案的問題。

*2.*教師在處理學生問題或回答問題時，應該儘量採納學生不同的意見，減少作價值性的批判。

*3.*教師對學生的錯誤經驗，應該避免指責，以免學生喪失自信心或因而退縮。

*4.*教師在指導學生從事腦力激盪時，要注意運用集體思考型態，引發連鎖性反應，以引導出具有創造性的結論。

二、發問技巧方面

⑴多提或設計增進學生「比較」能力的問題或情境。

⑵多提或設計增進學生「分析」能力的問題或情境。

⑶多提或設計增進學生「想像」能力的問題或情境。

⑷多提或設計增進學生「綜合」能力的問題或情境。

⑸多提「如何」及「為何」的問題，以引發學生的腦力激盪。

除了上述注意事項之外，教師在採用創造思考教學時，應該事先將學生要學習的科目、課程內容、原理原則、學習素材等，預先作整理，以問題形式呈現出來，研擬各種問題解決的教學情境，激發學生學習的熱烈動機，從面對問題、分析問題到解決問題中，完成學習的目標。其次，教師也應重視學生在學習上的個別差異，讓每位學生都有充分自我實現的機會，從同儕成員的互動中，不斷追求新知。

伍 評論

創造思考教學的採用可以適用於各類科目，並配合各種教學法同時進行，然而在使用時仍應考慮學習者本身的特質、科目的特性和學習者的個別差異，作為教學上的調整。

一、優點

1. 高層次認知的陶冶

一般教學法重視學習者知識和技能方面的學習，對於高層次的認知陶冶較無法兼顧。創造思考教學的實施，同時兼顧學生在高層次方面的認知，教學不致過於重視知識層面而產生偏頗。

2. 培養問題解決能力

創造思考教學的實施，教師將學科內容轉化成為各種問題情境，讓學生面對問題情境，分析問題的癥結，蒐集相關資料，並解決問題，教學法的實施，有助於學生問題解決能力的培養。

3. 尊重學習者的意見

教師採用創造思考教學，須提供學生開放的學習情境，讓每個學生得以充分發表自己的意見和想法，儘量聽取學生的意見，不可以作任何價值性的批判，尊重學習者的意見，讓學習者在無批評的氣氛中，充滿自信地學習。

二、限制

1. 教學時間掌握困難

教學活動的進行，教師要依據進度完成全部的課程已屬不易，何況採創造思考教學者，在問題的分析討論方面，費時不貲，並且教學進度和活動的進行掌握不易。因此，教師在從事教學時多採傳統教學法，而揚棄創造思考教學。

2. 教學評量上的困難

從教學評量的標準與程序而言，創造思考是最難加以量化和評鑑的部分。教師採用創造思考教學，引導學生從事新構想、新事物的學習和認知，此種學習結果在評量時，不易轉化成數字，標準不一，客觀性存疑，實施起來特別困難。從教學評量的角度而言，評量不易成為教師採用此種教學法的阻力。

3. 教學情境掌握困難

創造思考教學的實施，重點在於整個教學情境的研擬，既然是創造思考就含有創新的意味，教師當然不易掌握整個教學情境。再則，創造思考教學強調創新、富變化的學習形式，加上學習者的個別差異極大，要提供一個符合多數學習者需求的情境，需要花相當大的心力。

第二節 批判思考教學法

壹 批判思考教學的意義

批判思考 (critical thinking) 的意義依據學者的論點是指「著重於決定何者應該相信或應該去做的反省性、合理性思考」(Ennis, 1985)。因此，批判思考教學法是由教師引導學生在學習過程中，作反省性與合理性的思考。批判思考教學的發展，源自蘇格拉底的反詰法。蘇氏的教學策略是問學生一系列引導性的問題，逐漸讓學生在某一方面產生困惑，進而檢視自己的信念，並思考自己的觀念（潘裕豐，民 81 ： 42 ）。批判思考教學的主要目的，在於培養學生發展批判思考的意向，具備批判思考的態度與精神，養成質疑和評估的習性。

瞭解批判思考教學的意義和內涵，必須先檢視批判思考的意義。依據 Ennis 的論點，批判思考是一種客觀性推理法則的練習過程，依據批判思考的特質、批判思考的層面，建構成一系列有助於習得批判思考的策略、規則與步驟，引導學生練習，使其具有批判思考的知識、態度及技能（王秋絨，民 80 ）。 Beyer 認為批判思考是由知識、運作和態度等三種基本要素所組成。知識包括與特定領域有關的知識，對各種學科可靠資料的瞭解；運作是指心靈從事思考活動的歷程；態度是指追求新證據以修正思考之意願，探究多元思考方向的意願和在判斷前多蒐集資料的喜好（王秋絨，民 80 ）。由學者對批判思考的定義，衍伸出批判思考教學的內涵，它是一種由教師引導學生發展出批判思考態度與精神的教學法。

貳 理論基礎

批判思考教學的理論基礎囊括哲學、心理學、課程理論等層面，詳述如後（潘裕豐，民 81 ： 41-59 ）：

一、哲學理論基礎

哲學理論中有關批判思考教學的探討，重點在於知識論的分析及價值論的分析。在知識論方面，理性主義者強調直觀教學法，較不重視循序漸進推理技巧的訓練，經驗主義者較重視以高度結構的思考訓練方式，以培育批判思考。然而，批判思考目的能否達成，取決於批判思考者是否能依據客觀、邏輯的程序法則來進行思考。在價值論方面，強調批判思考教學的主要目的，是要使學生學會如何做正確合理的價值判斷。批判思考目的能否達成，取決於批判思考者是否能依據客觀、邏輯的程序法則，來進行思考。其次，重視批判思考方法、手段的有效性，同時注重目的與手段之間的因果法則。

二、心理學理論基礎

心理學對批判思考的詮釋可從完形心理學、認知發展心理學、智力結構理論及智力三元論中，瞭解其梗概。

1. 完形心理學

完形心理學主張心理現象是具有組織性的、整體性的，反對將心理歷程過於機械化，才能瞭解高層次的心理作用。完形心理學強調個體面對問題時，並非不斷嘗試錯誤，而是對問題做整體性的思考和瞭解，針對問題做徹底的解決。完形心理學對心理現象的詮釋，正是批判思考的基本法則。

2.認知發展心理學

認知發展心理學以皮亞傑和布魯納的論點，對批判思考教學的影響最深遠。皮亞傑的認知發展理論，認為人類的批判思考是先天的，每個個體都能從感官的不一致世界主動地建構一個一致的秩序。個體終其一生都是在建立經驗，而經驗的建立必須經過批判、推理等邏輯思考過程，而後形成真正的知識。布魯納的表徵系統理論，強調學習者不只是知識的接受者，應該是主動的探究者。因此，布氏的啟發式教學法，強調學習者的思考歷程，成為主動的知識探究者。布氏強調學校課程的統整性與結構性對批判思考教學的實施深具啟發性。

3.基爾福的智力結構理論

基爾福（J.P.Guilford）的智力結構理論，將個體智力作用中的評價定義為「針對訊息資料，就所知的詳細內容，依據邏輯的規準加以比較，以確定是否合於規準的連續性過程。」基氏對智力的解釋，建立批判思考在人類智力結構中的地位。

4.史坦博格的智力三元論

史坦博格（R.J.Sternberg）認為智力的內涵是由組合性智力、經驗性智力和適應性智力所組成。智力成分中包括知識運用、語言思考、理性思考、後設認知、遺傳、環境及文化等因素，智力可以透過教育方法加以增進。因此，批判思考教學的實施，必須和學生的日常生活相互配合，才能反映出日常生活中問題解決和作決定的過程，以便有效將批判思考運用於生活情境中，此種論點在教師作課程設計時，具有啟示性作用。

三、課程理論基礎

課程理論基礎的探討，以布魯姆和布魯納的理論為主。布魯姆將認知教學目標分成知識、理解、應用、分析、綜合、評鑑等六個層面。批判思考課程內容從教學目標分析，應該包含分析、綜合與評鑑等三個主要高層次的思考。其次，布魯納強調課程應該重視歷程，將歷程納入學習的內容。在布氏的課程理論中，重視適應社會能力的課程，因此推理、思考、判斷的心理歷程就顯得相當重要。

參 批判思考教學方案——以Ennis理論為例

批判思考教學的實施，因學者對批判思考的定義不同，而有不同的程序。批判思考教學理論的探討，以 Ennis 為例， Ennis 將批判思考的學習視之為客觀性推理法則的練習過程。教師在教學中，應該針對學習者的身心特質建構一系列有助於習得批判思考的策略、規則和步驟，引導學習者練習，使之具有批判思考的知識、態度和技能（王秋絨，民 80 ）。 Ennis 的教學方案，可從教學目標、教學策略、教學內涵和步驟加以說明（王秋絨，民 80 ）：

一、教學目標

Ennis 的批判思考教學在目標方面，第一為精通批判思考的技巧，其次為認識批判思考的價值，養成樂於批判的態度。

二、教學策略

批判思考教學策略包括批判思考技巧的訓練，批判思考價值的說明等二個層面。

三、教學內涵

批判思考教學在學習者批判思考的練習活動方面，包括下列項目：

⑴掌握陳述的意義：訓練學習者正確地瞭解、陳述句的語義活動；

⑵訓練學習者正確地判斷陳述句可證明的意涵，及可被引申的涵意；

⑶判斷是否有相互矛盾的敘述，並進行歸納和推理活動；

⑷判斷導出的結論是否必要：教師在教學中訓練學習者掌握相對應與不相對應的推論活動，訓練學習者依據問題分類推論規則的活動；

⑸判斷陳述是否具體、特定：教師在教學中訓練學習者學會判斷陳述句是否依據陳述目的，而以具體特定的語句敘述之活動；

⑹判斷陳述是否運用某些原則；

⑺判斷觀察而來的陳述是否可靠；

⑻判斷歸納性的結論是否有正當的理由；

⑼判斷所有問題是否被辨認清楚；

⑽判斷陳述是否只為一種假設而已；

⑾判斷某一定義是否周延；

⑿判斷出自權威人士的宣稱之敍述，是否可接受。

四、教學步驟

Ennis 的批判思考教學包括五個主要的步驟：

⑴澄清批判思考學習的價值；

⑵診斷批判思考教學所需訓練的行為；

⑶呈現批判思考的三個層面、五個概念及教學內容；

⑷實施批判思考訓練；

⑸評量批判思考訓練的效果；

肆 評論

批判思考教學的實施，強調教師在教學過程中引導學生從事批判思考活動。因此，教師必須營造一個適合學習者學習的情境，讓學習者在教學情境中，完成批判思考活動。

一、優點

1. 重視學習者的思考活動

批判思考教學的實施，扭轉傳統以教師為主的教學型態，讓學習者得以自由地發揮自己的想法。教師僅位居引導的角色，學習者居主導的地位。

2. 強調學習與生活結合的理念

批判思考教學的實施，要求教學情境必須和生活上的各種情境相吻合，才能培養學生面對問題，解決自身生活問題的能力，作為適應未來社會生活的預備。

3. 重視高層次的心理歷程

批判思考教學原理以哲學、心理學、課程理論為主，重視教育過程，同時也重視教育結果。在課程目標方面，強調分析、綜合、評鑑等高層次的心理作用。

二、限制

1. 教師的能力問題

批判思考教學法的實施，需要教師不斷地投入。然教師在能力方面的限制，往往影響教學的成效。換言之，批判思考教學常因教師本身的素質問題而無法順利地推展。

2. 學習者的適應問題

批判思考教學另外要面對的問題，是學習者本身的能力是否能配合教學上的需求。教師在採用批判思考教學時，必須瞭解學習者的起點行為、身心發展特質、舊經驗等是否影響教學法的實施。

3. 教學情境的掌握不易

批判思考教學的特色，在於重視高層次的心理活動，因而在評鑑方面就顯得特別不易。相對地，教師在教學情境上的營造就顯得格外的困難。由於教師本身除了教學本職之外，尚有行政工作及其他的負擔，教學實施起來更形困難。

多元智慧課程與教學設計

壹、前　言

課程與教學是學校教育的主體，影響教師的教學品質與學生的學習機會和其學習經驗的良窳，同時也關係教育實踐的得失。教育活動透過課程與教學設計途徑，得以將各種教育理念和教育理想，訴諸實行的形式，並落實成效提升品質。課程與教學設計是教育革新的軟體工程，實施教育革新理念，必須從課程與教學設計層面著手，方能提供學習者更多另類學習機會，發揮個人無限的潛能，開展多元智慧的機會，透過課程與教學設計的可能性與可行性，重新檢視教學的品質與革新的關鍵，落實教育革新的成效。

Gardner(1983) 提出多元智慧論 (theory of multiple intelligence)，強化個體認知的跨文化觀點，對人類智慧概念提出革新的實用性定義，並揚棄傳統以標準化測驗的得分定義人類智能的論點。此種多元的智慧論奠基於以下三種假設之上：第一，在實際生活中解決問題之能力；第二，個體提出新問題來解決的能力；第三，對自己所屬文化從事有價值的創造及服務的能力。Gardner 的多元智慧論在學術界引以相當廣泛的討論，喚起教育實務工作者的課程與教學意識，進而從課程與教學設計和實施的層面，深入探討課程的革新與教學的更新問題，期能從實際層面落實多元智慧理論，以收到更寬廣的教育效應。基於此，本文從多元智慧的意涵探討在課程與教學設計的相關議題，闡述該理論在課程與教學設計層面的啟示及其應用，期能點燃教育界同好更多的行動力與革新熱忱，加入多元智慧課程與教學的實施陣容。

貳、多元智慧的意涵

Gardner 在一九八三年的著作「智力架構」(Frames of mind) 中，強調智慧是人類用來學習、解決問題以及創造的工具，智慧的構成應該包括以下七種：

*1.*語文智慧 (linguistic intelligence)：包含以文字思考、以語言表達和欣賞語言深奧意義的相關能力。例如作家、記者、演講家等均需要高度的語文智慧。

2.數學邏輯思考智慧（logical-mathematical intelligence）：包含使人計算、量化及命題思考和假設的能力。例如科學家、數學家、工程師、電腦程式設計師等均需要強的數學邏輯思考智慧。

3.空間智慧（spatial intelligence）：指的是人類具有三度空間的方式進行思考活動，此種智慧使人感知到外界與內在的影像，可以隨心所欲地對各種訊息產生因應行為。

4.運動性智慧（bodily-kinesthetic intelligence）：使個體具備處理各種物體和調整身體的技能。例如運動家、外科醫師、手工藝者均具備此種能力。

5.音樂智慧（musical intelligence）：指的是對音階、旋律、節奏、音質較敏銳者。例如指揮家、作曲家、音樂家、愛好音樂者。

6.人際智慧（interpersonal intelligence）：指的是具備善解人意，和與他人有效互動的能力。例如教師、政治人物、社會工作者等。

7.內省智慧（intrapersonal intelligence）：指的是正確建構自我知覺的能力，並且運用此種能力計畫和導引人生。例如宗教家、神學家、心理學者、哲學家等。

Gardner 的多元智慧理論打破了傳統對智慧理論的兩個基本假定：第一，人類的認知歷程是一元化的；第二，只要用單一可量化的智慧就可以正確地描述每個個體。多元智慧理論對於人類認知歷程的描述，採用更多元的途徑，承認每個個體在認知方面的文化差異，指出每個個體都是獨特的，具有各種發展的潛能和可能性，此種發展和學習上的無限性，提供教育學者更多思考的方向，在教育歷程中應該以更寬廣的方式，指導學生依據個體的獨特性進行適性的學習。

參、多元智慧論在課程上的應用

多元智慧理論強調學習者本身的認知歷程是多元的，並非單一的。因此，在課程發展內容方面應該廣納各種輔助策略和媒體，課程範圍納入更多元、更廣泛的學科，引導學習者作有效的學習。

一、多元智慧對課程的啓示

多元智慧理論的提出，引導課程朝個別中心的課程 (individual-centered curriculum) 發展，課程應以學習者的多元智慧長處，作長期且多元的選擇空間。課程的發展應該以提升學習者的理解方法（如減輕課業方面的負擔、有計畫的教學、提供多元的學習切入點等），引導學生進行正確的學習、理解課程內容，並將學習有效地運用至新情境。多元智慧理論在課程內涵方面，依據 Gardner 的理論，包括課程規畫矩陣、跨學科課程、配合發展順序、追求多元智慧的課程發展、光譜課程計畫、追求理解的課程與教學、讓學習者有效理解的課程等。

二、多元智慧的課程設計

多元智慧的課程理論，重視課程內容的多樣性、教學者的有效轉化、學習者的正確理解，因此在課程設計方面應以協助教學者將現有的課程轉化成多元模式的學習機會。多元智慧理論在課程設計上提示下列幾個重要的發展方向：

1. 確認學習者的學習切入點

多元智慧理論課程設計強調教師應該瞭解學生的多元智慧層面，確認有效的引導方向，引導學生充滿信心地選擇學習的管道。教師將課程內容以學生智慧的發展為依據，從學生最感興趣的方式找到學習的切入點。

2. 引導學習者選擇自己的方式學習

多元智慧的課程設計，應該以學習者的學習風格 (style) 作為課程設計的依據。讓學生以自己獨特的方式，進行學習活動，才能達到預期的課程目標。

3.讓學生理解的課程設計原則

多元智慧的課程發展，強調學習者對課程的理解性，以追求理解的課程規畫設計為主，從學習者的理解中達到課程目標。因此，課程設計者在課程規畫時，應該深入瞭解學習者的學習特質、認知歷程，作為課程設計的主要依據。

4.教師有效的課程轉化

多元智慧的課程發展，教學者與學習者的互動關係比傳統的課程實施更為密切。教師必須從和學生的互動中更深入瞭解學生，才能提供多元且有效的課程架構供學習。其次，教師的課程轉化能力在多元智慧課程中更顯的重要。惟有教師在課程轉化時，發揮嫻熟的專業知能，才能協助學生進行適性的學習活動。

5.追求智慧發展的課程發展

多元理論的課程發展，本身應該具有追求智慧發展與成長的功能。透過課程的實施，同時引導學習者從課程中得到更多的智慧成長，從課程轉化中涵養更成熟的智慧，開展更多元的智慧成長。

肆、多元智慧的教學策略分析

多元智慧的理解發展，提供教學活動更多的思考空間和彈性作法，其追求理解的教學理念有別於傳統教學的一元、單向灌輸的教學策略。

一、多元智慧的教學理念

多元智慧的教學理念，強調追求理解的教學，學習者在理解中學習，才能將新知識、技能、概念運用在各種生活情境中。多元智慧的教學理念，對於傳統學校教育的成效，將學生棄置於一種知識分裂、機械性記憶、死記、背頌，教材與現實生活嚴重脫軌的教育體制中，頗不以為然（李咏吟，民 88）。Gardner 提出博物館學習模式 (museums as learning model)，讓學習者在具有豐富資源的情境如博物館、科學館、農場等情境中進行學習。透過各種不同的情境學習，讓個體不同的智慧特質，有較多的機會運用在其認知的優勢，並透過學習均衡不同智慧能力的發展。因此，多元智慧的教學強調學習者對概念、原理原則的理解，以屬於自己的學習形態，進行有效的學習。

二、多元智慧的教學設計

多元智慧的教學理念，重視以學生為中心的教學模式。因此，在教學設計方面，必須考量確保學習成效的達成。多元智慧的教學設計包括以下幾項重要程序（李咏吟，民 88）：

1. 訂定目標

教學目標的訂定是教學活動的重心，是教師選擇教學策略及組織教學資源的依據，並用來研擬評鑑學習成效的方法。多元智慧的教學設計，在目標方面可發展全年度的課程，也可針對某一特定教學目標進行設計。

2. 將目標轉化爲各項智力活動

教學目標訂定之後，應將目標化為各項智力的活動，提出各項智力類型的教學活動，作為教學進行的依循。

3. 教學法及教材的組織運用

教學法及教材的選擇運用是達成有效教學的重要手段與途徑，多元智慧的教學實施，在教學法和教材的選用方面，教師應該針對學習者的智慧發展，引導學生正確的切入點，方能提升教學的成效。

4.教學時間及順序的安排，並據以撰寫教學設計

教學時間的規畫設計影響教學活動進行的流程，教學順序的安排左右教師的教學表徵。教師在教學時間及教學順序的安排上應考慮各種影響教學活動的內、外在因素，掌握有效的訊息，作為撰寫教學設計的參考。

5.執行教學設計

教學設計完成之後，教師應透過實際的教學活動，將設計轉化為正式的教學。

6.視實際需要調整教學設計

多元智慧的教學設計，不應該侷限於某一特定的流程中，教師應隨著實際的教學需要，隨時加以修正或調整。

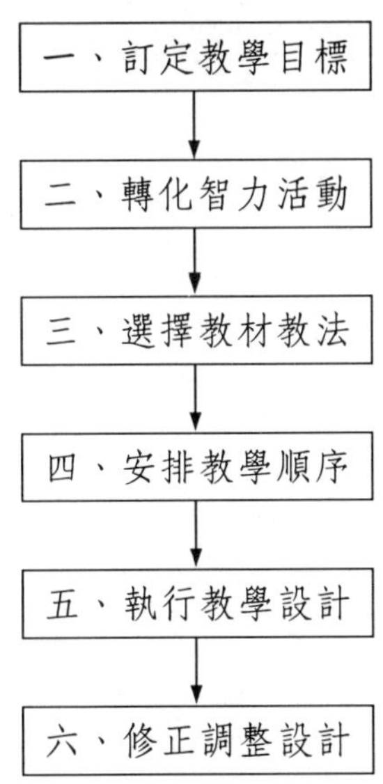

圖 10-3-1：多元智慧教學設計流程圖

伍、邁向嶄新的課程與教學—代結論

多元智慧理論的提出，扭轉傳統對人類智能及認知思考歷程的觀念。在多元智慧理論中，學生必須擁有機會可以依據個人的認知歷程，可以創意地探索個人在學習歷程中所具有的特質與能力，透過多元學習的模式，有效學習各種基本的能力和概念。課程與教學設計應該朝此理念，作學理方面的探索與實際方面的因應。提供學習者更多的選擇機會，降低來自課程與教學設計、學習者本身限制而產生的各種挫折和焦慮感。讓學生從學習歷程中，發展自己興趣與性向的特質，體會從有興趣的領域中獲得智慧的樂趣。

基於此，課程與教學設計應從傳統的桎梏中掙脫出來，作更新、更積極的反省思考，以傳統理念為基礎，開拓嶄新的里程，提供教學者與學習者更多的選擇機會與彈性空間。課程發展不再以固定的理論為取向，作單一的規畫設計；教學設計不再以單向的目標為準，做固定的流程設計。課程應該以學習者最能理解的形式進行有效的設計，教學策略應該以提供學習者更多切入點選擇機會的理念為主。以課程與教學的有效規畫設計，達到多元智慧發展的理想。

Chapter 11

認知發展教學

- 道德討論教學法
- 價值澄清法
- 角色扮演教學法
- 探究教學法
- 電腦輔助教學

認知發展教學法的演進，是以人類認知的本質及發展的真相為主。在教學理論方面是以個體與外界環境交互作用中所產生的認知作用，讓個體內在的認知基模產生變化，使個體產生轉變以適應生活環境。認知發展教學認為教學的實施，必須配合個體在心理的發展情況，才能收到預期的效果。本章在認知發展教學方法的探討，介紹道德討論教學、價值澄清法、角色扮演教學法、探究教學法和電腦輔助教學法。

道德討論教學法

壹 道德討論教學法的意義

道德討論教學法是屬於情意陶冶取向的教學方法，教學法的實施是運用刺激學習者道德判斷與思考能力的自然發展，透過教學歷程協助學習者以已有的道德認知為基礎，發展至較高的道德認知發展階段（Kohlberg,1971；沈六，民 79；單文經，民 77）。道德討論教學法是由教師在教學前，編撰或蒐集真實生活中的兩難式困境教材，藉由在教室教學情境中討論假設性的或真實生活的道德兩難式困境故事，教師引導學生面對兩難式情境，讓學生詳述對情境的認知，並辨明其中的道德觀點，學習者從學習過程中，促進道德高層次的認知發展。

貳 道德發展理論

教師在採用道德討論教學法時，必須對人類的道德判斷發展有深入的瞭解，才能在運用教學法時得心應手。一般對道德發展的討論，以皮亞傑和郭爾堡的道德發展理論為主。

一、皮亞傑的理論

皮亞傑認為人類智慧的發展是由個體本身和環境交互作用而成，個體道德判斷的發展包括三個重要時期：

⑴無律期：從出生至五、六歲左右，此階段個體尚無道德意識可言。

⑵它律期：從五歲至七、八歲左右。此階段的個體從道德的無律，意識到外界的權威和制約，也意識到社會的規範及道德的規範，以「道德現實」作為決定行為的依據，此階段重視行為的後果而忽視行為本身的動機和意圖。因此，此時期對於道德判斷的發展尚未臻成熟程度。

⑶自律期：從八、九歲至成年期。此時期道德發展逐漸成熟，懂得運用理性作道德規則的分析與批判，有選擇性接受各種社會規範，深入瞭解行為的動機和意圖，不盲從權威。

二、郭爾堡的理論

郭爾堡的道德發展理論，將個體的道德發展分成三個時期六個階段（詳見本書第四章第四節）：

1. 道德成規前期

此時期的兒童對文化的規則和是非善惡的標準加以反應，反應是依據行動之身體的或快樂的結果，兒童遵守規範，但未形成自己的主見。道德成規前期又包括避罰服從導向與相對功利導向二個主要的階段。

2. 道德循規期

此時期的兒童道德認知發展主要特徵是逐漸瞭解、認識團體規範，進而接受並支持實踐規範。道德發展已達知法守法並能符合社會規範的要求。道德循規期又包括尋求認可導向與順從權威導向二個主要的階段。

3.道德自律期

此時期的主要道德認知發展已進入青年期人格成熟程度，個體的思想行為已發展到超越現實道德規範的約束，達到完全可以獨立自律的程度。道德自律期又包括法制觀念導向與價值觀念建立二個主要的階段。

參 道德討論教學的實施程序

道德討論教學的實施，係依據學者對人類道德認知發展的相關理論而來。教學法的實施，教師為了有效促進學生道德認知發展，必須熟悉兩難式困境問題，並確實道德教學的實施過程。道德討論教學的實施程序包括下列六個主要步驟（沈六，民 79 ；王秀玲，民 86 ；單文經，民 77 ）：

一、引起動機

引起學習動機是任何教學法的首要步驟，教師在教學前蒐集各種資料或文獻，引起學生心理上有解決問題的意念，並引導學生產生類化作用。教師針對學習單元內容及目標，將學生日常生活中可能面對的問題舉例說明，或請學生提出親自經歷的經驗作為分享。

二、呈現故事

教師在教學中所呈現的兩難故事題材應該符合四項標準：(1)故事情節儘可能簡單、有趣，讓學生可以在短時間快速掌握故事大意；(2)故事呈現有關道德或倫理價值衝突的情境，減少單一而顯著的呈現，或為某種文化所贊同的「正確答案」，俾促進學生彼此之間的爭論和意見不一致，以產生道德思考模式的改變；(3)故事內容應涵蓋兩個或兩個以上的道德問題作為討論的核心；(4)必須提供選擇行動的機會，良好的道德兩難式困境問題應提供學生選擇行動的機會，引導學生從事道德推理。教師在故事的呈現方面，可以配合講述、講義、角色扮演、教學輔助器材等，以明確地提供學習的情境。

三、提出兩難困境問題並分組

教師引導學生瞭解故事內容之後，針對故事題材提出兩難困境問題（參見附錄），在問題的擬定方面應包括二個要素：⑴具備二選一的道德判斷形式，如「會不會…」、「可不可以…」、「要不要…」、「應不應該…」等等；⑵提問對於所做道德判斷的理由，必須接著問「為什麼？」教師在討論題目揭示之後，給予學生適當的時間從事思考活動並提出個人的想法和理由。

四、分組討論

教師在進行分組討論時，要求每位學生設想自己成為故事中的主角，就所面臨的兩難問題加以考慮，將不同立場的學生加以分組，每組人數以不超過六人為原則，經由團體動力歷程，讓學生在團體交互作用中充分討論，發表自己的意見，相互溝通印證，彼此澄清觀念，以激發更多的道德理由，作為全班討論的題材。教師在分組討論進行時，應該巡視小組討論情形，以協助學生集中注意力，提昇學習參與並避免討論過於離題，並伺機澄清各種疑難問題。

五、全班討論

小組分組討論結束之後，教師引導全班進行討論，提供學生整理各組主張與理由的機會，並促進全班的互動。全班的主張與理由可以書寫在黑板上或以書面方式、口頭報告方式，讓其他同學可以分享不同的想法，相互討論或質詢，激起學生在道德認知方面的衝突與失調，教師再引導學生使道德認知結構產生變化，逐漸提昇道德判斷的發展階段。

六、結束討論

道德討論教學的最後一個階段，教師可以要求學生針對各項理由和主張作成摘要或總結。

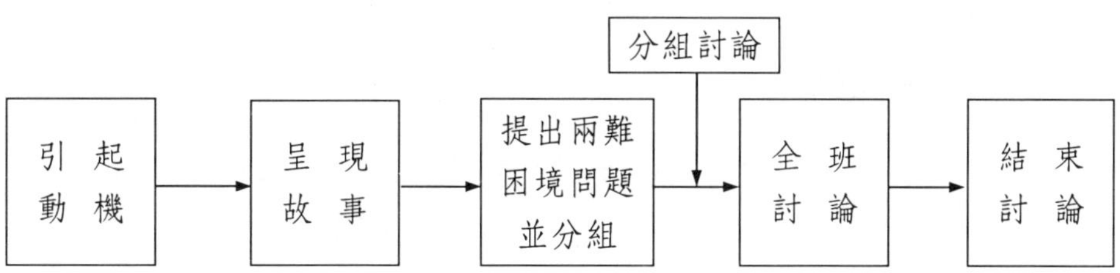

圖 11-1-1　道德討論教學實施過程

肆、評論

道德討論教學法的實施，教師透過兩難困境問題的設計，提供學習者釐清本身的道德認知發展，提昇道德判斷的發展階段。在採用此種教學法時，教師必須瞭解學生在道德認知發展的情形，隨時蒐集生活上的兩難情境材料，作為教學上的應用。

一、優點

1. 自由、民主的學習氣氛

道德討論教學法的實施，教師引導學生在毫無拘束的情況之下，提出自己的觀點和理由。學習的進行是在自由、民主、尊重、接納的情況之下進行的，對學生價值觀的定位和澄清方面，具有正面的影響。

2. 強化教師的引導功能

道德討論教學法的實施，教師的職責是居於輔導的地位。在教學中，教師提供各種兩難困境故事，引導學生面對兩難情境做出理性的抉擇。在此種教學法中，教師的引導成為教學活動進行的重心，教師如何引導學生，決定教學的發展方向。

3. 高層次心理的培養

道德討論教學法的實施，教師採用適當的題材，引導學生作心理的思考與對話，透過各種故事激發學生內心深處的道德認知發展更上層樓。

二、限制

1. 道德認知發展的釐清問題

教師在採用道德認知教學法，透過各種兩難困境故事的提供，協助學生釐清價值觀念，並提昇道德認知層次。此種教學過程，重要的關鍵在於釐清，教師是否能有效地引導學生釐清自身的道德發展，此種釐清和引導是否對學生的道德認知發展有正面的效果，令人存疑。

2. 題材的難易度問題

道德討論教學法的實施，強調分組討論的重要性，透過分組討論讓學生提出自己的理由和見解，教師在結束時加以統整。教學活動結束後，教師不可以偏向某一方，或提出個人的獨特見解，以免產生誤導作用。因此，教師所提供題材的難易度，是否能配合學生不同的個別差異，就成為道德討論教學法另一個有疑義之處。

3. 教學時間的分配問題

道德討論教學的進行，需要較多的時間加以配合，才能讓學習者充分的討論、分享並建立自己的道德認知發展。時間的分配問題和教師在時間上的需求，勢必成為採用此種教學法的阻力。

附錄：

道德兩難的故事

（張春興，林清山，民 76 ： 210-211 ）

有位海太太患了一種特別的癌症，生命危在旦夕，經醫生診斷，只有一種藥物可治；而該種藥物只有在鎮上齊老板的藥店裡才能買到。因為這種藥是齊老板獨家專利的，所以他把藥價提高十倍出售；由合理價格兩百美元提高到兩千美元，以謀取暴利。海先生深愛他的太太，為了太太的病已花去所有的積蓄。現在有了新藥，他四處向親友借貸，但只能湊到所需藥款的半數。海先生向齊老板懇求，求他仁慈為懷救他太太一命；他願先付一千美元，餘款容後分期攤付。齊老板對他毫不同情，堅持不肯讓步。海先生絕望之餘，就在第二天的夜裡弄破窗子潛進齊老板的藥店，偷走藥物，及時挽救了他太太的生命。

請回答下列問題：

* 你認為海先生的作法是對還是錯？為什麼？
* 做丈夫的想盡方法仍然一籌莫展時，為了挽救太太一命而出此下策，海先生算不算是位好丈夫？為什麼？
* 在毫無法律根據的情形下，你覺得齊老板這樣自訂高價貪圖暴利是對的嗎？為什麼？
* 假如海先生不是如此深愛太太的人，他是不是也應該冒險為

太太去偷藥呢？為什麼？

＊假如患此絕症的不是他太太，而是他的一位好友，海先生是否也應該為他冒險偷藥呢？為什麼？

＊假如患此絕症的是海先生素不相識的陌生人，他是否也應該為他冒險偷藥呢？為什麼？

＊從法律的觀點看，海先生的行為是錯還是對？為什麼？

＊假如你就是海先生，你要不要冒險為你太太去偷藥呢？為什麼？

＊假如患此絕症的是你自己，這時你的身體尚能行動自如，你要不要為保全自己生命去冒險偷藥呢？為什麼？

＊海先生既破壞了藥店的窗子又偷走了貴重的藥品，結果自然要吃上官司。你認為法官應按法判他坐牢呢，還是按情將他無罪開釋？為什麼？

第二節 價值澄清法

壹 價值澄清法的意義

價值澄清法 (value clarification) 主要是協助學習者察覺自身的價值，並由此建立自己的價值體系。Rath(1966) 和 Simon (1972) 認為價值的形成必須經過下列三個階段、七個步驟（歐用生，民 77 ）：

一、選擇階段

在選擇 (choosing) 階段方面包括三個步驟，即自由選擇、從多種選項中選擇與慎思熟慮後選擇等。

二、珍視階段

在珍視（prizing）階段方面包括重視和珍惜所做的選擇和願意公開表示自己的選擇等二個步驟。

三、行動階段

此一階段包括依據選擇採取行動和重複實行等步驟。

價值澄清教學法和一般的教學法不同，重點強調給予學習者更多選擇自由和機會，透過各種方案的實施協助學習者確定自己的價值。上述的步驟詳述如後：

1. 自由選擇

個人價值觀的建立並非透過灌輸或注入，而是經由個體自由意志選擇的歷程，才能形成個人的理念。在自由且無壓迫的情境之下所作的選擇，才能引導個人的行為。

2. 從多重選項中選擇

價值觀念的產生是由多重選項中理性抉擇的結果。因此，在教學中應該讓學習者擁有多重選擇途徑，才能發展出屬於個人特性的價值觀。

3. 慎思熟慮後選擇

個體在作各種選擇之前，必須透過思考歷程，從各種不同的途徑深思熟慮，分析利弊得失之後，所做的理性決定。

4.重視和珍惜所做的選擇

此一階段在於協助學習者重視自己所做的選擇，並成為價值觀的一部分，作為生活的依據。

5.公開表示自己的選擇

每個人對自己所選擇的事物必然樂於公開揭示和他人分享。

6.依據選擇採取行動

價值是個人思考和決定的產物，因而容易左右個人的行為，個人認為有價值的事物，勢必努力加以爭取並付諸行動。

7.重複實行

因為價值具有恆常性和持久性，影響個體的行為、觀念、想法、所言、所思等。所以價值一再出現在個人行為與日常生活中，具有重複性。

價值澄清教學法強調個體價值觀念的建立，透過選擇、珍視、行動等七個步驟，協助學習者建立各種正確的價值觀，以形塑自己的想法，在瞬息萬變、錯綜複雜的環境中，運用智慧解決各種問題。

貳 適用情境

一、教學活動策略彈性化

價值澄清教學採用各式教學技巧，如角色扮演、兩難困境問題討論、澄清式訪問等活動，因此適用於教學活動和策略多元且具有彈性的情境中。

二、各類學科或教學過程

由於價值澄清教學活動揉合了各類活動和策略，對於學習者頗具正面的助益。因而，適用於任何科目或教學過程，並不僅僅限定於社會學科或道德與生活。

三、強調學習者取向的學習

價值澄清教學重視學習者自行探究與發現的過程，強調學習者主動參與，透過各項策略增進學習。

四、適用於價值獲得與行動

價值澄清教學過程重視由學習者自己澄清、選樣、重視等過程，藉活動進行和策略的推展，培育價值判斷能力，以建立正確的價值觀念，對於學習者價值觀念的澄清與獲得，具有正面的幫助。

參 教學程序

價值澄清教學程序可分成四個主要時期（歐用生，民 77 ； Casteel & Stahle,1975 ）：

一、瞭解期

本時期主要重點在於讓學習者瞭解將學習或使用的概念、理念及相關的學習資源。學習資源包括各種圖片、影集、文獻、統計資料、圖表、圖書館藏等資料。教學者應該指導學習者蒐集各種學習資源，並且提出個人對這些資源的想法和意見。學習者在表達意見時可以採用主題的敘述、實徵性的敘述、解釋的敘述、定義的敘述、澄清的敘述等方式進行。

二、關聯期

此時期的重點在於指導學習者將瞭解期所蒐集的資料和個人的觀點，做一適性的聯結，將學習有關的資料、理論和個人的經驗做有效的聯結，並進一步澄清二者之間的關聯。此時期的功能在於：首先讓教師將價值澄清活動作為學習單元的一部分；其次在以學生的注意力為中心，做評價期的準備。

三、評價期

此時期的重點在於指導學習者做價值與情感的表達，對各種事物採取反應。如對情境、政策決定、社會事件、學習概念、原理原則的看法或批判。學習者的敘述形式包括喜好的敘述、結果的敘述、效標的敘述、義務的敘述、情緒的敘述等。

四、反省期

本時期的重點在於指導學習者反省自己所經驗過的價值或感情，並公開表露前三個階段的某些部分，引導學習者評價自己的喜好和情緒。提供學習者反省的機會，以覺知個人思考、行為和感情歷程。

肆 澄清的要領

價值澄清教學要達到預定的教學目標，必須教師在教學過程中不斷提供學習者表達自己的想法和意見的機會，指導學習者建立屬於自己的價值觀。

一、引起動機

教師在教學前必須準備各種輔助材料，以引起學習者的學習動機。如列舉各種問題，讓學習者表達自己的看法或意見。例如：對於廢除大學聯招制度，您的看法如何？…等題目。

二、呈現課程與教材內容

教師在進行教學時，喚起學習者的興趣之後，接下來就是引導學習者閱讀或瀏覽課程與教材內容。

三、價值澄清活動

一般的價值澄清活動包括書寫活動、澄清反應與討論活動三種。教師在運用時可以依據教材的內容及教學上的實際需要，做教學設計與教學準備，以符合預定的教學目標和教學上的需求。

1. 書寫活動

此活動是利用紙筆形式的活動讓學生回答特定的問題，以激發學生的思考，並瞭解學生的想法。教師在教學時可以預先設計的短文或價值單，分派給學生填寫，引導學生將自己的想法和觀點說出來和其他同學分享，教師做統整工作。

2. 澄清反應

教師在教學中依據學生對各種問題的反應，以問答方式刺激學生思考，引導學生作各種判斷和選擇，並讓學生在無形中作抉擇，澄清學生的理念和態度。

3.討論活動

討論活動是在教學中，教師採用分組方式，引導學生分享自己的舊經驗和想法，彼此觀摩和討論。在價值澄清方面教師應著重於學生的表達，而不在於評鑑其優缺點。

四、角色扮演

教學過程中的角色扮演活動是教師引導學生從臨摹各種不同的角色，以達到產生價值觀聯的情感和同理心，體會各種不同角色的心境，從同情、領悟到同理、尊重。

五、討論活動

價澄澄清教學活動的重點在於討論活動，透過討論活動釐清學生心中錯誤的信念，或建立屬於個人的價值觀。教師在此階段通常利用兩難問題或情境，讓學生進行討論。討論題目如「您願意和仇人合作嗎？為什麼？」。教師在討論活動中應該扮演統整和指導的角色，將學生不同的意見做統整和歸納工作。

六、反省與實踐活動

完成上述幾個步驟之後，教師要引導學生從事反省活動，讓學生透過反省活動瞭解自己的價值，釐清自身的價值觀，並建立自己的價值觀。有了反省活動才能將價值觀付諸實踐。

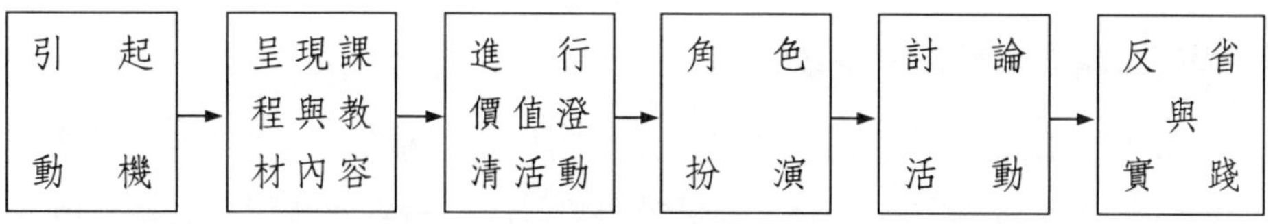

圖 11-2-1 價值澄清教學法的活動步驟

伍 評論

價值澄清是教師運用系統化的步驟指導學生從事價值的釐清，並建立屬於自己的價值觀，將正確的價值付諸實踐的活動。透過價值澄清培養學生正確的思考能力，在面對各種似是而非的兩難情境中，能理性的思考並且做正確的選擇。然而，在運用價值澄清法於教學中，教師必須先熟悉方法本身的優點和限制，才不至於淪於方法的囿限中。

一、優點

1. 尊重學習者的主體性

價值澄清法強調價值形成過程中個體的主體地位，有別於一般以教師為主的教學。尊重學習者在學習過程中的選擇、澄清、反省和行動，是一般道德教學法無法比擬的。

2. 教學多元化與彈性化

價值澄清教學本身是一種新途徑與新技巧的結合。如價值澄清活動、澄清式訪問、角色扮演、兩難困境的討論等方法的採用，使教學活動邁向新境地，教學更多元化，在策略與活動的選擇上更彈性化。

3. 重視主學習、副學習與輔學習

價值澄清法在教育上應用的很廣，在諮商、輔導、一般社會科教學或公民科教學等皆適用。教師在教學過程中可以針對各種議題設計適當的活動，讓學生有多重選擇，有助於情意方面的教學。

4. 教師角色多元化

傳統的教學中教師扮演威權的角色，教學大都以教師為主導，價值澄清教學中教師扮演活動的設計者，過程的催化者、價值的分享者與澄清的示範者等角色。教師在此過程中需要具備相當的耐心、愛心、奉獻的精神，信賴學生並與學生產生良性的互動。

二、限制

1. 過於偏重過程而忽略內容

價值澄清教學強調獲得價值的過程，容易忽略各種價值體系與事實知識的關聯。因此，在價值澄清方面受到質疑的是「澄清的是誰的知識？」或是「誰的知識較重要？」的問題。在價值澄清的七個步驟中，任何一步驟產生問題，教學者無法做適時的調整。

2. 教師的角色不明確

在價值澄清教學中，教師必須扮演價值中立的角色，不可將自己的價值觀強加灌輸。因此，教師在教學中只是「引發者」或「催化者」，無法針對學生的反應或選擇做任何的反應或修正，當學生的想法有所偏時，也不能適時地啟發學生的智慧，誘導學生的價值判斷。

3. 價值體系結構化的問題

價值澄清法重視價值獲得的過程，忽略價值本身背後所底蘊的意義或深層結構。在教學過程中，教師僅要求學生表露本身的價值或想法，而不要求學生解釋或思考此種信念的來源。因此，在教學中無法針對學生的錯誤信念或迷失提出因應的策略。

4. 忽視情境的分析

價值澄清教學強調價值的建立係透過公開確定的步驟，在教學策略的運用上同時經過團體蹉商與協調的過程，然而此種多數決的歷程容易忽略少數的意見，對於學習上視為理所當然的迷失概念無法作適時的修正。

價值澄清教學是引導學習者作各種理性判斷與抉擇的策略之一。面對快速變遷的社會環境與時代脈絡，才能調整自己的步伐，做生活中的主人。

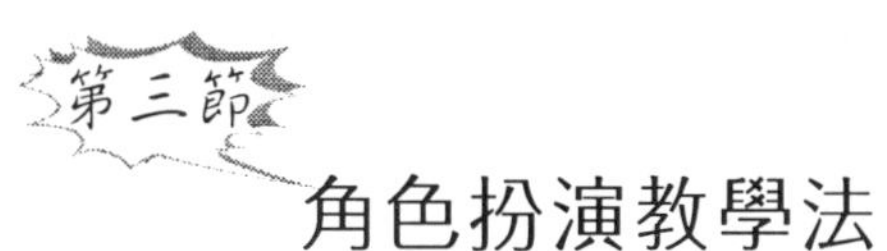

角色扮演教學法

壹 角色扮演教學法的意義

角色扮演 (role playing) 是對選定的問題情境進行描述的一種傳達方式，是一種在事先經過設計的情境中，自然地扮演某個角色。因此，扮演者必須模擬主角的心理歷程，角色扮演源自於角色理論，為 Moreno 首創，強調自發性與創造性的角色扮演，認為角色是動態的，倘若要幫助個人成長，則需要透過有如戲劇情境的扮演 (growth-through-play) 才能使個人真正地體認生活，及學習如何解決問題（金樹人，民 77 ）。

角色扮演教學法的意義，依據來自學者對角色扮演的詮釋，應指教師在實施教學時，透過故事情節和問題情境的設計，讓學習者在設身處地模擬的情況之下，扮演故事中的人物，理解人物的心理世界，再經由團體的討論過程，協助學習者練習並熟練各種角色的行為，進而增進對問題情境的理解。

貳 角色扮演的功能

角色扮演法原本運用於心理輔導方面，用來探究個人較潛隱著的心智生活、深層的內心問題，引導個體深入瞭解自己。角色扮演運用在教育上，可以讓學習者在教師設計的情境中，面對問題情境的扮演和討論，瞭解人際關係中情感、態度、價值問題，並謀共同面對問題與解決問題之策。角色扮演的功能依據 Milroy(1982) 的觀點，具有下列功能：

(1)協助學習者認識行為的前因後果及其相互間的關係；

(2)讓學習者更敏銳地察覺它人的感受；

(3)提供學習者疏解緊張與發洩情緒的最佳方式；

(4)診斷學習者心理的內在需求和察覺衝突的來源；

(5)用以改善學習者的自我觀念；

(6)提供學習者各種角色行為的機會；

(7)可用以探究社會文化的價值體系；

(8)協助教師瞭解學習者所形成的次文化；

(9)提供學習者作決定的練習機會，並藉以檢驗個人價值體系的機會；

(10)改善學習者同儕團體的文化體系，以及社會結構；

(11)發展團體凝聚力，並增進班級良好的氣氛；

(12)透過同儕團體的支持和鼓勵，使學習者學習合宜的行為態度和社交技巧；

(13)激發學習者的創造思考能力，並學習解決問題的方法；

(14)提供學習者以實際的行動練習解決人際間的問題；

⒂透過團體互動關係，練習解決團體內的問題；

⒃培養學習者在行動前，培養深思熟慮行為後果的態度；

⒄協助學習者建立良好的態度，以面對人際間的問題；

⒅提供學習者練習以「感受」—「思考」—「行動」的步驟，解決問題。

角色扮演除了上述的教育性功能之外，教師可協助學生發揮表演潛能的機會，讓學生從不斷嘗試錯誤中，學習解決問題的方法。其次，對學習者行為特質的掌握，社會文化體系的認識、個人價值觀的澄清等，從教育行動中體驗各種真實生活的情境，進而解決問題。

參 角色扮演教學的實施技巧

角色扮演教學是一種多元化、多功能的教學法，教師在採用此種教學法時，態度應該以輔導領域中的傾聽、接納、溫暖、關懷等技巧引導學生的互動。角色扮演運用在教學情境中技巧包括下列幾種（陳月華，民74）：

1. 手玩偶 (hand puppets)

手玩偶是透過玩偶的操弄，減低親身演出的焦慮，並提供趣味性的情境，讓學習者保持一份心中的安全距離而從中表達個人的真實情感。

2. 問題故事 (problem story)

教師在教學中選定學生喜歡的童話故事、英雄人物或真實生活中所發生的事件，作為引導探討問題之用。教師在運用問題故事於教學時，聲音要配合故事的情境，在精彩或問題關鍵之處，稍為停頓並詢問學生對故事的未來發展。

3. 簡易唱遊 (games and music)

教師透過簡單的趣味性歌唱和身體的律動，營造學習者和諧的學習氣氛。

4. 魔術商店 (the magic shop)

教師設計一間商店，讓所有的學習者必須以自身現有的特質（如誠實）為代價，作為換取所渴望的好的特質。

5. 幻遊 (guided fantasy)

教師依據某種主題，引導學習者以假想的方式，並置身其境，利用臆想方式探究個人的內心感受。

6. 轉身 (turn your back)

學習者在演出時如果面對團體時感到羞怯時，教師可以令其轉身，背向群眾，等到心理平靜之後，感到自在時，再轉身面對群眾。

7. 角色互換 (role reversal)

教師透過角色互換方式讓學習這培養設身處地和洞察的能力，由學生和教師的角色互換中，達到預期的目標。

8. 獨白 (soliloquy)

以獨白的方式呈現問題，可讓學習者更清楚演出的內涵。例如：讓學生一人在旁，自言自語說出內心話：「老師不喜歡我……」。

9. 鏡子技巧 (mirror technique)

教師利用鏡子的技巧，讓學習者瞭解自己有那些行為的習慣，將行為舉止透過鏡子陳現出來，讓學習者對自己有更進一步的認識和瞭解。

10.再扮演（replaying）

教師針對某些模糊情節，讓學習者不斷地再演出，直到所有的成員皆有清晰的體認為止。再扮演完後，由演出的學生發表心得，其他學習者參與討論，以為再演出的參考。

肆 角色扮演教學實施程序

角色扮演教學法在實施過程中，透過教師的適當引導，讓學生在設計的情境中，真實體驗人、事、物，以培養高度洞察力。角色扮演運用在教學時，實施程序如下（Shaftel & Shaftel,1982；王秀玲，民 86；朱敬先，民 72；金樹人，民 77；陳月華，民 74）：

1.暖身

暖身是角色扮演的第一步驟，先讓團體成員熱絡起來，教師應該製造一種接納的氣氛，將主要的問題做簡短的說明，讓學習者感受問題的存在和重要性，教師可運用相關的影片、幻燈片、電視節目、玩偶、說故事等方式說明問題的性質和內容。

2.挑選參與者

教師在暖身之後，將各種問題情境中的角色分配給學生，讓學生依據自己的意願選擇想要扮演的角色，或是由教師從學習者中分派角色。

3.佈置情境

教師在挑選參與者之後，引導學生融入自己的角色，將各種情境以簡要的方式說明，或加以佈置情境，讓學習者可以感受到整個演出的真實情境。

4.安排觀衆

教師應該事先讓學生瞭解尊重演出者的重要性，要求觀眾都應專心觀察同學的演出，並決定觀察的重點及分配觀察工作，讓觀察活動包含在整個教學活動之中，以增加參與感，使整個團體經歷演出過程及增進演出後，分析討論角色的樂趣。

5.演出

教師指導學生以自發的方式，進行演出活動，在演出中與其他扮演者互動反應。演出時間避免過於冗長，只要演到預定的行為明顯時為止，如果學習者對事件或角色不夠瞭解的話，可以再扮演。

6.討論和評鑑

演出後，所有的學習者進行討論，教師可用發問方式以增進觀察者對角色扮演的思考。例如：「對角色人物的觀感」、「情節的布局是否合理？」、「有無其他方式可以改善？」等，教師在實施教學時，引導學生進行討論活動。

7.再扮演

此階段的重點活動在於讓學習者從嘗試錯誤中，學習如何面對問題解決問題，並促進對人際關係的洞察。再扮演活動可以視教學上的需要而重複實施，並加以一至二分鐘的討論活動，讓學習者可以瞭解相同角色不同情境所代表的意義，增進學習者以不同的立場看待相同的事物。

8.再討論與評鑑

此階段的重點在於由教師引導學生再次面對問題，思考解決問題的情境與方式。

9.分享與結論

使問題情境與真實情境相關聯，教師詢問學習者有無類似的生活經驗或實例，提供大家分享並發表對問題的看法。教師可以襄機從學習者的演出和討論的內容中，歸納要點並指出行為實踐的意義和法則。

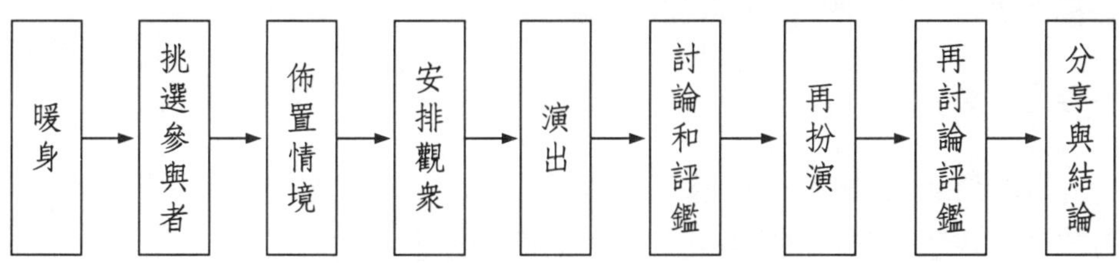

圖 11-3-1　角色扮演教學法的實施過程

伍 注意事項

角色扮演教學法是一種相當靈活的教學活動，需要教師不斷地引導學習者進行活動，才能達到預定的目標。角色扮演教學法在使用時必須注意下列事項 (Milroy,1982)：

1.教學目標的決定與問題情境的結合

角色扮演教學法在教學目標的決定方面，教師必須與學生生活經驗中的問題情境結合，依據問題的情境，蒐集各種資料，並決定需要演出的角色。

2.主動參與與尊重態度的培養

教師應該主動陳述問題的情境，有效引導學生參與討論，安排各種角色扮演的人選，鼓勵學生主動地參與演出和討論活動，教師並引導學生在扮演過程中，以尊重的態度觀賞與體驗。

3.演出情境的佈置

教師在採用角色扮演教學時，協助學習者設身處地理解他人的感受，並引導佈置演出情境，提示角色扮演的題材，當演出者有困難或無法理解各種情境時，應適時給予支持和鼓勵。

4.避免不必要的干預

教師對演出者的行為不要有過多的干預，讓學生盡情地發揮，以自發方式進行表演，自行決定終止演出的時間或是否再進行扮演。

5.演出情境與日常生活相結合

教師在教學實施過程中，應該設法將各種情境與實際生活情境做有效的結合。歸納整理學生演出及討論的內容，鼓勵學生將所習得的良好行為模式運用於日常生活中。

陸 評論

角色扮演教學和一般的教學法差異相當大，一般的教學法強調學科知識的學習，以教師教學行為為主。角色扮演教學法源自輔導理論，強調讓學習者在模擬情境中洞察、理解、同理，認識他人和自己的感情。

一、優點

1.價值觀的探討與建立

角色扮演教學的實施，重視讓學習者親自體會各種角色和情境，可增進學習者認識自己及他人感情的能力，有助於價值觀的澄清與建立。

2. 發展批判思考能力

角色扮演教學在實施過程中，教師負有引導學習者模擬各種情境的責任，而學習者從扮演、再扮演、討論、觀看等過程中，探討各種問題的情境。教師以尊重接納的態度協助學習者探討瞭解問題情境的不同層面和所代表的深層意義，最適於發展個人的批判思考能力。

3. 增進人際關係與協商能力

角色扮演教學的實施，除了有助於發展批判思考能力之外，對學習者與他人的協商能力與技巧的培養也有助益。

二、限制

1. 課程設計問題

角色扮演教學重點在於教學情境的設計，教學內容與實際生活情境的結合。然而，教師從事課程設計時，必須蒐集各種與教學相關的資料，透過本身專業能力的開展，才能有效地達到預期的成果。教師平日的教學負擔相當重，再加上課程實施與進度上的種種問題，使得角色扮演教學的實施形成無法預期的困難。

2. 教師本身的限制

角色扮演教學的進行，可以融入各種教學之中，教師在教學中何時運用角色扮演教學法與如何運用角色扮演教學法，端賴教師本身的創造力、想像力和判斷力。教師如何揉和前三種能力於教學中，成為教學法實施的關鍵。

3.教學評鑑問題

角色扮演教學的實施，教師引導學習者在各種模擬的情境中，體會各種角色的情感。學習者是否能以同理、接納、尊重的深層心理能力，洞察各個角色的情感，各種情境所代表的意義，成為教學評鑑的重點。在評鑑工具發展不易，評鑑項目不易具體化的情況之下，角色扮演教學成效不易從評鑑中窺出端倪，學習者的學習成效容易受到質疑。

第四節 探究教學法

壹 探究教學法的意義

探究（inquiry）教學是教師在教學歷程中，指導學生主動探究問題並解決問題的教學法。探究教學法強調以學習者的探究活動為主，培養學生高層次的思考能力及建立正確的價值體系。在此種教學法中，教師和學生的角色相較於傳統教學法有很大的轉變。傳統教學法中，教師扮演主導的角色，學習者居於被動的角色。探究教學法中，教師的主要角色是引導學生從事探究活動，教師是引導者，學生是積極的思考者。

貳 適用情境

探究教學法強調學習者在學習過程中，運用個人的思考解決問題，以完成學習活動。此種以思考、分析、歸納為主的教學法，適用於社會科學和自然科學的教學中，在使用時教師也應瞭解探究教學的適用情境（方郁琳，民 86 ： 212 ）。

1. 綜合應用多種思考技巧

探究教學的實施，教師在教學中引導學生運用各種思考技巧，如列舉事實、分類、比較、歸納、演繹、判斷等，以完成學習活動。教學活動重視學生思考技巧的綜合應用，以完成教學活動。

2. 培養學生客觀批判的處事態度

探究教學的實施，強調依據事實形成結論，假設需加以驗證，學生彼此之間交換意見，以培養客觀的態度。

3. 突破以課本和教師爲本位的教學

傳統教學總以課本和教師為本位，學生居次等。探究教學的特色是以擴展學生思考能力為導向，重視學習者自行探究答案，從面對問題、分析問題，到完成學習活動。教學歷程突破以課本和教師為本位，學習者的自主性相當高。

參 實施程序

一、引起動機及概念分析

此階段的主要活動在於引起學生的學習動機，建立對探究的基本概念，作為學習的基礎。教師在教學時包括四個步驟：列舉事實、形成概念、比較分析、確定分類。

1. 列舉事實

教師在教學活動開始之初，將單元學習的主要內容，各項原理原則，依據類別列舉出來，讓學習者做學習前的通盤瞭解。

2. 形成概念

教師在列舉事實之後，讓學習者熟悉各種原則，形成概念並建立新的概念，新概念的形成過程，主要依賴教師在教學方面的引導。

3. 比較分析

形成新的概念之後，教師應該指導學生將概念做分析、歸納、組織活動，或以圖表方式呈現，或以統計圖方式明示，以釐出彼此之間的關係，學習活動的進行可以分組討論或共同分享方式進行。

4. 確定分類

分類的主要目的在於透過概念的形成、分類，以建立高層次的抽象概念。教師在引導學生方面，應該依據知識的內容，由近而遠，由具體而抽象等歸類組成較高層次的概念。

二、歸納通則

此階段的教學重點在於引導學生培養並發展分析和歸納的思考能力。教師在教學時包括三個主要步驟：蒐集資料、發現關係、形成假設。

1. 蒐集資料

教師在指導學生完成概念分析之後，繼續引導學生針對形成的新概念，蒐集各種教學補充資料，並整理資料以為充實學習活動。

2. 發現關係

教師在學生完成蒐集並整理資料之後，配合引導和發問的技巧，讓學生從資料中發現事物之間的各種邏輯關係，進而歸納並導出各種假設。

3. 形成假設

假設的形成必須從資料的研判、分析中形成。學生在教師的指導之下，嘗試性地對資料做初步的歸納，並提出各種未經驗證的假設，作為教學活動的前導。

三、證明及應用階段

教師指導學生歸納通則之後，即進行證明及應用階段。此階段包括二個步驟：驗證假設和應用通則。

1. 驗證假設

驗證假設的主要目的在讓學生測驗假設的真實性，作為應用時的考量依據。

2. 應用通則

假設在經過驗證之後，便成為通則。教師應指導學生如何將通則應用到其他的情境之中。通則的應用方面包括學習遷移和發明創造，學習遷移是將通則應用至生活中的各種情境之中；發明創造則是運用形成的通則再構思新的事物。

四、價值判斷與選擇階段

價值判斷與選擇階段是一種情意方面的培養，以及思考能力的發揮。教師在此階段中，隨時掌握學生的表現，適時的創造各種的機會。

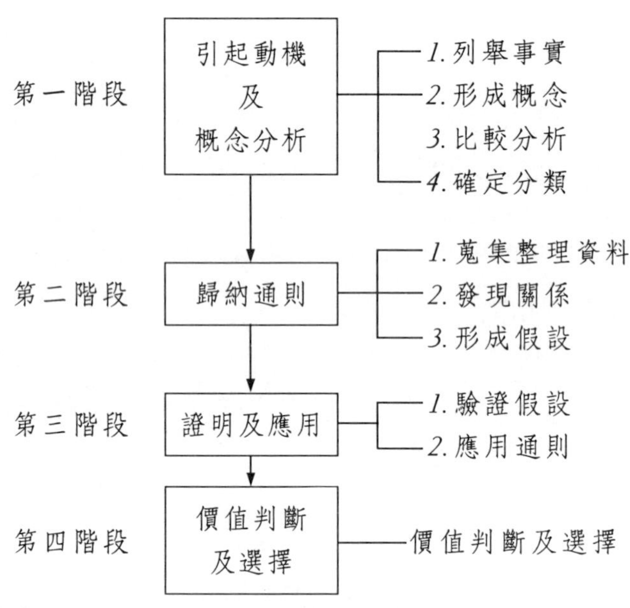

圖 11-4-1 探究教學的實施程序

肆 探究教學的類型

探究教學法依據教師在教學中所扮演的角色而分成指導式探究 (guided inquiry) 和非指導式探究 (unguided inquiry) 二種（林寶山，民 87）。

一、指導式探究

指導式探究的主要目的在於教導學生學習「如何學習」。此種學習方式是教師引導學生實際針對某一個議題，進行學術性的探究，教師隨時給予引導、提示。指導式探究的特徵如下：

1.教師在探究教學時，角色為班級活動的領導者。

2.學生需對各種事件、資料、材料或物體做反應，並且根據自己的觀察活動建立各種有意義的關係。

3.學生思考的過程是由特殊的觀察得出推論。因此，教師要鼓勵學生相互溝通。

二、非指導式探究

非指導式探究是學生扮演主動積極的角色，教師居於協助的地位，不給學生任何的指導。在探究過程中，由學生自行蒐集所需要的資料，並加以整理，透過資料的分析、歸納，獲得答案以解決問題。

非指導式探究的主要特徵如下：

⑴教師在整個過程中僅控制材料並提出一些簡單的問題；

⑵學習者從觀察、推論以及同儕互動中獲致有意義的關係或型態；

⑶教師鼓勵學習者能提供自己的推論和他人分享，而從學習中獲益。

伍 評論

探究教學法的實施，教師的教學以學生主動積極地解決問題為主，從探究過程中完成學習活動。在採用此種教學法時，教師必須考量一些現實的問題，並加以克服，才能竟其功。

一、優點

1. 鼓勵主動積極的精神

探究教學法在實施過程中，學生必須在教師的引導之下，蒐集各種學習資料，並加以分析、整理，以形成有效的資料。學術方面的探究，有助於學習者主動積極精神的培養。

2. 以學習者爲主的教學

探究教學法備受重視的原因，在於教學法的運用完全以學習者為主，教師退居協助者的角色，讓學習者自行決定學習的型態與學習的內涵。

3. 強調積極的思考精神

探究教學法強調學習者在學習過程中的認知思考歷程，教師引導學生從事資料的分析歸納、概念的列舉、假設的形成、驗證、通則的運用、價值的判斷等，讓學習者的思考活動更積極。

二、限制

1. 教師能力上的問題

探究教學法強調學習者的主動求知精神，教師引導學生蒐集各種有關的資料，藉以提出問題。然而，在此種教學型態之下，並非所有的教師都可以隨時回應學習者所提出的各類問題。

2. 學校設備上的限制

探究教學法的實施，需要學校充分的設備和儀器配合，才能達到預定的效果。如果在設備方面無法配合，學生勢必無法進行各種實驗，各種假設同時無法驗證，影響結論的形成和運用。

3. 時間上的限制

探究教學法比一般傳統教學法在時間上的需求量更大，教師往往考慮時間的因素而放棄探究教學法。因此，如果教師願意花更多的時間在探究教學的經營上面，學習者的學習成效將更佳。

第五節 電腦輔助教學

壹 電腦輔助教學的意義

電腦輔助教學 (Computer-Assistant Instruction, CAI) 的發展是自一九六〇年代編序教學與教學機的發明之後才出現的一種教學法。電腦輔助教學是事先將一些經過縝密設計的教材存入電腦，學生可以經由終端機 (terminal) 按一定的步驟，以自己的進度或需要將某一課程內容「叫出」，進行一連串的自我學習，此種學習活動不但可以隨時中止，自動記錄學習歷程及結果，考核學生的學習結果，並且師生亦可經由電腦達到問答溝通（吳鐵雄，民 78 ）。

電腦輔助教學的實施，包含三種特性：

一、電腦可傳遞任何教材

電腦科技的快速發展，使得教學實施的範圍更為擴大與延伸，教學內容也更為多樣化。早期的電腦輔助教學由於電腦本身屬性的限制，因而大多用於數學、科學、語言學科等。今日的電腦輔助教學已經普遍地運用在任何學科教學中。例如：電腦可以模擬各種實驗情境，協助音樂教師寫譜作曲，協助美術教師從事作品評鑑工作等。各種教材教法的模擬軟體，顯然解決了教學設備不足的遺憾。

二、學習者隨時和電腦溝通

電腦輔助教學免去了人類因過度勞動而消耗體力的限制。教材軟體的設計，可以表現交談式的教學過程。最近，經由電腦網路教學所進行的學習形式，不僅使學生能有效的利用網路來進行溝通、蒐集查詢資訊、吸收獲取新資訊，還可以利用網路進行合作學習，提供學生更彈性、更自主及更多元的學習機會（尹玫君，民 87 ）。

三、適合個別化學習

電腦輔助教學的設計可以讓學習者自行決定學習的速度，所呈現的教材內容可以隨學習者的學習狀況和反應而改變，以配合個別的學習者。因此，電腦輔助教學對異質性高的班級學生而言，可以發揮個別化學習的特性，讓學習者自行決定學習進度。

貳 理論基礎

電腦輔助教學的實施目的在於適應學習者的個性，以發展個人的潛能，強調個別化學習的重要性。電腦輔助教學在策略的採用、教材教法的設計，特別強調學習者的特質和認知模式。電腦輔助教學的發展是奠基於教育學與心理學的理論之上，臚列如下（吳鐵雄，民 78 ： 360-364 ）：

一、教育工學的需要

教學機的發展是因應教學工具的需求而生，藉以提高教學的效果。教學機的發明，對教師教學前的活動設計規劃、教學中的策略擬定、教學後的反省評鑑，具有正面的效益。將教學活動的進行，由傳統方式，導進教育機械化的時代。

二、編序教學法

編序教學法的發展主要特色如下（Holland,1960）：⑴對學習者的反應立即增強；⑵學生自己組成反應；⑶以漸進法發展複雜的行為；⑷逐漸除去刺激上的輔助；⑸控制別者可以觀察的行為；⑹透過各種不同的例子做區別訓練，及抽象的和觀念的學習；⑺修正設計以配合學習者的需要。編序教學法是將教材內容詳加分析，分成很多小單元。在單元之間理出它們的邏輯關係，加以組織，教材內容由簡而繁，由淺而深，依順序安排，達到預定的教學目標。電腦輔助教學的實施，理念和內容源自於編序教學法的作法，讓學習者在電腦操作中，完成學習目標。

三、聯結理論

聯結理論認為學習的產生是由於刺激與反應的不斷出現，伴隨強化作用而成功。聯結理論的發展由早期桑代克的嘗試錯誤理論，至史金納的操作制約理論，對人類的學習活動做了相當深入的描述。電腦輔助教學運用史金納的理論而發展出教導式（tutorial）與練習模式（drill and practice model），在教學過程中提供增強而達到學習目標。

四、認知理論

認知理論認為學習的產生不僅是刺激與反應的聯結，而是學習者對學習環境的認知。以布魯納的學習理論為例，學習者對事物的學習，都是由具體到抽象，由感官直接經驗到符號表徵而獲得學習。認知學習理論的學習模式，強調個體的學習和訊息處理模式一樣，學習的完成包括注意力、選擇性知覺、練習、語意重組、搜尋、反應組織、回饋、實際的處理控制等程序。

五、社會學習理論

班度拉 (Bandura) 認為人類的學習是由社會狀況中發展出來的，學習是由透過觀察旁人之反應後，試圖去模仿相似的反應模式，而達成學習。班度拉的社會學習理論，指出觀察學習包括四個主要的過程 (Bandura,1977) ：⑴注意力；⑵保留處理；⑷將各類符號轉換成適當行動；⑷動機處理。

參、電腦輔助教學的類型

電腦輔助教學的發展奠基於各種學習理論之上，在教學過程中教材的性質、編排、目的與方法不同，所發展出來的教學模式也有不同（林寶山，民 87 ： 202-204 ）。

一、練習模式

練習模式 (drill and practice) 是教師將學生所要學習的重要概念、名詞、技能、問題解決，作為學習需求上的安排。由電腦將前述的訊息，轉換成電腦相關語言，呈現在學習者面前，讓學習者透過不斷的反覆練習，達到學習目標。問題的呈現依據困難度，或是邏輯組織，由簡單而複雜，由具體而抽象。學習者面對電腦做出學習反應，電腦提供學習者即時的回饋和增強作用，讓學習者隨時得到立即性的回饋，修正自己的學習。

二、家教模式

電腦輔助教學的家教模式，又稱之為個別指導模式。教師將學生的學習內容，轉換成電腦軟體，提供學生個別指導，教師與學生的溝通僅限於電腦和學習者之間。此種模式通常以特定的小段教材，以問題形式，讓學生面對電腦從事學習，並回答相關問題，電腦軟體中隨時依據學生的反應評定對與錯。教師將教材組織和內容，輸入電腦的不同路徑（pathways），讓學生隨時得以自行選擇需要的學習內容。家教模式的教學不但讓學生可以隨時決定學習時機，也可以適應學生的個別差異。

三、遊戲模式

遊戲的教學模式是教師將學生需要學習的內容，以各種有趣的遊戲和比賽的方式呈現，提高學生的學習興趣。學生從遊戲中完成學習目標，在無壓力的情境之下，學習效果較佳。在此種教學模式中，教師的主要職責是設計遊戲的規則，指導學生遊戲的過程。學生從電腦遊戲中，熟悉各種原理原則，學習各種經驗和事實。

四、模擬模式

模擬模式是一種學生面對電腦中所出現的模擬實物或情境，提出因應對策的教學方法。此種模式主要提供學生在面對各種情境時，思考因應行為，以形塑實際的生活經驗。教師在此模式中，必須將生活中的真實情境濃縮或模擬成電腦軟體，讓學習者透過電腦模擬情境從中學習，增加生活經驗。

五、發現模式

發現模式是由電腦呈現問題要求學生解決，又稱之為探究模式（inquiry mode）。由學生在面對電腦時，用嘗試錯誤和歸納的方式向電腦提出詢問，由電腦資料庫中讀取資料，作為解決問題的參考。因此，教師必須花一些時間在電腦資料的儲存方面，學生才能從電腦中隨時讀取豐富的訊息，以輔助學習活動。

肆 評論

電腦輔助教學的實施，主要在於延伸人類心智方面的能力，透過電腦記憶量大的特質，協助教師完成教學目標。電腦輔助教學對教師的教學行為與學生的學習活動，可以發揮教育效益。

一、優點

1. 提昇學習成就

依據相關的研究（如 Taylor,1974 ；Hall,1981 等），電腦輔助教學對學生的學習成就具有相當的效率，尤其對學習能力低的學生更有效。

2. 運用感官刺激

電腦輔助教學的基本原理，運用認知心理學的理論，認為人類的學習活動是對整個學習環境有完整的瞭解。因此，在教學活動的設計方面，充分應用其他的視聽媒體，充分運用人類的感官刺激，使教學效果提昇。

3. 適應個別差異

電腦輔助教學的設計，讓每位學習者的學習活動充滿刺激，單元教材的設計能適應學習者的個別差異，滿足不同學習者的學習需求。在實施教學時，依據學習者的反應，不斷修正學習行為，教師隨時診斷學習策略的得失，作為調整教學的參考。

4. 充分的回饋訊息

電腦輔助教學的實施，提供學習者立即的回饋，充分的立即回饋有益於學習者學習的保留量，可促進精熟學習的目標。

5. 完整的學習歷程

電腦輔助教學在學習歷程方面，使學習者瞭解資訊的可用性，自行評估訊息的重要性，將訊息按邏輯關係，形成依序排列關係。在教學中，隨時提供學習者轉移學習流程的機會，隨時控制學習流程。

二、限制

1. 師生關係的質疑

電腦輔助教學的實施，將教育過程中的師生關係，窄化為人與機器互動的歷程。忽略了教師除了扮演經師之外，更應扮演人師的角色。

2. 缺乏專責組織和人材

電腦輔助教學在七〇年代就已引進臺灣，然而在成效方面仍乏善可陳，主要的原因在於缺乏專責的人材，從事整體規劃和推動的工作，其次由於教師對電腦輔助教學素養和認知不足，使電腦輔助教學的推廣受到很大的阻力。

3. 教學方式缺乏深厚的理論基礎

電腦輔助教學的基本原理，雖以行為學派和教育學理論為主，但一般教學研究者認為缺乏哲學理論基礎，尤其對教學行為未做分析，在實施過程中，成效值得懷疑。

4.缺乏正確的認知

一般社會人士對電腦輔助教學的認知，總和遊戲軟體做聯想，忽略在教學上的價值。再則，國內的電腦輔助教學缺乏整體規劃的觀念和作為，使得在教材軟體的設計方面，未臻理想，無法發揮整體的影響力。

5.研究發展上的不足

國內對電腦輔助教學研究發展，有待更多的人力投入，才能發揮組織和整體的力量，並且統整相關的資源，提昇教學的品質。

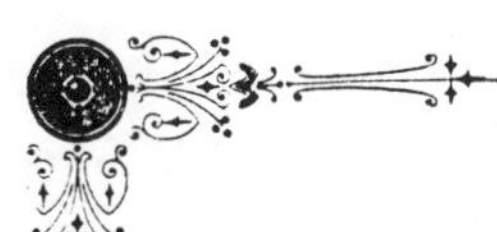

教學研究篇

- 教學的研究發展及其對師資培育的啓示
- 自我導向學習理論在教學上的意義
- 教師效能的研究及其在教學上的應用
- 迷思概念的研究及其在教學上的應用
- 有效的班級經營
- 教師教學效能與班級秩序
- 從時代變遷談師生倫理的重建

教學的研究發展及其對師資培育的啓示

壹 緒論

Smith 在其主要著作《教學與師範教育國際百科全書》中將教學做了五種定義：(1)知識或技能的傳授；(2)教學即成功；(3)教學是有意的活動；(4)教學是規範性的行為；(5)教學的科學性定義應該是更明確更複雜(Smith,1987)。此研究定義代表著研究者自古至今對教學所持的觀點，由Smith 對教學所歸納的定義中，不難瞭解教學所包含的層面相當地廣。舉凡教師、學習目標、學校、班級、課程、教材教法、教學環境、家庭與社區環境等均屬於教學的影響層面。因而，教學研究的範圍應該是相當廣闊的，除了上述因素之外，教學活動與教學目標之間的相關及連結、教師的教學效能、各因素與因素間的關係，都是研究的主要題材。

教學研究在美國早於二十世紀初期就已展開。早期的研究範圍狹小，研究方法與設計也很簡單，後來隨著研究領域的擴大，新的研究方法及統計方法的出現而使教學研究日益蓬勃（簡紅珠，民 81 ： 2 ）。教學研究依其典範、興趣、研究環境及其時期的改變，大致上可分成幾個階段：教師特質研究、過程一結果的研究、教師思考的研究、教室生態學的研究、教師知識的研究等。「教師特質」研究重點在於教學為教師人格特質的表現結果，研究主旨在探討教師特質如思想、本身能力、外表、智慧……等，建立有效教學的指標。「過程一結果」的研究強調師生之間的交互作用，並重視教師教學行為對學生學習成就的影響。研究過程是將教師的教學行為、學生的學習行為和成就加以量化，探討實驗變項之間的關係或成效。「教師思考」的研究將教學視之為教師作決定及執行決定的過程，將複雜的教學及教師的心智活動等隱而未現的層面得以攤開來。「教室生態學」的研究重視影響教學的潛在因素，從人類學、社會學的角度探討班級成員對團體文化的理解，分析教學活動，以深入理解教學情境的複雜性。「教師知識」的研究關切教師所需具備的專業知識，以及如何學習與使用專業知識以達到有效的教學。主張教師專業知識的發揮，不僅是對教學概念、原理原則、理論有清楚的腹案即可，同時應該瞭解如何將學科內容轉化成為學習者容易瞭解的形式，以清楚地掌握學科內容。

教學研究與師資培育的關係相當的密切，藉著以教學研究的結果為基礎，提供有效的訊息及知識給師資培育單位，作為改善的借鏡。透過教學研究探討，使政策制定者作最好的抉擇，改善師資培育課程與教學。如教師特質的研究提供建立有效教學的指標，有助於師資培育專業訓練方面的啟發。過程－結果的研究提供師資培育的各種訓練方案（program），教師思考的研究舉出有效教師的教學行為、技能和策略，對師資培育具有關鍵性的貢獻。教室生態的研究提供詮釋教學效能的參考架構。教師知識的研究深入剖析教師對學科的認識、信念及其表徵內涵，使研究者對教學有更深層的概念，提示良好學科背景對教學的重要性。有鑑於此，本文擬從教學研究的發展趨勢與新取向，及其對師資培育的意義和啟示，做深入地探討，分析其二者的關係和關聯，提出適切性的建言。

貳 教師特質的研究及應用

一、研究的發展、方法與假定

1. 研究假定

教師特質的研究是屬於傳統的研究方式，此階段的研究重點在於視教學為教師人格的表現結果。其研究假定為教學品質是取決於教師個人的特質 (characteristics) 。教師行為被視為人格特質的反映，如智力、學科知識、民主素養等皆為教師人格特質 (Gage, 1963) 。研究的主旨在於探討教師特質，如思想（包括信念、價值、理想）、本身能力（專業涵養、經驗、教學能力）、外表、智慧……等，以建立有效教學的指標。教師特質的研究範圍包括教學的先在變項 (presage variables) 與結果變項 (product variables) 及其二者關係的研究 (Dunkin & Biddle,1974) 。先在變項包括教師知能（指教師本身所擁有的知識、技能與價值等工具性知能）、教師的先在特質（指進入師資培育課程本身已具有的知能及態度，如教學理念、信念等）。結果變項是指教學在學習者的學習成果、態度、技能與社會性等各方面所產生的短期和長期的效果，通常是用來作為評鑑教學品質的規準。由於早期展開的教學研究，多半受到教師效能觀念所左右，因而研究焦點始終圍繞在⑴效能是教師某些人格特質或特徵的結果；⑵效能是決定於教師所使用的教學法；⑶教師效能是取決於教師所營造和所維持的氣氛；⑷效能教師是能精通一套教學知能；⑸效能教師具有專業的決斷能力，不僅精通所需的教學技能，而且能以專業的判斷能力，適時地應用在教學知能的概念上（簡紅珠，民 81 ： 19 ）。

2. 研究方法

在 1960 年代之前，從事教學研究缺乏較客觀及有效的研究工具。因而教師特質的研究，多半是研究者設計一些效能教師特質方面的問卷，讓受試者以簡單的文字描述或口頭述說之後，研究者依據研究上的需求將蒐集的資料加以分類、歸納，或轉換成次數及百分比分析。此種缺乏客觀的研究，信度及效度都令人存疑。

二、研究貢獻

1. 教師特質的研究指出優良教師必備的條件

教師特質的研究雖然在研究範圍、研究方法和設計、研究工具方面皆未臻理想，但教師特質之研究指出優良教師必備的條件，如溫暖、同理心、負責任、有效率、激勵士氣、富想像力、創造力、維持良好的班級秩序等特質。

2. 教師特質的研究指出高、低效能教師的特徵

教師特質的研究也指出高、低效能教師的特徵，並藉此建立效能教師的一些效標，奠定日後教學研究的基礎。

三、對師資培育的啓示

1. 研究結果成爲甄選教師的依據

早期教師特質的研究由於各種主、客觀環境因素的影響，研究結果對師資培育並未有直接或突破性的貢獻。然而教師效能方面的研究指出效能教師的行為包括教學管理技巧（如學習時間的控制、教學內容的管理、班級

經營管理、教學速度的控制）、教學知識；可能影響教師行為及教學過程的教師特質（如個人特質、專業素養、教學經驗、以及影響教學行為的其他人格因素）；教學在學生學習、態度、技能、情緒方面所產生的各種效果等的研究成果，對師資培育具有相當的貢獻。由各種教學研究歸納出來的成果，可作為師資培育單位甄選準教師之依據。

2. 提供師資培育課程設計的參考架構

教師特質的研究提供有關效能教師的訊息，透過研究結果與建議的提出，深切瞭解各種培育方案（program）推出的重要性，結合教學理論與實務，提供各方面的認知參考架構，針對有效的教學行為、方法和策略，設計各種專業課程，以培育出更有效能的教學者。

參、過程—結果的研究及應用

一、研究的發展、方法與假定

1. 研究的發展

過程—結果的研究（process-product research）盛行於一九七〇年代，強調師生之間的交互作用，並重視教師教學行為對學生學習成就的影響。研究過程是將教師教學行為（如教法、教學策略、技術等）、學生的學習行為和成就等加以量化，探討實驗變項之間的關係或實驗成效。過程—結果的研究理論基礎係屬於實證論，強調社會結構、社會組織是規範性的、物化的，將能力、成就機會、社會階級等概念視之為理所當然。採用「假設—演繹」的方法論，重視數字的測量、工具的標準化、受試者的隨機分派，運用各項實驗研究或準實驗設計、實施抽樣調查、採用統計分析方法，並指出統計分析是「好的」科學條件，並且將各項資料的蒐集分析限定在既定的反應或分析架構中（林進材，民 86 ： 9 ）。

過程－結果的教學研究起源於對早期教師特質研究的不滿與質疑，如無法囊括大樣本、代表性不夠、研究過程中實驗控制低、資料統計處理方面的錯誤率高、影響教學行為的其他情境因素不容易掌握、研究結果類推性低等。教學研究者對教師特質研究將先在變項與結果變項連結的研究假定存疑，轉而關心過程變項與結果變項之間的因果關係 (Gage,1978) 。過程－結果的教學研究將過程變項視之為研究的重點，過程變項 (process variables) 是指教室教學情境中可觀察得到的教師與學生的行為，以及教師與學生之間的互動。由於多數的研究重點擺在教師的行為上，因而又稱為「教師行為」的研究。此方面的研究將教師教學行為量化，再以相關研究確定教師行為與學生成就的關係，再以實驗控制考驗其因果關係。

2.研究假定

過程－結果的教學研究主要假定為⑴教師行為是影響學生學習成就最重要的因素；⑵教師行為對學生學習成就的影響是單向的、直接的關係；⑶教師行為的發生次數決定其教學效能。以上的假定被批評為過於偏向教師的教學行為，而忽略學生的學習行為，同時也否定教學是雙向回饋的關係，容易因重視個別的事實而忽視整體形象。

3.研究方法

過程－結果的教學研究在方法的運用方面，早期使用各種編碼登錄系統，以記錄教師在教學中某種行為出現的次數（例如發問次數或類型、稱讚獎勵行為、懲罰責備行為等），計算出發生的次數，透過統計分析瞭解教師行為的次數與學生學習成就之間的相關程度。因此，早期的過程－結果研究是屬於相關研究。此後的研究者想深入驗證過程變項與結果變項的連結，陸續採用實驗研究。透過影響實驗結果變項的控制，瞭解是否有顯著差異存在 (Rosenshine & Farst,1973) 。

過程一結果的研究不管是理論基礎、概念架構、方法論、研究結果、成效等均受到嚴厲的撻伐。認為研究過程將部分現象和情境抽離出來成為變項，忽視其脈絡，是無法完全理解教學的整體現象（Gage,1989；Guba,1978）。Doyle(1978) 指出過程一結果的研究缺乏嚴謹的理論架構或模式導引研究者作研究變項的選擇及研究結果的詮釋。因而，研究者只憑一己之喜好，選擇研究的過程變項和研究方法，當研究成果作成結論之後，又一廂情願地作不當的推論。由於缺乏理論上的詮釋性原則，研究結果與科學性背道而馳，相去甚遠。Macmillan 和 Garrison(1974) 指出，過程一結果的研究無法全盤掌握教學過程中的意圖性，忽略教學者和學習者的意圖，因而研究結果自然受到相當的質疑。

二、研究貢獻

1. 建立完整研究理論概念

過程一結果的研究雖然被批評為取樣不當、濫用統計推論、忽略描述性資料等，但是從研究結果而言，對往後的教學研究具有啟發性意義。例如不同類型的教師行為影響學習者的學習思考歷程，如不同的認知及理解。因而建議未來的教學研究者勢必倚賴更完整的研究理論。研究者除了重視教師行為之外，也應瞭解過程變項與結果變項之間與學習者認知思考有關的中介歷程，以及與過程變項有關的教師思考歷程，此乃奠基於教學是教師與學習者相互對話，與互為主體性的理論之上。

2. 研究過程與結果之間的有效聯結

過程一結果的研究將教學所囊括的各種因素（如各科教材教法、教師行為、學習行為、文化團體、教育目標等）區分成過程變項與結果變項，並研究二者之間的關係。研究過程與結果之間並以更多的實驗法加以考驗分析其因素關係。此外，研究者意圖將更多的變項納入研究領域與範圍之內，有助於教學研究領域的擴張與快速的發展。

3. 研究變項範圍的擴大

過程－結果的研究從早期的關注教師行為到開始注意學習者的學習行為，此種轉變同時喚起教學研究者對學習者認知思考歷程的研究興趣。如學生對教師的態度。所要學習學科的信念或想法，學習過程的轉譯、類推等。

三、對師資培育的啓示

1. 提供有效教學技巧的訊息

過程－結果的教學研究歸納出效能教師的教學行為，如學習時間的管理、教學內容的選擇和佈局、班級常規的控制和管理、教學速度的掌握等教學管理方面等技巧。有助於師資培育單位作為課程規劃的參考。透過技巧的演練與模擬，使準教師具備適當與精熟「人師特質」，作為職前專業及專門知識的準備。

2. 能力本位的師範教育

過程－結果的教學研究舉出教學行為與學生學習結果的關係，成功的教師本身必須具備的條件。因而，能力本位的師範教育盛行一時。效能教學的知識體系成為師資培育單位和師範教育人員的理論架構。研究成果往往用來作為改善舊措施與建立新制度的依據。

3. 研究結果提供師資評鑑的參考

過程－結果的教學研究雖受到來自學術界的批評，然而研究結果往往被視為評鑑教師、績效責任、師資良窳與教師能力本位等措施的參考點。

4.研究成果有助於改善教學活動

過程一結果的教學研究致力於教師教學行為與學生學習成就之間知識體系的聯結(Brophy & Good,1986)。此種知識基礎與理論的結合，有助於師資培育單位作為反省思考的契機，同時作為改善實地教學的參考。

肆 教師思考的研究及應用

一、研究發展、假定與方法

1.研究發展

教師思考的研究將教學視為作決定及執行決定的過程，認為教師在教學過程中扮演主動處理訊息的角色，是一個慎思熟慮的個體，在教室中對事件的瞭解、詮釋以及決定和行動，受其知識、信念的支配與影響。由於受到過程一結果研究強調教師行為與學生成就之關係的影響。使得教學研究過於重視過程變項(教師行為)而忽略了過程變項有關的教師思考研究。偏重於外顯的行為而忽略了行為本身所蘊藏的意義，及其影響行為表現的思維與觀點。基於此點，學者從認知心理學的觀點，建議教學研究除了重視外顯行為的描述，也應深入探討較難觀察到的教學層面，如與教學有關的教師的思考、判斷與決定等(Shavelson,1973,1976,1983；Shulman & Elstein,1975)。

教師思考的研究者將教師視之為「決定者」、「臨床訊息處理者」、「問題解決者」、「診斷者」或「醫師」。Shulman 和 Elstein(1975)探討研究醫學診斷時的問題解決、判斷與決定過程中，發現醫學所發展出來的問題、方法與理論都能應用在教育研究上。Shulman 等二人建議教學研究者應將教學視之為「臨床的訊息處理過程」。如果要瞭解教學過程中的人性特質，亦即教學是由人類教師而非機器來執行，那麼教師的思考與行動之間的相關性就值得深入加以探討（轉引自簡紅珠，民 81 ： 50 ）。

由於許多研究者對教師思考研究的積極投入，研究數量大為增加，同時開創各種新穎的研究方法與設計，成立各種相關組織，如國際教師思考研究學會 (International Study Association on Teacher Thinking, ISATT)，並出版各種教師思考研究的專書、專文與評論等（簡紅珠，民 81 ： 51 ），使教師思考的研究不斷地擴充與快速成長。

教師思考的研究使教育研究對研究方法、情境、對象、主題及層面等所持的概念有所突破與改變，使我們更深入洞察教學的複雜性，如在「如何思考教學」以及「教師如何思考」方面的探討，使得教學研究與實際教學之間更緊密地結合。

2.研究方法

教師思考研究方法與一般「過程－結果」教學研究所使用的方法有很大的差異。研究過程是藉用教師自陳式報告方式，因而所觸及的問題是如何引發有效的認知自我報告過程。針對此點 Ericcson 和 Simon(1980) 認為個體在報告短期記憶的主要內容時，如將其口語報告轉譯成為文字資料時，則其信度效度相當高。

Clark 和 Peterson(1986 ： 259-260) 綜合有關教師思考研究文獻指出，一般教師思考之研究最常用的方法是說出思想、刺激回憶、政策捕捉、撰寫教學日誌、庫存方格技巧等。「說出思想」方法是由受試者將個人內在的思考，用口語表達的方式，使思考外顯化、有聲化。在思考的歷程中，將心中所想的內容說出來。「刺激回憶法」是將受試者的教學過程全程錄音或錄影下來。而後重播教學事件的錄影帶或錄音帶，讓受試者回憶或陳述在教學歷程中的思想與決定。「政策捕捉法」是引用自實驗心理學，用來探討教師的判斷歷程，由研究者出示一系列與學生、教學情境或教材有關的模擬描述，這些描述是由研究者事先編輯，每個系列情境包括五種特質或線索，由受試者加以判斷，並且在李克特量表 (Likert scale)

上記錄對每一種描述所做的一個或多個決定。「撰寫教學日誌」研究法研究者要求教師將教學計畫寫下來，並備註下列事項：(1)擬訂教學計畫時的情境；(2)選擇行動方案的理由；(3)在教室實際教學時的反省及評鑑。「庫存方格技術」是用來研究教師的內隱信念。

3. 研究假定

教師思考的研究，主要是從認知心理學的角度探討教學過程中教師思考、計畫及作決定的歷程，尤其是在教學時教師如何詮釋課程的意義，並將內容轉化為實際的教學。研究的目的在於想要透過研究描述教師的心智生活，並瞭解教師專業行為的因果關係。教師思考研究的基本假定有二：(1)將教師視之為理性的專業人員，本身有能力在複雜且不確定的教學環境中進行各項專業性的判斷與做決定；(2)教師在教室的各項教學行為受到其本身思考、信念及理論方面的影響；教師本身的行為也會主動影響其思考歷程、組型、判斷及做決定。因此，教師思考與外顯性行為是交互影響的(Clark & Peterson,1986)。

二、研究貢獻

1. 研究主題的擴展

在一九七〇年代以前，教學研究的主要題材是教室過程（如教師行為）與教育結果（如學生的學習成就）關係的探討。此一研究典範主要用統計、計量的方法得到研究結論。研究的分析單位是教師與學生，研究本身是基於實用性與應用性的考量，容易受到教學效能、效率問題左右研究的視野。此種取向的研究不但缺乏實質的內容，也缺乏整體的概念架構(Gage,1989；Guba & Lincoln,1988)。教師思考研究，其對教學研究的影響，使學者逐漸由注意教師的外顯行為，轉而重視行為背後所蘊藏的認知思考成份(Shavelson, 1973；Shulman & Elstein,1975；Mayer,1983)。

2.開拓教學研究新觀念

Gage(1989 ： 4-10) 反省教學研究，具有下列共同的特徵：(1)在研究過程中，不採用機械的因果觀，也反對標準化的教學研究；(2)揚棄在自然情境裡有一致性假定的論點，此一假定係指相同現象會在不同時空中使用同一方法之下發生；(3)反對直線因果模式 (linear causal models) 在行為變項上的應用，以作為推論變項間因果關係的基礎，其主要的原因是直線式因果模式預設教師具有某些固定及明顯意義型態的行動。教師思考的研究不僅在研究主題上開闢新領域，在研究法上也有所突破。將教學研究帶到另一個嶄新的境地，研究取向有別於早期以教師特質、教師效能的研究。其主要貢獻在於觀念的建立及方法論的啟示。

3.奠定教師個人建構教學理論基礎

教師思考的研究，主要是從認知心理學的角度探討教學問題。認為教師對教學所形成的觀念，乃建立在教師對實際教學的信念及價值觀體系之上，此種假定以「教師」為研究分析單位乃源於基礎科學本質，奠基在教師個人建構理論基礎之上。學者對於教師思考研究的價值持相當肯定的態度 (Corno & Edelstein,1987 ； Mahnaz, 1994 ； Rainer,1982 ； Shavelson,1983 等) 。教師思考的研究提供有關教師行為、行為原因及有效行為的資料，其對於教學、教學研究與師資培育方面皆有深遠的影響。例如教師教學決定都是針對特殊情境與脈絡而發，此種快速判斷與決定是源自於教學者對環境的認知。因而研究者必須考量教學情境脈絡的差異性與其它情境不同處，才能深入理解教學決定所隱藏的意義。

4.研究者與被研究者關係的重新定位

教師思考的研究運用各種新的研究方法，使教學從以往隱而未現的層面透過教學者的自我報告而浮現。例如俗民誌研究用來探討教學歷程中教師與學生的意義系統，有助於教學研究者蒐集更多豐富的資料。此外，研究者與被研究者透過研究關係的建立，使被研究者由以往被動的角色提昇主動的角色，甚至成為協同研究者。由研究過程中的反省思考工作，培養批判思考的能力，懂得自動地分析自己的教學活動，從中改善自己的教學，進而提昇教學品質。其次，教師信念與理論的研究，在研究者的引導協助之下，將教師內在的或內隱性的教育信念具體化、明顯化為清晰的概念，而此一研究並非「專家主義」取向研究足以擔任，必須透過以實踐者中心的專業合作取向，研究者與受試者建立專業合作關係，才能提高研究的信賴度與相對客觀性。

5.引導教學者反省思考以改進教學

教師思考研究引導教師進行有計畫的教學，將專業知識適時地運用在實際的教學活動中，並分析複雜的教學情境，提供探索自己的思考及理念，增進對教學內容及過程的理解，培養教師不斷地自我反省思考以作出正確的教學判斷與決定。唯有透過實際行動的反省思考，才能培育良好的教學技巧。

6.重視教師對教學問題的認知與信念

教師思考重視教師對教學問題的認知與信念。從個人建構論的觀點指陳教師在實際從事教學時，對教學問題的認知早就存有自己的理念。此種理念對教師教學行為影響頗大。而此種信念或先前概念往往被忽略。如同Lortie(1975) 指出教師從小學到高中的學習過程中，已經觀察數十名教師的教學，從觀察與潛移默化中，不知不覺將這些觀察的印象或經驗融入本身對於教學的想法中。

三、對師資培育的啓示

1. 重視教師教學的先前概念與信念

教師思考的研究對於師資培育無論觀念的改變、課程規劃等方面具有啟示作用。教師思考的研究結果除了可提供作為教師實際教學的參考，增進專業知能外，以「教師」為研究對象所獲得的資料，可作為師資培育的參考依據。尤其從歸納相關研究發現準教師在進入師資教育學程前已形成對於教學的先前概念與信念，師資培育過程中對於準教師的概念與信念應加以檢視，以改善師資培育的功能（郭玉霞，民 83 ： 461 ）。

2. 提示教師心智生活的重要性

教師思考之研究拓展了教師與師資培育人員對教學複雜性及教師的心智生活的瞭解。此方面的理解有助於師資培育單位在課程規劃方面，結合理論與實務，瞭解教師的理念，並加以妥善處理，設計有關效能教師的行為、技巧及策略。

3. 指出專家教師與生手教師的差異

專家與生手教師在教學過程中使用特別認知結構與問題解決策略方面差異的研究，如知識庫及知識結構、心理表徵及訊息處理過程、對教學目標的看法、計畫教學及時間的看法、教學事件的理解、發問技巧、教室管理、學習評量等方面的比較分析，透過專家教師與生手教師差異的分析比較，擬定有效促進教學效能的策略或模擬情境，有助於準教師專業方面的成長。

伍 教室俗民誌的研究及應用

一、研究發展、假定與方法

1. 研究發展

自從過程一結果研究盛行以來，教學研究一直受到實證主義的影響。實證主義主要以自然科學的方法或程序處理各種複雜的教學問題，並藉研究過程建立法則及效率指標。過度量化研究容易將教學現象的複雜程度過份化約與簡化。反自然科學者一致認為教學必然牽涉到賦於意義的意向和目標，科學牽涉到直接、單向的因果關係，但是教師的教學行為與學生學習之間並無絕對一對一的因果關係，科學方法只能用於不受時空與脈絡影響、穩定而一致的自然現象，而在真實的教學情境中這些是不存在的（林進材，民 86 ： 10 ）。因此，自八〇年代起為匡正實證取向教學研究的偏失，重視教學意義的詮釋取向成為教學研究的主流，質的研究隨之興起。質的研究 (qualitative research) 是一種產生描述性 (descriptive) 資料的研究，描述的內容包括人類所言、文件和可觀察的行為 (Taylor & Bogdan,1984) 。質的研究方法通常包括個案研究 (case study) 、自然探究、實地研究 (field work) 、俗民誌 (ethnography) 、俗民誌方法學 (ethno-methodology) 、詮釋性 (interpretive) 研究（歐用生，民 78 ）。質的研究資料是以文字的形式而非數字或量化形式呈現。

相對於過程一結果的研究，質的研究重視數字背後的意義。從研究者的參考架構理解人類行為，人類行為的意義，及其社會交互作用的脈絡，並針對主觀的狀態予以移情的去理解教育過程的整體現象和情境。因此，研究的重點在於注重過程的分析，蒐集研究情境各面相的資料，以便深入瞭解整體情境中社會互動的完整圖像，對於整個事件、情境、過程中都視為獨特的實體，有其特定的意義和關係（Guba，1978）。

質的研究應用於教學研究時，通常關注的是在教室班級層次的教學事件及活動，如透視教師如何將形式課程轉化為實質課程、如何教學、如何與學生互動、學生如何學習、如何統合各種刺激、如何詮釋經驗等，重視教學者和學習者之間的互動過程及社會脈絡（social context）的瞭解。質的教學研究通常被區分為「微觀分析」（micro analysis）與「鉅觀分析」（macro analysis）。前者是分析某一班級成員互動情形，即是「教室俗民誌」。後者是分析自整個學校所獲得的資料或一些取自社區中與學校有關的資料（簡紅珠，民 81：73）。

2.研究假定

質的教學研究理論植基於符號互動論、俗民方法論、知識社會學、馬克斯主義及現象學。符號互動論強調人的經驗透過「詮釋」之後才產生意義，要瞭解個體的行為必須先瞭解個體對行為的定義。因而，研究者必須透過參與觀察方法才能進入個體界定行為的過程而瞭解行為。俗民方法論研究個體以何種方法相互瞭解和共同建構社會秩序，因此研究須從行為者的立場來瞭解社會生活。知識社會學關心的是知識生成的社會起源、及其與社會存在的關係，知識在社會結構中的分類、分配、傳遞等議題，教育研究者應從不同的角度、立場瞭解教育目的、功能和缺失。馬克斯主義強調個人對自身及所處世界的觀點受到環境的塑造。現象學強調研究者應進入個人的觀念世界中去瞭解個人如何建構和詮釋日常生活經驗的意義（陳伯璋，民 79；歐用生，民 78；簡紅珠，民 81）。基於質化研究的理論基礎，俗民誌的教學研究，其基本假定如後（簡紅珠，民 81：75）：

⑴師生在教室中的生活世界是由個體在生活環境中與相關的人、事、時、地、物，不斷交織而成的意義世界。研究者必須先瞭解受試者解釋其思想、情感及行為的架構，才能瞭解並詮釋行為的意義。

⑵在相同生活情境中的成員才能瞭解和互通各種符號的意義與分享價值觀。

⑶教學與學習發生的情境是解釋班級現象的一個重要資源。研究者要運用自然的、生態的，以及注意情境脈絡的觀點去瞭解此一情境中的行為模式。

⑷班級俗民誌是描述性質的研究，因而部分需要依賴教師與學生陳述對情境的理解與觀點。

由以上的假定可瞭解教室俗民誌的研究焦點有別於過程－結果研究追求量化結果，以建立教師教學效能的指標，而在於對教師教室行為做描述性的研究，將研究結果轉化為有效的策略或實際的措施。

3.研究方法

質的研究方法包羅萬象，研究過程頗具彈性。如個案研究、自然探究、實地研究、俗民誌、詮釋性研究等均屬於質的研究範疇。質的研究主要在於自然情境的探究，而以研究者本身為研究工具，不用實驗、問卷調查或結構性訪問等，以免因人工化的模擬情境，扭曲複雜的社會現象。因而，質的研究是講求自然的、探究問題產生的本質與情境脈絡的。研究技巧方面最常採用的是觀察、文件分析、訪問等，在研究步驟方面，從相關的文獻中（如 Bogdon & Biklen, 1982 ； Spradley,1980 ； Stenhouse,1975 ； Woods,1986 …等），質的研究過程分成以下幾個階段：

⑴界定研究問題：問題來自於研究現場的現象或某一事件，尤其是不尋常的事件，或是某些平常容易被視為理所當然的事件。

⑵選擇研究場所：質的研究場所並非刻意安排的實驗情境，而是從日常生活中自然的情境導引而出。

⑶進入研究現場與維持關係：質的研究者在進入研究現場時，需先自我介紹，並告知研究的目的，以尊重被研究者。在研究過程中需和團體內各份子維持良好而信賴的關係。

⑷研究資料的蒐集與檢核：研究資料的蒐集可運用參與觀察、無結構性訪問和文件分析等。蒐集的資料必須經過嚴格的檢核。

⑸資料分析與整理：研究資料的分析與整理工作是同時進行的。在此

過程中通常運用三角校正法(triangulation)。以降低研究者的偏見，提高資料詮釋的正確性。

(6)研究結果的呈現：撰寫質的研究報告重要的是反省性(reflexivity)，研究者隨時保有自我意識，將資料的形式、用語、內容加以反省(歐用生，民78：11)。

二、研究貢獻

1.強調教師爲能反省與成長的專業人員

質的教學研究重視的是融入教學情境中，從事長期性的參與觀察，從觀察、蒐集資料、檢核資料到自我反省活動。研究者透過自我反省達到自我監控，讓研究者有意識地掌握在研究中的言行舉止與思考過程，覺察自身對受試者所產生的影響。教學研究與教師之間不斷的對話與建立互為主體性過程，引導教師不斷地反省自己的教學，從反省思考中得到專業方面的成長。

2.強化「教師即研究者」的運動

質的研究模式及成果，使教師對「教師即研究者」(teacher as researcher)的理想深具信心，願意除去以往懼怕深奧研究理論架構與複雜研究方法論、統計的情結，投入教學研究的行列，反省或研究自身的教學，解決面對的教學問題。尤其透過行動研究，培養對自身教學的工作進行反省，以促進專業的成長。

3.深入描述班級教室的各種現象

質的教學研究必須進入教學場所以及教學者和學習者的觀點和現實之內。從資料蒐集過程中，長期性參與觀察，深入瞭解班級教室中的各種真實面貌，以及課程與教學的實踐情形。教學中各種複雜的因素、面相，透過研究一一地浮現。平日，我們容易視為理所當然或習焉不察的現象，成為值得研究探討的議題。質的教學研究另外一項啟示在於揭露各種文化差異或先在因素而影響教學品質的現象，值得研究者關注。

三、對師資培育的啟示

1. 重視反省思考能力的培養

質的教學研究強調教師為能反省與成長的專業人員。尤其自 Schon (1983) 提出培養教師反省思考的能力是師資培育強調的重點。因而，批判反省能力是確保教師專業自主性的必要條件。師資培育應該以培養教師教學反省思考能力為主要目標。

2. 提供模擬真實教學情境的素材

質的教學研究對教室中的教學事件及活動，如透視教師如何轉化課程、詮釋課程、如何教學、如何與學生互動等相當清楚的描述。因而，透過研究資料的呈現，將複雜的教學活動，一一攤在陽光下，讓讀者從閱讀中一目了然。引導職前教師閱讀質的教學研究，有助於他們在進入實際教學情境中，對班級教學，有概略性的瞭解。

陸 教師知識的研究及應用

一、研究的發展、方法與假定

1. 研究的發展

由於教學研究典範的轉移，自一九七〇年代開始，逐漸由鉅觀的量化實證，轉向詮釋理解的微觀取向研究，強調教學過程中師生之間的互動關係，是影響教學效率的主要因素。如果教師在教學過程中的思考歷程、內容、知覺及其所持的實踐性理論（原則、觀念、價值、信念及內隱性理論等），是決定教育革新成效的主要關鍵 (Elbaz,1983 ; Clark & Peterson,1986 ; Clandinin,1986 ; Cornett, 1987) 。基於上述論點，教師知識的內涵及界定，成為教學研究的重要議題。「教師需要具備何種知識？」、「什麼是教師知道的？」此類的研究是教學研究的新典範。 Shulman (1987) 研究生手教師與專家教師建立教學模式中指出，教師在教學時引用許多相關的知識，如內容知識 (content knowledge) 、教學內容知識 (pedagogical content knowledge) 、課程知識 (curriculum knowledge) 一般性的教學知識 (general pedagogical knowledge) 、目的與目標的知識 (aim and purpose knowledge) 、學習者有關的知識 (knowledge of learner) 以及有關教育情境、設施與管理的知識 (knowledge of education context ， settings and governance) 等。

教師知識的研究是教師思考與教室俗民誌的後續研究。 Clandinin (1986) 歸納教師知職方面的研究可分為四種類型：⑴教師們所使用的理論有那些？此方面的研究探討教師在哲學、社會學、心理學等所使用的理論知識基礎。⑵教師們使用實務的知識有那些？如教學用的課表、教科書、教學指引、教學方法及策略等。⑶教師們所持的知識有那些？⑷教師們所持有的實務知識有那些？如教師在實際教學中所發展出來的規則 (rules) 、原理原則、所形成的教學意象 (imagines) 等。由於研究者對教師知識組成內涵有不同的界定，而一般教學法知識 (general pedagogical knowledge) 、學科知識 (subject matter knowledge) 、學科教學法知識 (pedagogical content knowledge) 與情境知識 (knowledge of context) 最受教學研究者關注（簡紅珠，民 81 ： 92 ）。

教師知識的研究有別於以往教師特質的研究、過程一結果的研究及教師思考的研究，對於教師教學與學生學習成就之間的關聯，不再試著去驗証或描述，而是嘗試性地探討教師知識的意義、性質、內涵、形式、組織與內容等。成功的教師教學效能不再侷限於建立效標，或是教師對教學的概念、原理原則或課程理論理解即可，同時也須詮釋課程並熟練地將形式課程轉化為實質課程，以學習者能接受的形式，將學科知識傳達給學生。

2. 研究方法

教師知識的研究由於涵蓋的層面相當廣，因而方法的使用也相當地分歧。一般而言，教師知識的研究採用作業 (task) 測驗、作業訪談、刺激回憶訪談、個案研究法、教室觀察訪談等。教師知識在方法論上有一些突破。如(1)在自然的教學情境中進行，而不是在人為操縱的實驗情境中蒐集相關的研究資料；(2)引用個案研究法，對教師投注於單元或每課教學的思考與決策，做詳細的描述；(3)以教師的學科教學法知識與學科知識為研究焦點；(4)探討教師學科的知識、取向和信念與教學行為之間的關係（簡紅珠，民 81 ；Brophy, 1991 ）。教師知識使用的研究方法有別於傳統的教學研究法，因而受到各方的質疑，例如內省、回憶及自我報告認知過程所能學到的事物是相當有限的。使用作業訪談可能受到下列的限制(1)過於簡化複雜的教學情境，無法獲得整體的理解；(2)教師知識的研究結果能否運用到實際教學情境中值得懷疑，因為人常有言行不一致的現象；(3)受試者內隱性知識或觀點在測量上有因難；(4)受訪者與研究者的關係建立不易，因而提供資料的真實性與有效性令人存疑；(5)研究者與受試者不易形成互為主體性；(6)研究者的先前預設容易誤導受試者（黃瑞琴，民 83 ）。

教師知識的研究方法各有其優缺點與使用限制。研究者應針對研究目的、情境、主題、內容等交叉使用，以達到資料的有效蒐集及運用。

3. 研究假設

教師知識指的是教師在面對複雜的教學情境時，為了達到有效教學而本身必須具備的理解、知識、技能、氣質等各種能力。具體而言，教師在教學過程中，如何詮釋課程、轉化課程，瞭解各種理論、概念如何有效地組織、講解並以學習者能理解的形式傳達給學生。此種知識是學科知識與教學法知識的操控。依據研究發現，教師在教學前、教學中、教學後的思考與決策時，引用豐富的教師知識。因而，教師知識的研究蘊含著以下幾種假定：⑴教師的教學思考與決策受到教師知識的影響，此種影響不易浮出檯面，它是潛藏式的；⑵教師的教學計畫和教學行為、表徵，受到其如何使用知識、組織和驗證知識的影響；⑶教師的教學計畫和教學行為涉及教師在此中，對學科知識的整合；⑷教師的學科知識影響教學的內容與過程，同時也影響教學的內容及方式；⑸教師的學科知識影響教師的學科教學法 (McGraw, 1987 ； Richert, Wilson, & Marks,1986 ； Grossman,Wilson, & Shulman,1989)。

二、研究貢獻

1. 提示學科知識的重要性

教師知識的研究係針對過程－結果研究與教師思考研究的缺失而發展出來的一種新的研究典範。研究重點係探討教師對學科的認識與信念，以及如何組織、詮釋、轉化學科知識成為學習者可以理解的形式。研究結果有助於對教師心智生活的深入瞭解。同時揭櫫學科知識的重要性，引導教學研究者重視教師的學科教學法知識與學生成就之間的關係。

2. 使用研究結果促進有效地教學

教師知識的研究提出學科知識影響教師的學科教學法的概念。這些學科知識包括學科內容知識、學科實質結構知識 (substantive structure of a discipline)、學科章法結構的知識(syntactic structure of a discipline)、學科信念 (belief) 等。上述的研究與探討，有助於教學研究建立教師知識基礎的資料，透過各種概念，如先前概念 (preconception)、迷失概念 (misconception) 的探討，有助於引導教師檢討反省教學活動，進行有效地教學。

三、對師資培育啓示

1. 研究建立專家教師的知識庫

教師知識之研究拓展了教師與師資培育人員對教學複雜性及教師心智生活的瞭解。此方面的理解有助於師資培育單位在課程規劃方面，結合理論與實務，瞭解教師的理念，並加以妥善處理，設計有關效能教師的行為、技巧及策略。透過教師知識研究建立「專家教師的知識庫」。並依據知識庫內容設計各種有效策略，以作為師資培育的參考材料。

2. 在課程內容設計與實施方面，重視理論與實務的結合

教師知識是建構於個人的實際知識、以往的經驗、先前的概念、生活史、價值、信念與個人生活相關的各種經驗上。它是透過各種正式管道或非正式管道形塑而成的知識。因而，在師資培育課程內容設計與實施方面，應重視理論與實務的結合。讓準教師在未進入實際教學情境之前，對教學有一概略性瞭解，使理論與實務相互印證，以減少在未來教學中嘗試錯誤的機會。

3. 檢視準教師的先前概念與知識，作爲課程規劃的參考，以落實課程的成效

教師知識的建構，是教師在複雜的教學工作脈絡中，配合其專業訓練及生活經驗，經過各種反省與思考，所融合出來一種特殊的知識體系(Calderhead,1981)。因而，師資培育過程有需要透過各種方式檢視準教師的先前概念與知識，瞭解準教師在進入師資培育課程之前，對教與學已持著先前概念。師資培育過程中，應透過課程的設計與實施，引導準教師瞭解自身的先前概念與知識，檢視先前概念與教師知識的內容及構成，並加以修正、調整，以落實課程實施的成效。

柒 結論

教學是一種複合的概念（a complex concept），而非單一的概念（simple concept）。它同時指涉著一組繁複的概念或活動歷程。既然教學是一種繁複的歷程，那麼教學問題大半都是在此種複雜而無法事先預測的情境之下發生。教學通常是在無法精確預測與控制的情境中進行，其變項相當複雜，變項之間的交互作用難以完全瞭解。因此，教學活動有其可預知與無法預知的層面。

教學研究典範的轉移從早期「教師特質的研究」、「過程一結果的研究」、「教師思考的研究」、「教室俗民誌的研究」到「教師知識的研究」，其研究焦點在於探討「教」與「學」所涉及變項間的因果關係，透過教學研究的科學途徑描述效能教學的行為與特徵，將教學研究結果直接落實至教學實際層面。

教師特質的研究視教學為教師人格特質的表現結果，研究主旨在於探討教師特質以建立有效教學的指標；過程一結果的研究重視師生之間的交互作用，研究主旨在於探討教師教學行為對學生學習成就的影響；教師思考的研究視教學為作決定的過程，研究主旨在於探討教師教學前、中、後的思考、判斷與決定；教室俗民誌的研究重視教學意義的詮釋及教學的分析，研究主旨在於探討教學者和學習者之間的互動過程及社會脈絡；教師知識的研究重視教師教學行為含蘊的知識意義、性質、內涵、形式、組織與內容，研究主旨在於探討教師本身具備的理解、知識、技能、氣質等各種能力。教學研究典範的轉移，反映出對教學意義與影響潛存著根深柢固而不同的認定。從研究主題的選擇、研究題材的篩選、研究問題的界定、研究結果的分析討論等皆圍繞著試圖釐清教學的複雜性，以提供教師教學絕對有效的方針，建立效能教學的指標，研擬提昇教學效能指標的策略等議題。

教師特質的研究成果除了提供師資培育課程設計的參考架構，同時成為甄選教師的依據。過程一結果的研究提供有效教學技巧的訊息、師資評鑑的參考、致力於改善教學活動，同時促進能力本位師範教育的推展。教師思考的研究重視教師教學的先前概念與信念、提示教師心智生活的重要性、指出專家教師與生手教師的差異。教室俗民誌的研究重視反省思考能力的培養、提供模擬真實教學情境的素材。教師知識的研究強調專家教師知識庫的建立、描述理論與實務的結合途徑。

教學研究發展對師資培育而言，具有相當的意義。研究成果對師資培育不但具有引導作用，同時具有啟發作用。從研究主題的決定、研究內容的選擇，研究方法的採用、研究結果的歸納到研究建議的研擬，提供師資培育單位政策擬定、課程規劃設計等具體的建議與啟示。教學研究發展與師資培育二者具有相輔相成的關聯。師資培育提供教學研究更多的素材和議題，教學研究引導師資培育發展的方向和適時地規劃。

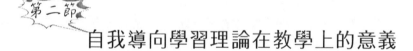

自我導向學習理論在教學上的意義

壹 未來的學習型態

由於人類資訊的發展，快速地取代並擴充人類智力，電腦資訊的廣泛應用，使得人類得以輕易地掌握全球性各種主要資料。電腦的演進過程從科學領域而管理領域，再發展至社會領域，最後成為個人電腦時代；由有限的個人空間達到全球空間。無國界的電訊發展與革新，使得人類世界成為一個地球村（林進材，民 84 ： 245 ）。人類的教育發展、學習活動隨著未來社會建構而有重大的變遷與轉移。

以往，行為學派的學習理論主張，學習是反應的習得 (Learning as response acquisition) 。是一種透過反覆練習或增強作用，使學習者獲得新的反應，建立新習慣的活動。此種理論將個體視為被動的學習者。1970 至 1980 年代之間，認知論者針對行為主義理論的缺失，主張學習是知識的建構 (learning as knowledge con-struction) ，是學習者主動去選擇有關的訊息，並運用學習者既有的知識來詮釋此一訊息的歷程，是一種學習者使用後設認知技能 (meta-cognitive skills) 加以控制認知歷程的活動。此種理論將學習者的角色由被動者提昇至主動的學習者（林清山，民 86 ）。

為了符應快速變遷的社會、資訊爆炸的時代，每個人都需要「學習如何學習」 (learning how to learn) ，才能適應未來世界的需求。終身學習的時代來臨，強調的是學習不應只侷限學校內與體制內，過去以教師導向的傳統學習型態，顯然無法與瞬息萬變的未來世界發展亦步亦驅。如同杜佛勒 (Alvin Toffler) 在其著作《未來的衝擊》 (Future shock) 中所提及：今日教育，即使是所謂的最好學校，也與時代脫節。學校傾全力要造就一個適應社會制度的人，而學習者在尚未獲得這些技能時，社會又面臨轉型 (Toffler,1970 ： 353) 。因此學校教學活動必須徹底地做反省與檢討，除了沿用傳統「教師導向」學習型態之外，間或採用「自我導向」學習型態，使學習者依據自己本身的需要，訂定學習目標，擬定學習計畫，尋找學習資源並進行學習評鑑，以落實學習成效。

貳 自我導向學習的涵義

自我導向學習 (self-directed learning) 常被用來與自我教導 (self-instruction) 、自我教育 (self-education) 、自我教學 (self-teaching) 、獨自學習 (independent learning) 、獨立研究 (independent study) 、自我導向研究 (self-directed study) 、探究方法 (inquiry method) 、自我計畫學習 (self planned learning) 等名詞相提並論 (Tough,1989 ： 256) 。

自我導向學習理論的探討，以成人教育文獻出現最多，並蔚為時尚。Knowles(1975 ： 18) 從成人教育層面指出自我導向學習是成人最自然，也是最好的學習方式。在學習過程中，學習者在無他人協助之下，診斷自己學習上的需要，形成自己的學習目標，尋找學習的人力和各種物質資源，選擇並實施適當的學習策略，以及評鑑學習的成果。Knowles 同時指出，自我導向學習的基本假設有五：⑴人類可由成熟及有能力自我導向的成長；⑵學習者的經驗是學習的豐富資源；⑶個體有其不同型態的學習準備度；⑷學生的學習屬於任務或問題中心導向；⑸學習動機來自內在的激勵，如自尊需求、成就需求等（蕭錫錡等，民 85 ： 32 ）。

Brookfield(1985) 指出，自我導向學習是個體本身規劃與進行學習活動的能力，此種能力包括擬定可預期的目標、選擇並確認適當的資源，設計各種學習策略及規劃學習評鑑等。

Wloodkowski(1985) 引用 Penland 的理論認為自我導向學習為個體自身喜愛的課程，並且依據各種學習過程中的需求，有能力自行決定學習的步調、風格 (style) 、彈性與結構者。因此，自我導向學習是學習者的學習過程，同時也是學習者的能力之一。

Tough(1989) 認為自我導向學習是一種學習者追求獨立學習、執行自身的學習程序及主動控制學習過程的歷程。因此，自我導向學習理論囊括學習環境或訊息、學習者、學習過程與學習結果等要素。

綜合以上所述，自我導向學習有別於傳統的學習理論，強調學習者在學習過程中積極、主動的學習風格。診斷自己的需求與特性，擬定自己實際可行的學習目標，尋求學習可以運用的各項資源，選用並實施適當的學習策略，並配合結果進行評鑑的過程。

參 自我導向學習的特性

依據學者（黃富順，民 78 ；張秀雄，民 82 ； Brockett & Hiemstra, 1985 ； Knowles,1975 ； Tough,1989 等）的理論分析，自我導向學習有別於傳統的教師導向學習，具有下列的特性：

一、重視學習者具有獨立的人格特質

自我導向學習重視學習者自行規劃與進行學習活動的能力，是在個體獨立作業的情況下，主動從診斷學習的需求，設定目標，確認所需人力與物質資源及評鑑學習結果的過程。因此，自我導向學習具有強烈的自我認同。傳統的教師導向學習，重視教師的教學計畫能力，教學活動的進行以教師為主，學生為輔。學習者偏向外在取向，依賴外界的增強作用，學習較消極、被動、依賴性高，不斷期盼從教師獲得更多、更明確的指導，對自我的要求較低，無法獨自完成學習活動，缺乏批判反省與思考能力。

二、學習者擁有「學習決定權」

自我導向學習理論強調自我學習的瞭解，個體由設計良好的學習情境中主動參與機會而獲得發展與增強。因此，學習過程中由學習者依據自身的先備知識、經驗、起點行為與本身屬性的需要，決定要學些什麼知識、概念或原則，並決定學習的型態與方式。學習者依學習目標的建立、學習資源的規劃、學習活動的評鑑活動中，瞭解自己的學習，進而從自我實現中完成學習活動，學習者擁有學習的決定權。教師導向的學習型態，學習的決定權掌握在教師手中，由教師決定學習者要學些什麼？以何種方式學習。此種學習型態，往往忽略學習者實際的需要、先前知識、身心屬性，衍生「教」與「學」脫序的現象，學習者無法掌握自己的學習活動，對未來充滿迷惑，他人導向的學習，成效無法達到預期的效果。

三、重視學習者經驗與專家經驗的融合

教學過程中，經驗傳遞是很重要的一環。自我導向學習理論是一種學習者自己掌握學習活動的歷程，理論與實踐的對話機會自然隨著學習者的

學習活動而增加。學習者的經驗成為日漸豐富的資源，從經驗的累積中形塑有效的學習。因而，學習者除了自身的經驗之外，尚須與專家的經驗共同融合，達到更有效的學習。教師導向由於學習決定權操之在教師手裡，學習者本身的經驗及價值均低於教師，教師負有將專家經驗傳遞給學習者的責任。學習者的學習經驗僅限於教師經驗及專家經驗，無法將自身的經驗有效地融入學習中，學習成效自然有限。

四、適應學習者的個別差異

傳統的班級教學，將各個不同的學習者聚集在一起，施於同一種教學方法，同一套教材。齊一標準的教學顯然無法適應個別差異，自我導向學習過程中，學習者勢必準備好學習必須完成的生活任務和克服生活問題，個人準備程度不同，其學習步調及意願也因人而異。自我導向學習的特色在於學習者依據自身的學習速度、方式來進行。因而在學習活動中能兼顧學習者的個別差異，同時也滿足學習者各種不同的需求。教師導向的學習安排方面，要求不同程度的學生學習相同的事物，齊一標準的學習成就要求，顯然忽略了學習者的個別差異。

五、以工作或問題中心取向的學習導向

自我導向學習，將學習重點集中於工作 (task) 或問題中心。因此，學習經驗是建構於完成工作或解決問題的學習計畫或探究單元。學習者的經驗是擴散式的。教師導向的學習過程，學生接受的是學科內容導向的學習。因而，學習被視之為教材內容的累積，學習經驗是依據所有單元內容加以組織而成，學習者的經驗是聚斂式的。

六、學習者的學習動機來自於內在誘因

自我導向學習的學習動機是來自於個體內在的激勵，如自尊需求、成就需求等。因而，自我導向學習者的學習動機受到內在誘因的激勵，使學習活動產生自發自動的動力。教師導向學習的學習動機是來自於外誘動機，學習者受到外在獎賞和懲罰的影響而學習，因而，學習者容易產生被動依賴的情形，缺乏積極主動的精神，學習態度消極被動。

肆 自我導向學習在教學上的意義

自我導向學習是學習者針對自己的學習，設定實際可行的目標，運用有效的資源，選用可行的學習策略，對自己的學習結果進行評鑑的過程。此一學習理念對教學活動產生相當的影響，不管對教學意義、教師與學習者的角色、教學策略、教學場所、學習情境等均有突破性的開展意義，廣泛地改變了教學的意義與內涵，造成多方面的影響。

一、教學的涵義擴大

自我導向學習理論的提出扭轉傳統對教學的認知，使教學的性質和範圍面臨各種挑戰和改變。首先是教學涵義的擴大，改變以往將教學定義為面對面的教學型態，擴展至自我教學。自我導向學習不但將教學定義作更寬廣的詮釋，同時也擴大教學的範圍，教學的本質已從內容的灌輸轉而重視服務和資料的交換。

二、教師成爲學習促進者

Knowles(1975) 指出，在自我導向學習中，教師的角色應該重新定

位，從傳統內容的傳達者 (content transmitter) 轉而成為學習的促進者 (facilitator of learning)。教師主要是運用協助學習的技術及擔任教學與學習之間交易的經理者，而不是資訊的供應者。權威的教師角色，以專家的姿態，期望學習者能記憶及背誦任何教師所教的或學生所閱讀的事物。經理的角色，注重學習者之間的交互作用與潛在能力，鼓勵學習者為自己的學習活動擔負責任（張秀雄，民 83 ： 45 ）。學習的促進者提供學習者下列的協助：⑴環境的安排；⑵學習活動的規劃；⑶診斷學習需求；⑷設定目標；⑸設計學習計畫；⑹從事學習活動；⑺評鑑學習結果等。因此，教師必須具備愛心、耐心和親切的態度、開放的心胸，接受新經驗及改變等特質，來協助學習者的學習活動。

三、學習者同時是評鑑者

自我導向學習在自我監控的情況之下，完成所有的學習活動。從需求的診斷、目標的擬定、資源的運用、策略的選擇到結果的評鑑，是在獨立作業的狀態之下完成的。因而，學習者控制其學習活動的計畫與執行。學習者除了規劃各種學習活動之外，同時也要擔任評鑑的工作。此種轉變，有別於以往教學評鑑完全由學者專家或教師操控的情況，賦于教學評鑑更多人性化的考量。評鑑從學習者自身出發，較能達到預期的效果。

四、提供學習者最大的選擇機會

自我導向學習強調學習者擁有學習的決定權，學習是一種學習者經驗和專家經驗的融合過程。此種的學習不受到場合、地點、時間及情境 (context) 方面的限制。學習的進行可以依照預先設計的架構 (predefined framework) 去執行。因而，教學者應該提供最大的選擇機會讓學習者依據實際的需要作抉擇。提供的內涵包括學習資源、學習材料、學習類型、學習方法等。

五、建立教學者與學習者之間的夥伴關係

傳統的教學型態，教師是權威的代言人。以專家的姿態將各種經驗、概念、法則與材料，不假思索地灌輸給學生，傳遞給學生。期望學習者能記憶及背誦任何教師所教的或學生所閱讀的事物。自我導向學習，注重學習者之間交互作用與潛在能力，教學者與學習者的關係由以往上對下、權威與附屬型態，轉型為夥伴關係。學習者與教學者針對各科學習目標、策略、評鑑標準訂定學習契約（learning contract）。經由契約的方式連結師生的夥伴關係。學習契約提供學習者所進行學習活動的文字記錄，同時也擔負學習品質控制的機能。

六、重視學習者的強烈內在動機

自我導向學習與教師導向學習最大的區別在於重視個體內在的強烈動機。從學習者自尊需求、成就需求的滿足中完成學習活動。在學習活動中，個體內在動機需求不斷地湧現，成為促進學習的原動力。教師導向學習重視外誘動機，學習者受制於外在獎賞與懲罰的侷限，學習效果不佳。因此，學習者內在動機的滿足，成為教學過程中重要的影響因素。學習者從診斷學習需求、預設目標、確認所需人力與物質資源及評鑑學習結果的過程中，每個環結都能得到來自內在動機的支持，從內在動機的滿足中，完成學習活動。

伍 結論

自我導向學習理論雖然強調學習者獨立的人格特質，讓學習者擁有學習決定權，重視學習經驗與專家經驗的融合，符合學習者的個別差異等，然而實施的過程中容易受到質疑，如(1)結構對非結構的問題，即初學者如

遇高度結構性程序，則影響其自我導向；(2)內容對非內容的問題，學習內容容易受到牽制；(3)成績評定的公平性問題 (Knowles,1975) 等。雖然如此，從自我導向學習理論的意義、特質及內涵的發展，提供教學上的另類方案。畢竟，「教師導向的學習能調教出照章行事的學生；自我導向的學習卻能雕琢出學習自主的學生」。

第三節 教師效能的研究及其在教學上的應用

壹 前言

教學的概念依據 Smith 在其主要著作《教學與師範教育國際百科全書》中的定義，分成：(1)知識或技能的傳授 (teaching is imparting knowledge on skill) ；(2)教學即成功 (teaching as success) ；(3)教學是有意的活動 (teaching as intentional activity) ；(4)教學是規範性的行為 (teaching as normative behavior) ；(5)教學的科學性定義應更明確等五個層面 (Smith, 1987) 。從 Smith 的定義，不難看出教學的範圍是相當廣泛的，其內涵包括知識、經驗、技能之外，更及於品格陶冶、理想的培育、情操的啟發、道德的訓練等活動。教學是落實教育效果的重要媒介，教育品質的維護和提昇需要藉由教學來實現（黃政傑，民 86 ： 6 ）。成功的教學所牽涉的因素除了學校、班級目標、課程、教法、教學環境等因素，重要的是在此過程中能否有效地在事前分析這些因素，並且瞭解其對教學可能帶來的正、反面影響。教師教學效能良窳與否，影響教師的教學行為與表現、學生的學習行為和表現，不同效能的教師在教學前、教學中、教學後的思考與決定，教學表現會有所差異，此即為教師教學品質差異所在。高效能的教師除了能夠掌握教學的意義，祛除教學的迷思，瞭解教學的科學與藝術層面之外，亦能營造和諧的班級氣氛，維持師生之間良好的互動品質。教師教學效能的表現，是一種專業知能的高度發揮，同時也是教學知能涵養的運用。因此，本文從教師教學效能的概念、理論基礎，相關的研究派典、高低效能的特徵，探討在教學上的應用及有效能的教學行為，作為教學研究的參酌。

貳 教師效能的概念

教師效能的概念是源自於黑德爾 (F.Heider) 與懷特 (R.W. White) 早期的研究。教學效能的涵意與概念，依據相關的研究與文獻，可從幾個層面加以分析（謝文英，民 83 ： 50-59 ）：

一、從組成的成分而言

教師效能通常包含認知與情意層面。理想或合於規範的教師使學生產生肯定改變的可能性，以及是否引起此種改變。情意層面是效能感與自尊心的結合。

二、從實質內容而言

教師效能的涵義囊括教師對學生的表現、學生的學習、教學歷程、組成的成分及層面。教師效能是教師本身持有的專業方面的信念，透過此種信念，教師相信自身有能力改變學生的學習，協助學生從事有效的學習活動。

三、從構念層面而言

教師效能包括一般結果的預期與自我效能感。前者指的是一種行動導致想得到結果的信念；後者指的是個人有技能去獲致這些結果的信念。Ashton(1985) 指出教師效能是解釋教師動機的重要概念，從概念的發展中，瞭解教師教學活動的選擇和決定，在教學過程中努力的程度，以及遇到阻礙時，支持教師持續下去的程度。

四、教師效能的涵義歸納

由上所述，教師效能的涵意，可延伸歸納如下：

1. 教師效能包含多層面的概念

教師效能有認知成分，同時也包含情意成分。透過教師效能的開展，讓教師的專業能力和知識得以高度的發揮。

2. 教師效能是一種能力

教師效能讓教師深信，在任何特殊情境下，能協助學習者排除各種學習上的障礙，引發學習動機，並進行有效的學習。此外，教師效能讓教師將支持學生的各種預期付諸行動，並且有能力去改變並影響學生。

3. 教師效能是一種信念

教師效能是一種使教師不顧各種阻礙去引導學習者學習能力的信念。此種信念使教師深信使學習者產生正向改變的可能性。

4. 教師效能是適用於各種特殊情境的概念

教師效能除了是教師相信存在能力影響學習者表現的一種程度外，同時也適合於各種特殊的情境。在特殊情境之下，教師也能協助學習者進行有效的學習。

5. 教師效能是教師的自我效能感

教師效能是教師個人對於自己在特殊情境中，表現出某種行為的能力，是一種自我效能感，影響行為的產生與對表現努力的程度。從對學習者表現結果的評價而定。

參 教師效能研究派典

教師效能研究，由於學者對教師效能的定義不同，而產生不同的研究派典，早期的研究重點在特質的探討，教師特質與學習行為的關係。其次為「過程－結果」(process-product) 的研究典範，強調師生之間的交互作用。最近，除了教師思考方面的研究，學科教學知識的探討，教室生態研究的興起，使得影響教師教學的各種潛在因素，受到研究者相當的關注。

一、教師特質的研究派典

教師特質的研究是屬於傳統的研究方式，此階段的研究重點在於視教學為教師人格特質的表現結果。其研究假定為教師教學品質是取決於教師個人的特質 (characteristics)。研究主旨在探討教師特質，如思想（包括信念、價值、理想）、本身能力（專業涵養、經驗、教學能力）、外表、智慧……等，建立有效教學的指標（林進材，民 86 ： 4 ）。教師特質的研究對教學研究、師資培育的專業訓練具有啟發性的價值。

二、過程—結果的研究派典

過程—結果的研究派典盛行於一九七○年代，強調師生之間的交互作用，並重視教師教學行為對學生學習成就的影響。其研究過程是將教師的教學行為（如教法、教學策略、技術等）及學生的學習行為和成就等加以數據量化，探討實驗變項之間的關係或實驗成效。將教師效能視之為教師行為（過程）與學生學習成就（結果）之間的關係。例如：探討使用不同教學法的班級是否在學習成就上會產生差異。過程與結果的研究指出效能教師的教學行為影響學生的學習成果，教師的教學效能可透過各種適當的訓練方案 (program) 加以提昇，此種研究結果對師資培育具有正面效應。

三、教師思考的研究派典

過程一結果的研究偏於推論性低的方法論，因而容易忽略教學過程中教師與學生的意圖 (Macmillan & Garrison,1984)。自從「教學是臨床訊息處理歷程」(teaching as clinical information processing) 的觀念提出來後，教師思考的研究漸受教學研究者的重視，將教學視之為教師作決定及執行決定的過程。教師思考的研究不但讓我們更瞭解與透視複雜的教學行為及教師的心智活動，更舉出有效教師的行為、教學技能和教學策略。喚醒研究者注意教學歷程中隱而未視的層面，不管在教學、教學研究、師資培育方面都具有關鍵性的貢獻。

四、教室生態學的研究派典

教室生態學的研究重視影響教學的潛在因素，如教師與學生之間的社會互動關係、班級教室環境、社會情境 (social context)、教學環境、學生特質、社區環境、學校與社區環境等。教室生態學的研究從人類學、社會學的角度探討班級成員對團體文化的理解，分析教學活動，以深入理解教學情境的複雜性。因而，教師效能規準的建立，並非高度倚賴各種實驗操控的結果，而是源自於師生不斷地調適、互動、修正而來。此外，教室生態學的研究提供詮釋教學效能的參考架構 (Doyle,1978)。

五、教師知識的研究派典

教師知識的研究從另一個角度關切教師需要具備何種專業知識，以及如何學習與使用此種知識以達到有效的教學（簡紅珠，民 81 ： 92 ）。教師知識的研究者主張教師專業知識的發揮，不僅是對教學概念、原理原則、理論有清楚的腹案即可，同時應該瞭解如何將學科內容轉化成為學習者容易瞭解的形式 (form) ，讓學習者清楚地掌握學科內容。教師知識的研究深入剖析教師對學科性質的認識、信念及其表徵內涵，使研究者對教師效能有更深層的概念，提示良好學科背景對教學的重要性。

綜合以上幾個不同的研究派典對教師效能的界定與描述得知，早期的效能教師必須具有可欲的 (desirable) 人格特質；過程—結果的教學研究主張，與學生學習成就有關的教師行為才是有效能的；教室生態學的研究則著重於師生互動的情形來鑑定教師效能；教師知識的主張者則認為效能教師必須具備學科知識、一般教學知識及學科教學法知識（簡紅珠，民 81 ： 104 ）。

肆 教師效能研究的貢獻

教師在教學過程中如何發揮高度的效能，隨著教師本身專業知識的豐富與否、不同任教學科的性質、不同的對象及不同的教學情境，而展現出差異性。教學效能的高低、良窳，影響教師在教學中的表現、教學品質的高低及學生的學習成果。因而，教師效能在教學過程中所扮演的角色，不容忽略。

一、教師效能的研究指出優良教師必備的條件

優良教師必須具備什麼條件？何種特質？與一般教師相比較，主要的

差異何在？依據 Kyriacou, 1986 ； Medley, 1997 ； Porter & Brophy, 1988 ； Ran & Cooper, 1988 等的研究文獻指出，優良教師通常具備溫暖、同理心、負責任、有效率、激勵士氣、富想像力、創造力等特質。優良教師所表現出來的教學行為是能將專業知能有效地發揮，面對教學情境能作出審慎的行動，並且能批判地檢視行動的後果。

二、教師效能的研究指出高、低效能教師的特徵

教師效能的研究指出當自我效能增加，教師去嘗試新任務的意願也隨著增加，願意花更多的時間與努力去完成新任務。 Ashton (1984) 分別從個人成就感、對學生的期望、對學生學習的個人責任、達成目標的策略、正向的影響、控制感、師生共同的目標與決策等層面，指出高、低效能教師的特徵，對於評鑑教師效能指標的建立，具有相當的貢獻。

表 12-3-1 高、低效能教師的特徵（Ashton 1984 ： 29）

項目	高效能教師	低效能教師
個人成就感	・認為和學生一起活動是重要和有意義的 ・認為自己對學生學習有正向作用	・對教學感到挫折和沮喪
對學生行為和成就的正向期望	・期望學生進步，而且往往能發現學生達成其期望	・預期學生失敗，且對教學努力有負面影響，以及不良行為
對學生學習的個人責任	・認為教師應負起學生學習責任 ・學生學習經驗失敗時，會檢討自己的教學行為，使學生獲得更多幫助	・認為學生應負起自身的學習責任 ・學生學習失敗時，會從學生的能力、家庭背景、動機或態度等因素來歸因
達成目標的策略	・為學生學習進行計畫 ・設定師生目標 ・確立達成目標的有效教學策略	・缺乏特定目標 ・充滿不確定性 ・缺乏計畫教學策略

正向的影響	・對教學、自身、學生感到愉快	・對教學有挫折感，常出現沮喪 ・對工作和學生有負面的情感
控制感	・深信能夠影響學生學習	・教學具有無力感
師生共同的目標感	・師生共同參與，達成目標	・師生目標對立，而且關注焦點亦不一樣
民主式的決定	・允許學生參與有關達成目標和學習策略的決定	・教師自行決定達成目標和學習策略，不讓學生參與

三、教師效能的研究提供師資培育各種處方性的建議

教師效能的研究指出效能教師的行為包括教學管理技巧（如學習時間的控制、教學內容的管理、班級經營管理、教學速度的控制）、學科知識、學科教學法知識等，提供師資培育單位有關效能教師的相關訊息。透過研究結果與建議的提出，讓吾人更深切瞭解各種培育方案（Program）推出的重要性，結合教育理論與實務，提供各方面的認知參考架構，針對有效的教學行為、方法和策略，設計各種課程，俾利理論與實務相結合。

四、教師效能的研究強化教師建構教學理論的趨勢

教師效能的研究派典從教師特質的研究、過程結果的研究、教師思考的研究、教室生態學的研究到教師知識的研究，其發展趨勢由教師特質的表現結果、師生之間的交互作用至教師思考與決定等，從將教師教學成效加以量化並建立指標，到深入瞭解教學的複雜過程，使教師慢慢地由外在的評鑑標準，轉而反省自身的教學活動。Schon(1983) 發表「自我省察的執業人員」(The reflective practitioners) 後，教師反省思考能力遂成為師資培育及教學研究者關注的重點，研究者一致強調教師本身有建構教學理論的能力。教室俗民誌與教師知識的研究模式及成果，使教師對「教師即研究者」(teacher as researcher) 的理想深具信心。願意摒除

以往懼怕深奧理論架構與複雜研究方法、統計的情結，投入研究的陣容，解決自身的問題。

伍 有效能的教學行為

依據教師效能的研究及其重要性發現，有效能的教學行為指標，可從教師教學前、教學互動與教學後的思考與決定行為作詳細的描述。

一、教學前的思考與決定

1. 良好的教學計畫

教學計畫是教師教學前的安排和設計，也是導向未來教學行動的歷程。它是一組基本的心理歷程，透過未來可能結果的選擇、預測及方案的決定，教師自己建構一個可能引導教學活動的參考架構。教學計畫同時是未來教學活動的藍本，透過各種教學方案，以達到預定的教學目標（林進材，民 86 ： 24 ）。完整的教學計畫內涵包括教學目標、教學內容、教學方法、教學資源、教學評量、教學時間、教學活動、教學環境、教學對象等項目。有效能的教師在進行教學計畫時，經過縝密的思考活動，將教學過程中可能遇到的參考架構 (framework) 相符合，如遇突發狀況，可以隨時調整教學活動。

2. 掌握學習者的特質

有效能的教師在教學前必須瞭解學習者的能力、興趣、需求、起點行為、學習者的舊經驗、成熟度、特殊才能、身心狀態、對教學內容所具有的動機和態度、先前的工作經驗等，才能有效地掌握學習者的特質，分析學習者的特性、學習型態、起點行為，進而決定學習主題的選擇、想要達到的目標，目標之間的優先順序、主題的難易度。

3.精湛的教師知識

Shulman(1987) 將教師知識分成學科知識、一般教學知識、課程知識、學科教學法知識、學習者有關的知識、對教育環境認識、對教育目的與價值及其哲學與歷史淵源的認識等七項。有效能的教師必須具備精熟的教師知識，才能展現出良好的教學行為。例如具備學科教學法知識 (pedagogical content knowledge) 的教師熟悉如何針對學習者的能力及興趣，將特定的主題加以組織、統整、表徵及調整以進行有效的教學。其次，熟悉教師知識，使教師在面對教學情境時，能迅速作出審慎的行動，並且批判地檢視行動的後果。有效能的教師在面對學科時，不僅瞭解其性質與內涵，同時也清楚地知道要呈現學科的那些內容，如何將「形式課程」轉化為「實質課程」，以及採用學習者能接受和欣賞的方式，解釋學科內容。

4.有效的班級經營

班級經營是教學的先決條件，是教學的前置工作。教師在教學過程中，如果無法有效地做好班級經營的工作，則容易將班級經營置於教學之上，影響教學的成效與品質。有效能的教師，對於班級經營的內涵，如行政經營、班級環境經營、課程與教學經營、學生偏差行為的因應、常規經營、班級氣氛、時間管理、訊息的處理等皆能熟練，隨機處理並因應班級經營管理不當的影響。

二、教學互動思考與決定

1.有效運用教學時間

教學時間是有效能教師必須掌握的要素，瞭解多少時間做多少事。時間的變化與消逝使教師瞭解教學活動進行的情形。高效能的教師在時間的運用上能夠做合理、經濟的分配。教學時間的內涵可分成實際教學的時間、學習者基礎能力學習的時間及專注學習的時間。高效能的教師能夠充分地使用教學時間，不會因外在的干擾而將時間浪費在與教學無關的事項上面。其次，在基礎能力學習的時間安排上，讓每位學習者得以充分地練習，達到精熟程度。此外，教師熟練地運用各種技巧，讓學習者積極參與學習活動、學習態度積極。

2.精熟並運用各科教材教法

有效能的教師除了在教學中掌握時間因素外，更能在教學中適時地將學生的先備知識、先前概念引入學習內容中，並且在教學中融入其他的學科內容。善用已有的教學材料，利用更多時間充實及澄清教學內容。對於各科教材教法能融會貫通，瞭解學科的性質，預想學生已有的知識中可能存在的迷思概念，將自己的教學和其他科目的教學互相連絡。

3.統整教學線索及影響因素

教師思考的研究提出教學決定模式，描述教師教學互動過程中教師正在做什麼和想什麼，教師是否注意到學生的行為，觀察學生的行為是否可以接受，依據行為的容忍度考慮是否改變教學活動，進而影響教學行為。高效能的教師在教學過程中不僅著重於學習者的行為或表現，而會從各層面的角度分析教學決定歷程。其教學行為是將決定過程定位於深思熟慮的選擇行動，此外效能教師能有效掌握影響教學行為因素（如對環境的判斷、教師本身的心態、教學策略、班級脈絡、學校情境等），作為教學判斷、思考與決定的線索。從教學互動中，有效控制訊息處理流程，教學活動彈性而富變化。

4.依據實際需要調整教學活動

Peterson 和 Clark(1978) 與 Shavelson 和 Stern(1981) 提出教師教學互動模式中，指出教學互動決定始於教師對學生行為的觀察，然後判斷學生行為是否可以容忍，再進行決定，另外的研究指出教師教學互動決定是教師統整學習與教學行為，依據實際的教學情境與自身的內在評鑑標準形成決定（林進材，民 86）。因此，高效能教師在教學中，能瞭解學生的需要形成各種決定，並調整教學活動。在此過程中，教師能有效地表徵課程內容，讓學習者瞭解。能讓學習者集中注意力，積極地投入學習活動，運用雙向互動的教學，激發學習者的思考，診斷學習者的理解情形，適時地提供回饋。

三、教學反省評鑑決定

1. 能反省思考自己的教學活動

Schon(1987) 指出有經驗的教師或適任的教師會在教學結束後反省自己的教學和學生的反應，並以此作為檢討教學得失並修正實際教學活動的依據。高效能的教師如專家教師反省思考教學的重要線索是教學行動，包括教學的效果，概念的表達。教師的教學反省思考是以更開放的心靈、負責任與專業性投入的態度，對診斷任何信念與實踐的先前基礎與後果，作主動、恆常與深思熟慮地思考與決定。使教學反省思考更具彈性化、嚴謹性，並且順應教學脈絡。

2. 追蹤學習者的理解情形並提出適時的回饋

教學成果在於學習者是否理解教師預期傳達的內容及課程。有效能的教師在教學結束後除了透過反省思考評鑑教學活動之外，懂得透過各種途徑追蹤學習者的理解情形，並提供各種有效且適時的回饋，讓學生從學習中作各種觀察、類推、隱喻、舉例等思考活動，有效轉化來自教學者的各種表徵。在教學評鑑時，引導學生瞭解自己學到了什麼，發生的錯誤有那些？其主要癥結何在？讓學習者從回饋中修正或改變特定的行為。

3. 有效掌握學生行爲與教學行爲的線索

有效能的教師在教學結束後，透過反省的方式得以評鑑自己的教學，從反省中建構未來的教學活動。一般教師教學反省的線索偏向於學生行為或教學行為，無法涵蓋全面。高效能的教師教學後能統整各層面的線索，運用各種不同的知識以形成有效的決定。掌握學生行為有助於瞭解學習者的特性與反應，作為未來課程設計的調整與因應。掌握教學行為的目的在於教師自我評鑑教學行為，以作為適當的修正。

陸 結論

怎樣的教學行為最有效應？優秀教師的教學表現指標為何？一直是從事教學者與研究者極力想追求的目標與議題。教師效能的研究派典與從教師特質的研究派典、過程與結果的研究派典、教師思考的研究派典、教室生態學的研究派典到教師知識的研究派典，不同的研究趨勢，除了代表研究者關注的焦點之外，同時也代表著教學意義與教學概念的轉移。教師效能的研究除了指出優良教師的必備條件、高低效能教師的指標，提供師資培育處方性的建議、強化教師建構教學理論的趨勢之外，更從教師教學前、教學互動與教學反省思考等階段中，描述有效能教師的教學行為，對教學者與研究者都有正面的助益。

迷思概念的研究及其在教學上的應用

壹 前言：人類如何學習

人類的能力透過學習活動得以發展，以擴充生命的領域和境界。學習活動是一種相當複雜的歷程，瞭解人類如何學習以掌握學習的全貌，一直是教育學者追尋的目標。執此，人類「如何求知」與「何以得知」遂成為教學研究中的重要議題。因為在教學過程中，指導學生有效學習，比傳授知識和背誦資料來得重要。

Mayer(1992) 將有關學習的理論與主張依據研究主題、興趣與時間的演進，分成三類：(1)將學習視為「反應的習得」(learning as response acquisition)；(2)將學習視為「知識的習得」(learning as knowledge acquisition)；(3)將學習視為「知識的建構」(learning as knowledge construction)。

將學習視為「反應的習得」是早期行為學派的學習理論。此一學派主張學習是學生接收外界的刺激或訊息，透過不斷地反覆練習或增強，以獲得新的反應、建立新的習慣。學習成果評鑑便依據行為改變的總量而定。此一主張的缺失在於視學生為被動的學習者 (passive learner)，忽略了學習者的主體意識及其主動建構知識的能力。此一論點被建構論者訾議為「不切實際的科學論者」。

將學習視為「知識的習得」是一九五〇至六〇年代認知學派的主張。該學派摒除傳統將學習視為「反應的習得」，轉而將研究的焦點集中在知識的習得上面。在認知學派的觀點之下，學生由被動的學習者變為訊息的處理者，在學習過程中扮演主動處理訊息的角色，而教師遂成為訊息的分配者（林清山，民 86 ：2）。在此種情境之下，教師的主要目的在於安排教學情境，以增加學生知識庫的總量。學習成果的評鑑以學生習得知識的總量為依據。

一九八〇年代以後，教學方面的研究除了引用實驗室的方法，也加入人類學的描述、田野實地工作的分析方法，認為教學情境是由師生雙方面不斷地互動、協商與相互調適彼此觀念與行為的過程。認知論者指出學習是「知識的建構」。認為學生在學習過程中不只是知識的被動接收者，而是知識的建構者。在教學過程中，學生主動的選擇有關的訊息，透過後設認知 (metacognitive skills) ，運用其既定的知識架構 (frame) 加以詮釋，形成新的知識體系。因此，學生在學習情境中如何建構知識？如何詮釋訊息？遂成為學習理論探究的新焦點。教學的重點在於培養學生適用於各種學科的學習策略及思考策略。學習成果的評鑑以學生如何建構知識及處理訊息為依據。換言之，質的評鑑取代以往量的評鑑角色，量的評鑑不再是衡量學習成果的唯一指標。由於受到認知心理學基模建構理論以及質的研究取向影響，教育學者在探討學習理論時，開始積極地重視學生迷思概念 (misconception) 方面的研究。希望從研究學習過程中學習者本身視為理所當然的參考架構 (alternative frame-work) 、先備概念 (preconception) 或迷思概念中，瞭解學習者在學習特定學科之前，對所學習的知識或概念已存有的想法是什麼？有那些方法可以破解這些源自先前概念的迷思？教師如何掌握這些迷思？協助學習者在同化 (assimilation) 和調適 (accommodation) 這些概念時，降低干擾，達到最佳的學習狀態，透過迷思概念的探討與分析，提出在教學上的應用。

貳 迷思概念的意義

迷思概念的研究，自一九七〇年以還，受到科學教育界相當的青睞。一九八三年第一屆國際迷思概念研討會在美國康乃爾大學舉行之後，更確定迷思概念研究在科學教育研究中的地位（樊春雪、陳慧娟，民 86 ：14

3）。迷思概念的意義係指學習者在接受學校教育之前，對於學習的定義、學科內容、教科書內容、教學內容等，已持有一些不同於教學者或課程內容的想法、信念等原有知識概念。此種原有知識概念與正式的學習內容容易產生衝突，而且不容易透過學習扭轉過來。在教學之後，可能造成對課程內容的誤解。例如，在提到地表溫度時，學生的原有概念認為離太陽越近，溫度就越高。高山比平地更接近太陽，所以高山的溫度比平地的溫度高。此種迷思概念容易造成學習上的障礙。因為，學習者在學習過程中，對於外界的刺激或訊息，並非全然接受，而是透過與原有的知識相互調適、詮釋之後，有意識地選擇接受訊息。換言之，學習者對於課程內容、學科概念，並非全然接受或記憶，而是在與原有知識比較之後接受而成為自己的知識，也可能為了適應自己原存的想法而扭曲意義，或是將就自己的想法而忽略應有的學習內容。

建構論者認為個體在學習過程中，並非如行為主義學派主張學習只是單純的刺激與反應的聯結過程，而是學習者主動建構知識、經驗。知識、經驗的建構是由個體主動地由自我概念與環境交互作用而產生的。因此，學習是透過同化、適應與調適的過程而產生有意義的活動。由於個體有主動建構知識的特質，而個體所處的生活環境與經驗脈絡的個別性與特殊性，所產生的學習風格、學習動機、訊息處理方式、問題解決策略等學習特性也不同，因而所建構的知識亦因個人、因時、因地而異。

由於學習過程中，學習者所持有的迷思概念、另類參考架構、先備概念而影響學習，因而教師在教學過程中，需要進一步探究學生原有知識與迷思概念，瞭解其類型、形成原因，並針對其特點擬定學習策略與方法，以便協助學生作有效的學習，將學習障礙降至最低，學習效果提昇至最高。

參 迷思概念的形成

依據學者 Chanpagne & Klopfer, Novak, Head, Siegler …等的研究，

迷思概念形成對學習產生相當程度的影響，阻礙學習效果。然而，學習者為什麼會有迷思概念？迷思概念是個體本身所造成的？還是外在學習環境所造成的？迷思概念改變的可能性有多大？一直是學者極思探究的內容。

一、編碼的問題

編碼是源自於認知心理學的訊息處理理論。編碼是個體在接收外界刺激或訊息時，將訊息轉換成代碼（codes）的過程，它是一種學習者將所面臨的問題在記憶中轉換成合適表徵（representation）的過程。編碼完成後，將訊息貯存在長期記憶中（long-term memory），以便隨時提取。迷思概念是學習者在編碼過程中，未循著正常的方式，加以合適地編碼，導致學習能力受到限制。此種現象可能源自於下列情形：

1. 編碼的時間問題

個體在訊息處理時，經由心理運作，將各種外在世界的特徵，轉換為心理事件，以便處理與記憶。在編碼過程中，所花的時間太匆促，無法正確表徵出原有的訊息，此種囫圇吞棗而導致忽略整個訊息的全貌或脈絡，以致於以偏概全，編碼錯誤造成迷思概念。

2. 不當的編碼

在編碼過程中，個體將主要訊息無關的因素加以編碼，或未將有關的因素加以編碼，因而形成干擾。例如：在學習「溫度的測量」單元時，學生學習的主要概念是如何正確測量溫度。但是學生卻將溫度計的原理誤為學習的重點。學習者將無關的因素納入編碼而形成學習上的迷思概念。

3. 編碼的效果問題

學習者在編碼過程中，如果缺乏先前知識、經驗，無法控制主要訊息處理流程，而且錯誤地將一些問題涉及的外表特徵加以編碼，無法有效地運用先前知識、經驗並統整訊息處理的基礎，將問題的一般原則加以編碼，以達到最佳層次的編碼，導致各種缺失，在編碼效果上無法完全落實，產生部分的迷思概念。

二、學習信念的問題

信念是我們所確信的看法（意見）或確定某事存在的感覺（林進材，民 86 ： 153 ）。學習信念是學生在學習歷程中，對於歷程中所有的相關因素及變項所持有且信以為真的觀點。這些觀點是由個人所持有各種信念單位組織而成的系統。其內涵包括對自我概念、學習活動、學習內容等方面的信念，學習信念會影響學生本身對學習活動的評估與知覺，並且影響學習的成效。學習信念對個體實際學習活動成效的影響究竟有多大？影響到何種程度？目前國內外尚未有研究者關心此一議題，值得深入研究。學習信念的形成通常具有存在的預設、可選擇性、情意和評價、插曲式儲存等特性而形成學習上的迷思概念。

1. 存在的預設

學習信念是學習者對於實體存在或不存在的心理傾向、假定或預設，此種存在的預設是從平常的思考層次中發現。例如：學生如果認定物體的體積越大密度就越高，則會影響學生對物體密度的判斷與學習，而形成迷思概念。

2. 可選擇性

學習信念是學習者心目中所欲選擇的真實世界或實體。例如：學生在學習過程中，會選擇其本身所嚮往或心之所欲的學習方式來學習。如果學生選擇以其既定或誤以為真的方式學習，則往往形成學習上的迷思概念。

3.情意和評價方面

學習信念本身包括某種程度的情意和評價部分。換言之，學習者對學習方式的評價，產生不同的觀點，進而影響其學習行為。如果學習者認定學習內容及概念的正確與否對將來的生活很有幫助，則學習者就偏向認真地學習。

4.插曲式儲存

學習信念是由學習者個人經歷、文化或體制上學習的過程中所獲得的資訊，在偶然的機會中，有如插曲式的各種材料所累積而成的。因此，學習信念系統可能來自以往的學習經驗，對學習的先前概念、平日生活中所見所聞累積而成的。如果在儲存過程中，一些不當的材料或內容未經篩選而全盤吸收，容易形成迷思概念。

三、經驗因素

形成迷思概念的原因可能來自於個體實際經驗的建構。這些經驗包括直觀世界、學習經驗、日常生活事件的觀察、情境脈絡、思考等。經驗的建構對學習者的學習產生直接的影響。

1. 直觀世界

個體在處理問題時，經常以其直覺作為推理的依據。此種感官所能察覺的外在特徵容易因個人的視野而有所侷限。不自覺的臆測、個人的知覺等諸多因素微妙地影響學習，製造盲點，將一些任何與知覺相悖的觀點摒除在外。凡是與直觀世界有所抵觸的資料，不是被刻意忽略，隨便被搪塞個理由將它剔除，或是乾脆將它視之為「例外現象」(Sampson,1975)，迷思概念於焉產生。

2. 學習經驗

經驗是個體生活習得的累積，舉凡習慣、知識、技能、觀念等一切皆屬於經驗的範疇。經驗是構成學習的原因，先有引發經驗的情境，個人在情境中活動，而後才產生學習（張春興，民 84 ： 220 ）。在學習過程中，個體將舊經驗、先備知識與學習內容的知識和策略相聯結、對比而產生新的學習。造成迷思概念的原因，來自於對日常生活學習經驗的觀察、類比所產生的混淆，或是以往學習經驗不當的建構。因為，以往學習經驗本身通常充斥著敵意、情緒反應、意氣爭辯以及自我防衛的壓抑、攻擊、否認等敝帚自珍的現象。

3. 日常生活事件的觀察

迷思概念的另一形成原因來自於個體對日常生活事件的觀察。感官所能察覺出來的現象通常容易侷限於某個角落或層面。觀察事物時，注意力集中在有限的範圍，所能察覺到的顯然有限。觀察是一種運用有限方法去尋求答案的過程，同時容易失落它所不容的事物。其次，個體偏向以主觀的自我意識去篩選外界的事物，影響對日常生活事件的解釋。

4. 情境脈絡

學習者在學習過程中的想法受到各種情境脈絡的影響。相同問題、狀況，學習者因情境不同而運用不同的概念加以詮釋、說明。例如，學習者的腦海中普遍存有顯著的「另類觀點」(alternative conception)，而此種另類觀點影響學習者的思考，形成學習上的迷思概念。

5. 思考

思考是個體主動察覺外界訊息的一種心理歷程，透過思考作用，重新調整改造經驗與知識結構，以達到問題解決的目標（林進材，民 86 ： 84 ）。個體在所處的環境中，遭遇的事件或問題解決過程，與本身的先備知識、經驗結構不符，無法有效地解決問題時，為了達到解題目標，即展開心理思考歷程（Carely,1986）。個體思考過程中受限於感官所能察覺的特徵、不當的因果關係推論及未分化概念的影響，容易形成學習上的迷思概念。

肆 迷思概念在教學上的應用

迷思概念的研究對教師及教學具有正面的啟發性，讓我們瞭解迷思概念的意義、類形及形成原因，認識各學科中容易產生的迷思概念內容及想法，掌握學習者迷思概念與邏輯推理之間的關係，減少教師對迷思概念的誤解與迷思。雖然迷思概念本身對學習者的學習有負面的影響，但是迷思概念的研究對教學與研究卻有正面的啟發作用。

一、將學習者的先備知識與解題策略融入課程與教學設計中，使教學更具啓發性與創意性

教學設計基於兩個層面：一是理論基礎；二是方法技術。理論基礎係指課程設計的學科、學生和社會基礎以產生均衡的課程（黃政傑，民80：86）。課程與教學內容通常取自於學科的概念、事實、原理、原則、方法等，活動的設計為聽講、討論、實驗、閱讀、記誦等活動。傳統的課程與教學設計過於偏向「專家取向」或「教學者取向」，學習者參與的機率不高，導致所設計的課程與教學內容忽略學習者本身的特質與實際上的需要。教學效果因種種內外在因素而打了折扣。良好的課程與教學模式應包含教學者與學習者之間良好的互動關係。因此，課程與教學設計者應瞭解學習者的先備知識與解題策略，並將學習者的特性融入課程與教學設計中。其次，在課程與教學設計中，提高學習者的參與，師生共同協商設計活動，使教學更具啟發性與創意性。

二、設計各種有效教學活動，以修正學習者的迷思概念，使教學更具有效性

依據研究發現，迷思概念對學習者的學習產生相當程度的負面影響。因此，教師在教學前有需要運用各種方式瞭解學習者的原有知識與先備知識，並探析其對該學科的認知、迷思概念的內涵及其所以產生迷思概念的原因。針對學習者的迷思概念類別、特性及內涵，設計各種有效的教學活動，以修正學習者的迷思概念，減少其對學習活動的干擾。此一方面，教師可考慮運用說出思想 (think aloud) 、深度晤談、舉例說明等方式，瞭解學生的原有知識，並瞭解其所以產生迷思概念的原因，針對迷思概念擬定各種修正方案，讓學生從實際操作中建立正確的學習理論，使教學更有效。

三、透過研究探討教學者與學習者之間的概念差距，以擬定有效的教學策略

迷思概念的研究讓我們瞭解教學者與學習者之間的概念差距，例如：學習者如何建構學習理論？學習過程如何？學習者如何將外在訊息轉化成為記憶中的一部分？學習者如何將問題作有效地表徵等。瞭解這些問題之後，才能擬定有效的教學策略。其次，從「新手」與「專家」的概念分析中，瞭解新手與專家在問題表徵、知識結構、問題分析、解題策略方面的差異。針對此種差距，擬定減少此種落差的有效策略。

四、在教學中勇於接受學生不同概念的想法，鼓勵學生參與學習討論

迷思概念的研究發現，學生者在學習前對學習已持著先前概念與信

念，並非心如白板。對於「學習是什麼」等概念已有潛存著的想法。學習者在學習過程中，學習的另類架構一再的重複出現，影響對於不同情境的思考。而此種先前概念與另類架構中，包涵各種不同的迷思概念。因此，教師在教學中，應透過分組討論方式或是其他方式，讓學生有機會提出自己的想法，及其親身經歷的事件，透過此種活動，發展共同屬性的認知架構，藉由彼此之間的切磋、澄清等擴充原有的知識、概念，或修正抽換原有的想法，以建構出正確的學科概念，減少因不當建構所產生的迷思概念。

五、在教學中提供學生練習的機會，引導學生作各種觀察、類推、隱喻、舉例等思考活動

迷思概念的研究揭示，迷思概念的形成原因來自編碼問題、學習信念、經驗的建構等。雖然迷思概念的產生並非單一因素所構成，而是與各種情境相關，但迷思概念並非完全無法修正。教師除了透過各種方案瞭解迷思概念的形成之外，也應在教學中提供學生練習的機會，襄機運用專家所認定「重要的、該教的、可懂的」概念，以提供學生建構出良好的學習理論。其次，教師可在學生練習活動中，引導學生作各種觀察、類推、隱喻、舉例等思考活動。將與學習概念相互矛盾的事件引入活動中，提供學生作各種反省與批判思考，以產生學習概念上的衝突，改變錯誤的概念。

六、強化「教師即研究者」功能，鼓勵教師參與研究行列

迷思概念的研究除了提供許多學習上不同概念的想法，引導教學者在教學過程中，因應不同的問題情境而運用所學的概念。此外，引導教學研究者從不同的層面思考各種學習上的問題，針對問題癥結提出各種有效的策略。從相關研究中發現，教師在教學過程中傾向運用自己受教的方法、知識與經驗來教學生。此種教學生態容易受到「經驗取向」方面的種種限

制，導致於產生教學上的迷思概念。換言之，教師習於使用「屬於自己的理論」從事教學活動，此種自身建構出來的教學理論，或許如同學者所指，公式化的教學本身具有相當多的迷思與迷思概念。因此，在強調「行動研究」重要性的時代，鼓勵教師參與研究行列，在教學現場中發現問題、蒐集資料、分析問題、解決問題，從自身的教學生態中，關心學習問題，透過研究解決實際的教學問題勢在必行。

伍 結 論

迷思概念的研究拓展教學者及研究者的思考領域，促使教學研究者走出研究室，參與教學的第一現場，轉而關心學習者本身的想法。此種改變，給予學習者更多的關懷，以同理、瞭解、耐心寬容的態度，接納並尊重學習者的先前知識與概念，在研究中融入更多的人文關懷。同時，讓教學者在教學過程中瞭解學生對學科所持的觀點，先備知識與潛存著的想法及心中的迷思概念，針對迷思概念擬定各種不同的有效策略，減少學習過程中迷失概念的干擾，以落實教學成效。

〔本文載於歐用生主編（民 86），新世紀的教育發展。台北：師大書苑。〕

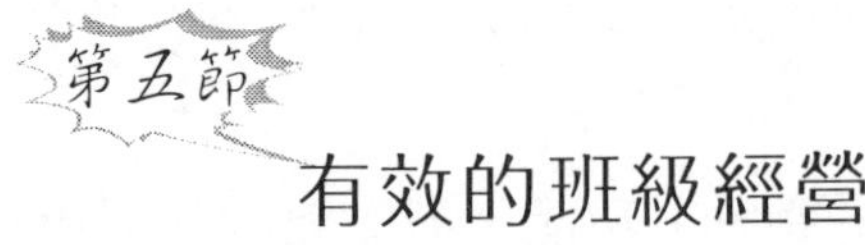

第五節 有效的班級經營

壹 前言

班級經營是教師在班級生態系統中，循著某一特定的準則 (rule) 或慣例 (routine)，適當而有效的處理班級中的人、事、物等各項要素，以發揮教與學的效果，達成預定的教育目的。因此，班級經營是教師專業的開展，同時也是每位教師必備的專業知能之一。有效的班級經營具有維持良好的班級秩序、提供良好的學習環境、提高學生學習效果、培養學生自治能力、增進師生情感交流及協助學生人格成長等功能（吳清山，民 82：13）。透過有效的班級經營策略，維持教學情境，使教學依據教師的計畫有效地進行。因此，班級經營常被視為是教學成功的先決條件，是為教學做整頓的工作。教師在教學中，如果無法有效地做好班級經營的工作，勢必得花相當多的心力在秩序的維持上面，甚至經常中斷教學活動，以處理學生的行為。教師如果無法做好班級經營工作，則勢必在班級歷程中本末倒置，使管理活動凌駕教學之上，教學活動屈居管理之下，無法落實教學成效，嚴重影響教學品質的提昇。

班級經營工作不管對新任教師或經驗教師而言，是屬於相當重要的一環。具備良好的班級經營策略，才能在教學活動中得心應手，左右逢源。然而，依據相關的研究文獻指出，班級經營和教室管理是經驗教師與新手教師在教學活動中最感到困惑與沮喪的一環（林進材，民 86：221）。因此，如何增進教師在班級經營方面的專業能力，降低教師在此方面的焦慮與困擾，遂成為師資培育機構與教師在職進修課程規劃的重點。有鑑於此，本文從有效班級經營的基礎及班級經營的要項等層面提出一些處方性的建議，提供現任教師在班級經營方面的參考，透過方案的設計過程，思考一些與班級經營有關的議題，以解決來自班級經營與管理方面的困擾，讓教學活動更順利進行，學生的學習成效更好，以提昇教師的教學品質。

貳 有效班級經營的基礎

教師在班級經營過程中，必須先考量與班級經營有關的因素與議題，才能針對問題，提出有效的方案。使班級經營活動更順利，降低影響班級經營的因素，設計有效的班級經營策略。

一、認識學校與社區的歷史與發展

每所學校都有其特殊的歷史傳統、情境脈絡及發展的特色。班級經營的規劃與設計，要能配合學校的過去、現在與未來，才能達到應有的效果。瞭解學校過去的歷史與發展，才能掌握學校的發展特色，認識過去的歷史中有那些輝煌的紀錄，有那些重大的事件足以引以為戒，才不會重蹈覆轍。其次，每個社區都有其與眾不同的地方，瞭解社區的成長與特色，才能有效地掌握社區民眾對學校發展的期望，作為班級經營的參考。如此，班級經營的運作不但能和學校的發展相配合，同時也能掌握社區的特色。將外界的干擾降到最低，化阻力為助力。

二、熟悉學校各單位的措施

學校的行政運作有固定的軌跡可循，行政人員的決策有其不同的考量。行政方面的執行，最後會落到教師身上，因此，教師在班級經營過程中，對於學校的行政運作及各單位的措施要有相當程度的理解。甚至將學校的行政運作與各單位的措施，視之為班級經營的一部分。如此，在班級經營時才不會與學校的行政運作背道而馳，產生不必要的阻力與困擾。讓學校的行政人員感到無可奈何，教師的班級經營也受到不同的干擾，因為彼此之間的失調，而抵消二者的努力。

三、充分瞭解學生

學生是教學的主體，班級組成的重要份子，班級經營的成敗關鍵在於學生的行為表現。因而，教師在班級中能否掌握學生，充分瞭解學生遂成為班級經營中的要件。教師對於學生的特質、身心發展狀況、學習經驗、起點行為、學習興趣、成熟狀態、學習能力、特殊才能等是否深入地瞭解，尤其是來自於不同社經地位與文化背景的學生，其特有的族群表徵與文化符碼，往往使教師在面對學生時束手無策，不知如何加以因應。所以，有效的班級經營要以瞭解學生為要項，瞭解學生才能掌握學生，掌握學生才能管理學生是班級經營不可顛滅的道理。

四、建立良好的師生關係

班級是由教師、學生與環境所組成的生態系統。教師與學生互動關係的建立，是良好班級經營的先決條件。師生良好關係的建立有助於班級經營活動的推展。教師如果平日與學生保持良好的互動關係，讓學生感到相當的溫暖與被接納的情懷，則學生勢必將教師視為傾訴的對象，心理上有什麼困惑，生活上遇到什麼困難，就會主動地向教師提出並共同分享生活上的一點一滴。如此，則教師得以隨時隨地掌握學生的動態，對學生的行為瞭若指掌，不但有助於班級經營，同時可掌握先機，減少不必要的困擾。

五、良好的親師溝通

有效的班級經營除了上述幾件要項之外，家長對班級的參與也要列入考量。近幾年，由於民智大開、教育普及，家長的教育程度普遍提高。在此種情況之下，家長的角色從以往的「教育上的無知」轉而成為「教育的參與者」。此種轉變不僅代表著學校教育系統由傳統的封閉型態，轉型為開放型態，同時也由教育人員決策學校教育活動的現象，轉而為眾人決策教育活動。因此，教師有權利也有義務讓家長走進教師的教學中，參與教師的班級經營活動。同時，也讓家長透過教育參與，瞭解學校教師的教學活動，班級經營的歷程及教師的教育理念。因此，良好的親師溝通是有效班級經營的基礎。從良好的親師溝通過程中，讓家長瞭解學校教師的教育理念、對學生的要求、教室中的作息、學生在學校的表現、教師的教學風格、希望家長配合的地方等，同時也讓教師瞭解家長對孩子的期望、學生的家庭生活概況、學生的家庭教育等。從親師溝通過程中，學校教師與家長取得共識，有助於學校教育的推展。有了良好的親師溝通，可以化解彼此之間的芥蒂，縮短理念之間的差距。

參 班級經營的要項

班級經營的內涵包羅萬象，其所涉及的人、事、物等相當廣泛。依據學者對班級經營的分類，其內涵包括行政經營、班級環境經營、課程與教學經營、學生偏差行為的因應、常規經營、班級氣氛、時間管理與訊息的處理等方面。因而，教師在處理班級經營時，可以從這些方面加以考量。

一、有效的處理班級事務

班級事務的處理是教師在班級經營中首先要面對的問題。針對學生在班級生活中層出不窮的事件，如何有效的處理與因應是每位教師要不斷思考的議題。依據生手教師與專家教師班級經營方面的比較研究指出，新手教師在處理班級事務時缺乏先前的知識與經驗，無法有效地掌控訊息處理流程，運用外界的相關知識，因而經常誤解學生的行為，無法適度且有效地掌握學生的活動。專家教師在處理班級事務時能利用先前知識與經驗統整訊息，運用外界的資訊作為訊息處理的基礎。因此，如何在面對瞬息多變的班級事務時，有效地處理並加以因應，是班級經營的要項。教師可以將班級規範以社會化方式融入學生行為中，培養學生的向心力，有助於降低教師在處理班級事務運用強制性策略的頻率，同時培養學生對班級的隸屬感與向心力。

二、班級學習環境的安排

班級的學習環境包含心理環境與物理環境。班級的心理環境包括班級教室氣氛、班級的心理社會環境，是一種無形的心理環境。由班級學生相互間的關係、師生間的關係、學生與課程教學及學習活動的關係，及對班級組織特性的知覺等構成。班級的物理環境是指班級教室及其他可供教學活動進行的場所及其相關的教學設施而言，包括教室配備、地點、外觀等。教師在班級學習環境的安排方面，如何將本身特有的教育哲學觀與教育理念融入其中，使班級學習環境對學習者具有相當程度的吸引力與號召力，讓學習者在班級環境中得到潛移默化的教育成效，是教師班級經營中重要的一環。

教師在學習環境佈置方面應該摒除傳統的觀念，將排排坐改為圓形的安排或配合教學性質而佈置一個有益學習的環境，則有助於師生對立關係的改善，縮短彼此之間的距離。

三、班級時間的有效規劃與運用

班級時間的規劃與運用，考驗一位教師在時間管理方面的能力。如何將有限的班級時間做最經濟的運用與最完善的使用，是一種科學也是藝術的融合。教師在班級時間的規劃過程中，要懂得什麼時間做什麼事的哲學。相同的時間可以做最大的應用，同時也能達到高附加價值的效用。一個良好的教學活動，時間的有效掌握與控制是相當重要的，學習活動時間的有效運用也是決定教學成效的另一重要因素。

四、激發班級和諧氣氛

班級氣氛是由班級師生或學生同儕之間的交互作用而形成一種獨特的

氣氛。此種獨特的氣氛影響每一成員的思想、信念、價值觀、態度、期望或行為模式。班級氣氛隨著各班師生互動及學生同儕之間的互動而形成，形成之後又影響班級中個別份子的行為。教師在班級經營中，應設法激發班級和諧的氣氛，讓班級學生認同班級，將班級發展與成敗視為自己的義務，營造良好的班級氣氛，有助於教學效果的落實。

五、矯正學生的偏差行為

學生的偏差行為與暴力問題是班級經營的一大致命傷，對於班級活動、教學的進行、同儕關係的發展與學習氣氛均有相當大的影響。學生偏差行為的出現（如不交作業、上課發出怪聲音、干擾其他學生、不守秩序等），往往造成教師在班級經營上的困擾，因此如何釐清學生偏差行為的癥結，矯治其偏差行為是班級經營的要務。

六、維持班級常規以利教與學活動

班級常規的制定與執行是為了使教學活動更暢行無阻，教學更有效率。班級常規是學生在教室生活中的一種規則，此套規則是由師生共同協商約定，用以配合教師教學或引導班級活動的進行。因此，教室常規如果無法導入正軌，就會嚴重影響教師的教學活動。教師在教學中必須經常中斷教學，加以處理學生的常規問題。有效的班級經營必須由師生共同訂定教室生活的例行工作和班規，並建立一套準則和獎懲辦法，同時讓學生瞭解不遵守常規的後果。

七、有效的教學實施與問題行為的處理

班級經營與教學活動是相輔相成的。教師在教學活動前應隨時充實學科與學科教學知識，應用其教學專業知識與技能，做充分的教學計畫與準

備、熟悉教材內容、擬定教學目標、蒐集各項補充資料與相關資源、規劃教學活動、製作教學媒體並指導學生做課前的預習；教學活動中運用各種有效的教學方法和活動，以學生實際生活經驗為著眼點，結合各種教材，引導學生思考；教學後反省思考並批判自己的教學，擬定各種方案，則教學活動才能順利進行。

肆 結論

班級經營是一種科學，同時也是一種藝術。因為在班級經營過程中，需要透過科學的研究，有系統地運用各種方法與技術，才能收到良好的效果，所以它是一種科學。班級經營的最終目的，在於預定目標的達成，使教育活動達到真、善、美的境界，所以它是一種藝術。班級經營要考量學校與社區的歷史與發展，才能瞭解過去、掌握現在、規劃未來；熟悉學校各單位的措施，才能與學校的行政運作相輔相成；充分瞭解學生，才能掌握學生；建立良好的師生關係，進而有助於班級的運作；有良好的親師溝通，才能化阻力為助力。當然，在班級經營時，也要考量班級經營的要項，因地制宜，才能收到預期的效果。

教師教學效能與班級秩序

教師的教學行為與班級秩序的控制有正向的關係，班級秩序的控制是教學的前置活動，影響教師教學活動的進行，決定教學品質的良窳。教師的教學表現，影響學生的學習行為，決定學習成效的高低。因此，教師的教學效能與班級秩序是相輔相成且一體兩面。教師的教學要達到高效能，必須從班級秩序的管理著手，才能在教學活動中左右逢源。相同的，教師在班級秩序的管理方面，欲期順暢無阻，必須在教學活動的規劃、策略的運用、方法的研擬、教學表徵方面，發揮專業知能與素養，才能在二者之間得心應手。MacKay(1982) 在其著作《有效的教學研究》一文中，針對有效的教學行為與班級秩序的運作提出多方面的建議，認為教師在教學時應該展現有效的教學行為，才能提高學生的學習參與。

一、建立一套有制度的規則

教師在教學前應該針對學生的特質與教室的氣氛，建立一套有制度的規則來處理教學與班級秩序等事務，讓學生對規則耳熟能詳，並要求每位學生都要遵守既定的法則，瞭解違反規則時將受到何種程度的懲處。教師在教學時，透過規則的運作，教學策略的配合，使班級秩序循著常軌而行。

二、有效監控座位中的活動

教師在教學活動進行時，應該在教室中走動，有效地監控學生的學習活動，讓學生瞭解自己的行為隨時在教師的掌握中。透過教師正式語言行動（如口頭制止）與非正式行動（如眼神制止），有效地遏止學生的反社會行為。其次，教師也應透過各類行動（如非語文訊息、靠近及目光接觸），提醒學生的脫序行為，將負面的影響降到最低。

三、提高學生的學習參與感

教師在教學時應該設法提高各類活動的趣味性與意義性，讓學生從學習中得到樂趣，有助於學習參與感的提昇。教師的教學活動與學生的學習活動如果無法產生互為主體性，學生的學習意願相對地就會降低，對教學活動無法產生共鳴，學習參與感就會低落而影響教學活動的進行。

四、有效運用學科教學時間

教師在教學時應該事先對學科學習時間作有效的規劃，透過各種策略的運用，補充教材的輔助，讓學生在最少的指示下進行學習任務。學科教學時間的有效運用，讓學生得以積極投入學習活動中，完成各項預定的學習任務。時間的規劃與運用，決定教學活動進行的順暢與否，同時也影響教學的品質。

五、隨機變換各種教學技巧

教師在教學活動進行時，必須有效地掌握學生的學習狀況，依據學生的學習反應調整教學策略與教學技巧。教學技巧的運用有助於教學活動的進行，增進學生的學習興趣。因此，教師必須熟悉各種教學策略，隨機變換各種教學技巧，使教學融合技術與藝術，增進學生的學習參與，提高學習成效。

六、聯結新概念與舊經驗

教師在教學時除了具備多種教學技巧，配合學習需求加以使用之外，也應設法將各科學習活動的新概念與教過的舊經驗作有效的聯結。從新概念與舊經驗的聯結中，讓學生的學習活動產生類化作用，以舊經驗為基礎，提高學習成效。

七、轉化具體活動爲抽象活動

依據皮亞傑的理論，人類的學習歷程是經由具體、半具體至抽象。教師在教學活動中如何將形式課程轉化為實質課程，是教育專業的開展，同時也涉及教學品質的議題。高效能教師在面對教學情境時，能迅速作出審慎的行動，並且批判地檢視行動的後果。教師在教學活動中應該有能力隨時將抽象概念轉化成為具體的活動，相對地也應轉化具體活動為抽象活動，學生才能從學習活動中獲益。

八、注意教室中所進行的事件

教學活動的進行受到內外在因素的影響，內在因素包括教師本身的專業素養、教學前、中、後的思考與決策、教學表徵、教學行為等。外在因素包括學生的學習反應、學習行為、學習表現、常規等。教師在教室中要隨時注意內、外在線索，因應不同的線索採取各種有效策略，注意教室中所進行的事件，有助於教學活動的進行，同時控制班級秩序。

九、良好的課程銜接與課程實施

教師在教學時，應該具有同時注意一個以上問題的能力。在課程實施方面應該設法使課程內容流暢，課程重點之間的銜接應有良好且平滑的接續。使舊課程與新課程之間，產生良好的接續作用。在課程實施時，教師的表達應該清楚明確，教學行為要能顧及學生的程度及課程進度。

十、激發學生的學習動機

任何教學活動的進行，學生「喜歡」比「會」更重要。換言之，學習動機的激發，對教學而言是相當重要的關鍵。教師應該有能力引發學生對學習的強烈動機，有了動機才能激發學生對學習產生需求，有了需求才能集中注意力於學習活動上。

十一、正確回應學生的情緒與經驗

教師在教學活動中，除了授課應該清楚明確，強化學生的學習成效之外，應該明白表現對學生的關懷、接納與重視，讓學生感受到教師正向的回饋。其次，教師應該對學生明顯與不明顯的意見、情緒與經驗作正確的回應。讓學生從教師的正向回饋中，隨時修正自己的學習行為與態度。

十二、善用發問技術並因應個別差異

教師在教學過程中，運用發問技術有助於教學評鑑工作並修正自己的教學行為。教師應針對不同的學生提出合適的問題以適應學生的個別差異，摒除傳統以單一標準要求學生的不當觀念。當學生的答案不正確或只答對部分時，教師應該隨機改變措辭、給予提示或改變問題內容降低標準，協助學生回答出更好的答案，以提供學生成功的機會。

十三、運用正向讚美鼓勵良好的表現

教師在教學歷程中，應該運用正向讚美鼓勵學生優秀的表現，以及勉勵表現較差的學生，讓每位學生在學習歷程中有自我實現的機會。教師對學生的讚美鼓勵有助於提高學習動機，激發學生對學習的熱忱。

十四、適時傳達教師對學生的期望

教師在與學生的互動過程中，應該設法傳達對學生的期望。對於能力較強的學生偶爾作輕微的批評，以傳達對他們更高的期望。讓學生隨時瞭解教師對學生的期許，從師生互動中獲得正向的激勵作用。

十五、適時統合學生的學習行為

教師對學生的學習行為（如提出問題、表示意見、學習困擾等），應該作有效的接納與整合。學生學習行為的整合，對教師的教學行為有正面的幫助。教師從學習活動的整合，瞭解學生在學習方面的反應，作為修正教學的參考。

成功的教學活動所牽涉的因素除了學校、班級目標、課程、教材教法、教學環境、學生的學習情形、學習表現、常規等因素之外，更重要的是在此過程中能否有效地在事前分析這些因素，並且瞭解對教學可能帶來的正、反面影響。教師在教學活動中能否展現教學效能與有效地運用各種策略和技巧，影響學生的學習行為。學生在班級秩序方面的表現，受到教師教學行為的影響。效能教師的教學活動能激發學生在學習上的活力與動力，使學生深受教師魅力的吸引，無形中改善常規表現，減少教學上的干擾行為，具有提昇教學效果的正面意義。如果教師在教學中無法有效地控制班級秩序，則學生的干擾行為勢必成為教學的最大阻礙。

從時代變遷談師生倫理的重建

『上一代愛談老調　　下一代愛唱反調
您說您的好　　他說他的妙
人手一把號　　各吹各的調
您想好好唱　　他卻聒聒叫
五音不全受不了　　火冒三丈出七竅
神曲天籟若想聽　　全靠溝通與協調』

壹 前言

邇來，由於經濟的快速成長、政治的日趨開放、資訊的瞬息轉變，導致整個社會結構的加速變化。影響所及，不僅是整體生活情境的變動，生活環境的更迭，同時也使傳統校園倫理受到極大的衝擊。以往，「天、地、君、親、師」倫理觀念與「一日為師，終身為父」的信念，受到嚴格的考驗。科技日進千里的多元化社會，功利主義盛行、價值觀的轉移，以及政治意識、社會參與、環保意識、民主自由、資源的衝擊、人文科技的衝突等，導致社會問題叢生且呈現結構化，青少年的倫理道德觀念不如往昔，在生活中只一味地爭個人的權益與個人自由，而忽略了相對的義務。師生關係隨著時代的變遷，逐漸地淡薄且疏離。「教育神聖」的崇高地位隨著大時代的轉變，逐漸成為天方夜譚。從事教育工作的教師們，漸漸對教育工作失去應有的信心，滿腔的教育愛，隨著環境的變遷而褪去。更甚者，堅持教育理念與教育專業者，無法隨著時代的轉變與大環境的變遷，而萌生不如歸去之念，以提前退休作為無言的抗議。有鑒於此，本文以「從時代變遷談師生倫理的重建」為題，分析師生關係的變與辯、教師應有的價值觀、師生倫理的重建，提供教育界同仁參酌，並進而相互勉勵與自我期許。

貳 師生關係的辯與變

師生關係隨著時代的變遷，產生相當的變化。以往被視為理所當然的現象，在現代化社會中漸漸成為遙不可及的神話。師生關係從以往的「絕對關係」逐漸轉為「相對關係」。面對變遷社會的挑戰，傳統的師生倫理應作適度的調整，才能符應時代的需求。教師也應體認隨著時代軌跡而轉變的事實，隨時調整自己的心態，勇於面對各種改變，培養適應變動的內外在機轉，才能超越自我的藩籬，以理性與感性面對外界的改變。

一、從絕對權威到專業權威

傳統的師生關係是建立在「師在上、生在下」的威權規範中。教師是權威的代言人，具有絕對的威信，任何人都不得對教師特有的權威產生質疑。教師之言猶如聖旨，具有無上的地位。民主社會是重視專業知能的時代，教師除了具備民主素養之外，也應具備相當程度的專業威權，藉以領導學生、影響學生。此種專業權威建立在適當的人格特質、專業的知識與技能、優異的教學與研究表現。因此，師生之間的關係是建立在專業權威關係之上。

二、從單向灌輸到雙向互動

傳統的社會中，教育過程強調以「教師為主」的教學型態。教育完全以教師為導向，以教師的意念為主，教育的主體在教師而不在學習者。教學過程是以教師為主的單向灌輸，教師是知識的傳播者，學習者處於被動的地位，缺乏主體意識與批判反省思考的能力。教學是單向的溝通，教師的教學是無庸置疑的。學習者只能被動地吸收知識與概念，沒有機會提出屬於個人的見解。師生關係偏向於知識的授受，而忽略人格的陶冶。現代的社會中，教育過程強調以「學生為主」的教學型態。教育的主體不在教師而在學習者，教學過程強調教師與學習者的雙向溝通。因此，師生關係是一種雙向互動的歷程。在此歷程中，教師傳遞知識與概念，學生得以隨時從學習過程中提出不同的見解與想法。教師發揮高度的專業精神，善用教學技巧、公平民主與熱心開朗特質，建立良好的師生互動關係。

三、從教育匠到教育專業

「師者，所以傳道、授業、解惑也。」正足以詮釋教師的角色與職責。傳統的社會，教師在教育過程中偏向「傳道」而忽略「授業」與「解惑」等職責。教師視教育為一項工作或職業，無法體認教育工作的重要性，缺乏對教育工作的正確信念與認知，導致教育無法成為真正的專業，教師淪為「教育匠」。現代化的社會，教育過程注重啟發、避免灌輸，以培養學生分析與判斷能力，教師尊重學生的興趣與個性，師生之間的關係是建立在雙向溝通上。因此，教師本身必須具備專業的知識與技能，體認教育工作的重要性，不斷調整自身的步伐，自我充實與進修，汲取專門知識與專業知識，發揮專業精神強化專業行為，建立「專業權威」，成為「專業工作者」。

四、從師道尊嚴到恕道謙虛

傳統社會重視「師道尊嚴」的精神，強調教師的社會責任應建立在「神聖」、「清高」、「樹人」等操守，期望教師以「宗教家」、「慈善家」自居。不可有踰越本份，怠忽職責非份之想。更不能受到社會風氣的影響，導致利慾薰心，對名利應處之泰然，澹泊之心以待。在教師與學生之間的關係，要求學生應該絕對服從教師、不可有所頂撞，更不能向教師權威挑戰。現代化社會，強調的是「公平」、「公正」、「理性」。教師與學生應該建立在對等的關係之上，教師應該尊重接納學生，並具有同理心，避免對學生過高的期望水準。學生對教師應秉持「尊重」、「理性」、「和諧」相待。

五、從專斷對立到尊重接納

傳統社會中的師生關係是建立在「專斷」、「盲從」、「對立」與「權威」基礎之上。教師與學生之間的疏離感相當大，彼此之間缺乏理性對話與溝通的機會。教師在指導學生學習、處理學生問題、評鑑學生的學習成果時往往依據來自本身的先前經驗或對教育工作的認知，缺乏以專業知識為基礎的考量，師生之間的隔閡相當大。現代化社會，強調師生間的關係應該建立在「溫暖、」「尊重」、「接納」、「關懷」與「同理心」基礎之上。教師與學生之間應該建立良性溝通與對話管道。教師應該瞭解學生的特質、身心發展狀態、經驗、需求等，以民主的作風，關懷學生，給學生最佳的照料。學生對教師也應該給予相當的尊重與同理心，體恤教師的期望與工作壓力。

六、從絕對盲從到相對期望

傳統社會重視學生對教師的無條件服從，導致教育型態偏向「專斷」、「蠻橫」方式，學生對教師停留在「絕對盲從」階段，如果當面向教師提出不同的意見或想法，則容易被撻伐成「大逆不道」或「背叛師門」等罪人。學生的主要職責在於服從師長、遵守校規、以校園的和諧為首要。現代化社會在師生關係的定位方面，由以往的絕對盲從，轉型為相對的期望(reciprocal expectation)。教師與學生之間的關係，可調整為動態的觀念。即師生之間的倫理關係，可隨著時代變遷與環境的改變作適度的調整。依據師生年齡的成長、任教課程、實際教學狀況及教學情境作適度的調整。

參 教師應有的價值觀

儘管師生關係隨著時代的變遷而產生巨大的變化，然而面對瞬息多變的社會，教師應秉持來自專業的良知與教育的執著，擔任教育歷程中的要角與舵手，導引學習者正確的成長與學習途徑，胸懷正確的價值觀。

一、永恆的教育愛

教師在教育過程中，除了重視知識的傳授，藉知識傳授過程將思辨的方法教給學生，讓他們運用自身的思考能力，面對各種問題的情境，建立獨特的見解之外，更應身懷仁愛的哲學，以愛人和不倦的教育愛，塑造奇蹟般的生命力與豐碩的教育成果。在教育歷程中，發揮教育愛心、耐性、熱誠與懷抱，將教育愛視為個人價值觀的至高境界。

二、無我的職業觀

教師在從事教育工作時應該建立無我的職業觀，以堅強的信念，尋覓本性的天命。修練上達於天、下接人文的毅力，專注投入，摒棄各界的誘惑，感受天命的自我，對於教育工作能自我投入，以達自我超越、自我存在、物我合一、忘卻時間、忘卻自我、一無所執，使「我」完全地融入教育工作中以達至高的「自我實現」境界。

三、無爲的人生觀

在教育過程中，教師應抱持著無為而無不為的人生觀，而無拘無束、一無所執，達到忘我而心靈的統一。面對急遽轉變的社會，應建立正確的人生觀與價值觀。不斷地反省、自勵，對教育事業犧牲奉獻，澹泊名利，清高自守，胸懷宗教家「出世」的精神，終身堅守自己的崗位，施與更多的「給予」，不期望任何的回饋，才能關照世事、關愛事物，道之不盡，無為而無不為。

四、眞善美的操守

真善美是人生的至高境界。教師在從事教育工作時，應有求真、求善與求美的操守，如此才能淡泊名利，享受桃李滿天下的成就感。也唯有追求真、善、美才能不計個人的榮辱毀譽樂於追求真理而不隨意妥協，積極地開發自身的智慧，為教育樹人的工作，積極投入。犧牲奉獻，追求教育生涯中永恆的真、永恆的善、永恆的美。

肆 師生倫理的重建

有鑑於時代的快速變遷，整體生活環境的改變，師生之間的倫理關係應該隨著社會變遷，而作適度的調整。教師應該拋棄傳統的角色及信念，摒除不當的迷失，師生倫理重建以迎向不可預知的未來。

一、專業權威的師生關係

現代化的師生倫理關係應該定位在專業權威的基礎之上。教師透過各種專門課程與專業課程的訓練，培養出專業人員應具備的特質與風範。秉持著來自專業方面的權威以引導學生學習，透過專業知能與技能的發揮，使學生得到更多的專業照顧。現代化教師也應揚棄來自傳統所賦予的各種權威與特質，以更開放的心接納學生不同的聲音，讓學生從學習過程中陶冶人格。教師應不斷自我充實，以專業方面的知能涵泳相對的威權，來贏得學生的景仰。

二、人本思想的師生關係

現代化的師生倫理關係應該建立在人文思想的關係之上。人本思想的精髓在於「教學自由」與「學習自由」。教育過程完全以「人」為主要的考量。教師的教學活動與學生的學習活動，都必須以人為本，出於自由意志。教師願意教，學生樂意學。使教學馳騁於學術殿堂中，由師生作自我的判斷，並且達到相互激盪，相互成長的效果。在新師生倫理關係中，教師得到應有的尊崇與禮遇，教學中得以自我實現。學生被視為獨立的個體，有權提出其不同的意見，並且受到相當的重視。

三、動態彈性的師生關係

現代化的師生倫理關係有別於傳統社會，不是單向灌輸、絕對權威、專斷對立。而是教師與學習者採用更開闊的心胸，建立一種動態的(dynamic)師生倫理關係。在此種關係裡教師不再堅持「一日為師，終身為父」的信條，而是彈性化面對新師生倫理關係，接納「吾愛吾師，吾更愛真理」的信念。教師依實際的情境調整自身的角色，從父母、師長、朋友、兄長角色中不斷地更替，讓學習者襄機接納教師不同的角色。學習者及社會群眾也應體恤教師的辛勤，承認教師並非萬能的事實，以「同理心」相待，減少給教師太重的期望及壓力，尊重教師的權益及聲音。

四、自由自律的師生關係

現代化的師生倫理關係強調自由自律，而非專斷對立。在此過程中，教師享有「家長代理權」，意即教師有權代理家長管教其子女，以達到教育應有的效果。當學生在教育過程中犯錯，教師得以依據其應有的職責，提出糾正與引導其改正。學生在學習過程中享有適度的自由權與申訴的管道。然應遵守團體規範，養成自治自律的習慣，以及自行承擔行為後果與責任的決心。

五、亦友亦父的師生關係

現代化的師生倫理關係，不像傳統社會的僵化。教師的角色也從絕對的權威轉而較彈性。教師在教育過程中必須隨著實際情境作適度的調整，以往「教師在上、學生在下」的關係逐漸破除，轉型為「師生對等」的關係。教師必須依據學生的年齡、身心發展特質、經驗等扮演「亦師亦友」的角色，在學習過程中以嚴師的角色，引導學生學習，汲取各種知識，在生活上以朋友、兄長的角色，讓學生得到生活上的輔導。

六、關懷接納的師生關係

現代化的師生倫理關係，重視溫暖、關懷與接納。教師以「理性」、「關懷」、「熱心」等引導刺激學生內在的動機及興趣，讓學生從學習過程中感受學習上的樂趣與自我肯定的情懷，以達到自我實現境界。其次，運用團體動力學原理，製造各種有利於學習的環境氣氛，培養良好的團體規範，讓學生認同團體的價值與規範。

伍 結論

時代的快速變遷，使各個層面出現巨大的改變，同時使傳統校園師生倫理關係遭遇全所未有的挑戰。民主浪潮與教育改革的呼聲幾乎響徹雲霄，校園體系重建的呼籲聲，使得校園師生倫理關係毫無選擇地必須有所因應與調適。師生關係的辯與變從絕對權威到專業權威、從單向灌輸到雙向互動、從教育匠到教育專業、從師道尊嚴到恕道謙虛、從專斷對立到尊重接納、從絕對盲從到相對期望的改變，正指出現代化教師應該有所為有所不為。傳統有傳統的優點與缺失，現代化有其特色與限制，在傳統與現代化之間如何取得平衡正是現代化教師應該不斷思考的議題。有為的教師應該堅持傳統教師的價值觀，胸懷永恆的教育愛、無我的職業觀、無為的人生觀與真善美的操守。在師生倫理關係上以專業權威、人本思想、動態彈性、自由自律、亦師亦友、關懷接納等精神，才能扮演一位具有魅力的現代化教師。

參考資料

中文部分

尹玫君（民 *87*），遠距教學的教學者。載於國教之友，*550* 期。

方炳林（民 *65*），普通教學法。臺北：教育文物出版社。

方郁琳（民 *86*），主要的教學方法。載於國立空中大學出版，教學原理。

方德隆（民 *84*），教育的社會學基礎。載於王家通主編教育導論，頁 *151-182*。

王文科（民 *85*），有效的班級經營模式。載於教育實習輔導，二卷，三期，頁 *3-8*。

王秀玲（民 *77*），蓋聶教學理論之研究。國立臺灣師範大學教育研究所碩士論文（未出版）。

王秀玲（民 *86*），主要教學方法。載於黃政傑主編，教學原理。臺北：師大書苑。

王培光（民 *83*），教學與輔導。載於國立空中大學，教育概論。

王秋絨（民 *80*），批判教育論在我國教育實習制度規畫上的意義。臺北：師大書苑。

王瑞賢（民 *85*），追求安靜的教室生活－教師潛在教育學分析。教育研究資訊，*4(4)*，頁 *1-12*。

王連生（民 *67*），人文心理學在國小學童輔導上的應用檢討。嘉義師專學報第八期。

朱敬先（民 *87*），教學心理學。臺北：五南。

朱則剛（民 86），教學的心理學基礎。載於國立空中大學出版，教學原理。

伍振鷟（民 80），教育哲學。臺北：師大書苑。

李咏吟（民 75），教學原理。臺北：遠流。

李咏吟、單文經（民 84），教學原理。臺北：遠流。

李咏吟（民 88），如何在學校落實因材施教—多元智慧教學的應用。載於國立臺灣師範大學印行，地方教育輔導叢書第十四輯，啓發多元智能論文選集。

李隆盛（民 85），教學生解決問題。載於學習與成長（九）。臺灣省政府教育廳。

李德高（民 78），心理學。台北：五南。

吳清山等（民 81），班級經營。台北：心理出版社。

吳裕益（民 85），布魯納的教學理論。載於黃光雄主編，教學理論。高雄：復文。

吳鐵雄（民 78），電腦輔助教學的教育層面。載於中國教育學會主編，有效教學研究。台北：臺灣書店。

沈　六（民 85），郭爾堡的教學理論。載於黃光雄主編，教學理論。高雄：復文。

林生傳（民 79），新教學理論與策略。臺北：五南。

林進材（民 84），教育理論與實務－課程與教學。臺北：商鼎。

林進材（民 86），國民小學教師教學思考之研究。國立臺灣師範大學教育研究所博士論文。

林進材（民 86），教師教學思考－理論、研究與應用。高雄：復文。

林進材（民 88），教學理論與方法。臺北：五南。

林進材（民 88），教學研究與發展。臺北：五南。

林清山（民 77），布魯納的教學理論。載於黃光雄主編，教學原理。臺北：師大書苑。

林清山、張春興（民 75），教育心理學。臺北：東華。

林清山（民 *75* ），教學的心理學基礎。中國教育學會主編：有效教學研究。臺北：臺灣書店。

林清山譯（民 *80* ），教育心理學－認知取向。臺北：遠流出版社。

林清山（民 *86* ），有效學習的方法。教育部輔導計畫叢書第三十二輯。

林清江（民 *84* ），教育社會學。臺北：五南。

林寶山（民 *74* ），「老師，再見」－凱勒計畫簡介。國立高雄師範學院，教育文粹， *14* 期，頁 *172-174* 。

林寶山（民 *75* ），凱勒氏個人化系統的教學理論。載於中國教育學會主編，有效教學研究。臺北：臺灣書店。

林寶山（民 *77* ），個別化教學之理論與實際。臺北：五南。

林寶山（民 *79)* ，教學原理。臺北：五南。

林寶山（民 *87* ），教學原理與技巧。臺北：五南。

林朝鳳（民 *84* ），啓發教學法。載於黃光雄主編，教學原理。臺北：師大書苑。

周愚文（民 *84* ），多元化的教學方法。黃政傑主編。臺北：師大書苑。

金樹人（民 *77* ），角色扮演。載於黃光雄主編，教學原理。臺北：師大書苑。

徐宗林（民 *75* ），現代教育思潮。臺北：五南。

施良方（民 *80* ），學習理論。高雄：復文。

徐南號（民 *64* ），普通教學法。自印。

高強華（民 *77* ），設計教學法。載於黃光雄主編，教學原理。臺北：師大書苑。

高廣孚（民 *78* ），教學原理。臺北：五南。

郭玉霞（民 *83* ），準教師的思考與師資教育。教育研究， *38* 期，頁 *37-47* 。

郭玉霞（民 *86* ），教師的實務知識。高雄：復文。

郭俊賢、陳淑惠（民 *88* ），多元智慧的教與學。臺北：遠流。

孫仲山（民 *85* ），師生互動的教學理論。高市文教， *57* 期，頁 *37-41* 。

孫邦正（民 *74* ），教育概論。臺北：商務印書店。
張秀雄（民 *83* ），自我導向學習初探。載於成人教育， *17* 期，頁 *42-48.*
張春興（民 *81* ），現代心理學。台北：東華。
張春興（民 *81* ），張氏心理學辭典。臺北：東華。
張鈿富（民 *81* ），教育專業問題與展望。載於中華民國師範教育學會主編，教育專業。臺北：師大書苑。
張新仁（民 *80* ），有意義的學習理論。載於張壽山主編，學習理論與教學應用。臺灣省政府教育廳。
張新仁（民 *84* ），教學原理與策略。載於王家通主編，教育導論。高雄：復文。
張新仁（民 *85* ），蓋聶的教學理論。載於黃光雄主編，教學理論。高雄：復文。
黃光雄主編（民 *77* ），教學原理。臺北：師大書苑。
黃光雄主編（民 *81* ），教學原理。臺北：師大書苑。
黃光雄主編（民 *85* ），教學理論。高雄：復文。
黃光雄（民 *85* ），課程與教學。臺北：師大書苑。
黃政傑、李隆盛（民 *82* ），班級經營。台北：師大書苑。
黃政傑編譯（民 *78* ），讓孩子完全學習－布魯姆論教育。臺北：師大書苑。
黃政傑（民 *80* ），課程設計。臺北：東華。
黃政傑、林佩璇（民 *85* ），合作學習。臺北：五南。
黃政傑主編（民 *86* ），教學原理。台北：師大書苑。
黃炳煌（民 *76* ），教學目標的內容分析。載於中華民國教育學會主編，教學研究論文集。臺北：南宏。
黃瑞琴（民 *83* ），質的教育研究法。台北：心理。
黃德祥（民 *84* ），青少年發展與輔導。臺北：五南。
黃富順（民 *78* ），成人的學習理論。臺北：五南。
郭丁熒（民 *86* ），教師權力類型、學生參與心態與學生學校適應行為關係之研究。國立臺灣師範大學教育研究所碩士論文。

郭丁熒（民 *86* ），教學的社會學基礎之探討，載於國立臺南師範學院初等教育學報，第十期，頁 *211-245* 。

郭丁熒（民 *87* ），教師進修教育的理論與實踐。載於中華民國師範教育學會主編，教師專業成長－理想與實際。臺北：師大書苑。

郭生玉（民 *78* ），教學的人本心理學基礎，載於中國教育學會主編，有效教學研究。台北：五南。

郭諭陵（民 *82* ），前階組織的理論與實際。載於研習資訊， *10* 卷， *1* 期。

單文經（民 *77* ），道德討論教學法。載於黃光雄主編，教學原理。臺北：師大書苑。

單文經（民 *81* ），美國教師教學專業化的發展現況。載於中華民國師範教育學會主編，教育專業。臺北：師大書苑。

陳伯璋（民 *74* ），哈伯瑪斯「批判解釋學」及其對課程研究的啓示。國立臺灣師範大學教育研究所集刊。

陳伯璋（民 *79* ），教育研究方法的新取向－質的研究方法。台北：南宏。

陳月華（民 *74* ），角色扮演對國小兒童的輔導效果之研究。國立臺灣師範大學心理與輔導研究所碩士論文（未出版）。

陳啓明（民 *75* ），斯金納的行爲主義學說及其在教育上的意義。國立臺灣師範大學教育研究所碩士論文（未出版）。

陳啓明（民 *77* ），斯金納的教學理論。載於黃光雄主編，教學原理。臺北：師大書苑。

陳龍安（民 *77* ），創造思考教學的理論與實際。臺北：心理出版社。

陳奎憙（民 *80* ），教育社會學研究。臺北：師大書苑。

陳美玉（民 *85* ），教師專業實踐理論與應用。臺北：師大書苑。

詹棟樑（民 *78* ），赫爾巴特教育思想之研究。臺北：水牛出版社。

楊深坑（民 *77* ），理論、詮釋與實踐。臺北：師大書苑。

溫世頌（民 *78* ），教育心理學。臺北：三民書局。

潘裕豐（民 81 ），國小批判思考教學效果之實驗研究。國立臺灣師範大學特殊教育研究所碩士論文（未出版）。

樊春雪、陳慧娟（民 86 ），自然科學的教與學。載於林清山主編，有效學習的方法。教育部輔導計畫叢書第三十二輯。

歐用生（民 77 ），價值澄清法。載於黃光雄主編，教學原理。臺北：師大書苑。

歐用生（民 78 ），質的研究。臺北：師大書苑。

盧雪梅編譯（民 80 ），教學理論－學習心理學的取向。臺北：心理出版社。

韓幼賢（民 76 ），心理學。台北：中央圖書出版社。

謝水南（民 85 ），斯金納的教學理論。載於黃光雄主編，教學理論。高雄：復文。

簡紅珠（民 81 ），教學研究的主要派典及其啓示之探析。高雄：復文。

簡紅珠（民 85 ），陶倫斯的教學理論。載於黃光雄主編，教學理論。高雄：復文。

簡紅珠（民 85 ），國小專家與新手教師的班級經營管理實作與決定之研究。載於教育研究資訊，四卷四期，頁 36-48 。

蕭錫錡、陳聰浪（民 85 ），自我導向學習在教師專業發展上之應用。載於成人教育， 34 期，頁 32-37 。

羅明華（民 84 ），教師效能與有效學習。學生輔導通訊， 38 期，頁 85-93 。

英文部分

Apple,M.(1990). Ideology and curriculum,London ： RKP.

Ashton,P.(1984). Teacher efficacy : A motivational paradigm for effective teacher education. Journal of Teacher Education,19(5).

Ausubel,D.P.(1969). Readings in school learning. New York ： Holt,

Rinehart and Winston.

Ausubel,D.P., Novak,J.D., & Hanesian,H.(1978). Educational psy-chology ： A cognitive view. New York ： Holt, Rinehart and Winston.

Bandura,A.(1977). Social learning theory. Englewood Cliffs, NJ ： Prentice-Hill.

Beavis,R., & Weatherley,C.(1980). Workshects and school learning. Scottish Counal for Educational Technology. ED211 103.

Berger,P., & Luckman,T.(1966). The social construction of Reality. Garden City.NY ： Doubleday.

Berliner,D.C.(1983). Development conceptions of classroom environments ： Somelight on the T in classroom studies of ATI. Educational Psychologist,18,1-13.

Block,I.H., & Anderson,L.W.(1975). Mastery learning in classroom instruction. N.Y. ： Macmillan Publishing Company.

Bloom,B.S.(1968). Mastery learning. U.C.L.A.-C.S.E.I.P. Evaluation Comment,1,(2).

Bloom,B.S.(1976). Human characteristic and school learning. N.Y. ： McGraw-Hill.

Bloom,B.S. et al(1965). Taxonomy of educational objectives ： Handbook 1 ： cognitive Domain. New York ： David Mckay.

Block,J.H.(1971). Master learning ： theory and practice. New York ： Holt, Rinehart and Winston.

Bodgam, BC., S. K. Biklen (1982). Qualitative research for education methods. Boston ： Allyn and Bacon.

Brockett,R.G., & Hiemstra, R.(1985). Bridging the theory practice gap in self directed learning. In S.Brookfield(Ed.). Self-directed learning ： From theory to practice. Washington ： Jossey Bass Inc.

Brophy, J. E. (1991). Advance in research on teaching. Greenwich, CJ.,

JAI.

Brophy, J. E., & Good, T. L. (1986). Teacher behavior and student achievement. In M. C. Wittrock(Ed.), Handbook of research on teaching(3rd ed.). New York ： Macmillan.

Bruner,J.S.(1960). The process of education. Cambridge ： Harvard University.

Bruner,J.S.(1966). Toward a theory of instruction. Cambridge ： Harvard University.

Casteal,J.D., & R.J.Stahle(1975). Value clarification in the class-room-A primer. California ： Goodyear.

Calderhead, J. (1981). A psychological approach to research on teachers' classroom decision making. British Educational Research Journal, 7. 51-57.

Calderhead, J. (1987). Exploring teachers' thinking. London ： Cassell Educational Limited.

Calderhead, J., & Robson, M.(1991). Images of teaching ： Student teachers' early conception of classroom practice. Teaching & Teacher Education. 7(1),1-8.

Carely,S.(1986). Cognitive science and science education. American Psychologist,41(10),1123-1130.

Clark, C. M., & Peterson, P. L. (1986). Teachers' thought process. In M. C. Writtrock(Eds), Handbook of research on teaching(3rd ed). New York ： Macmillian Publishing Company.

Clandinin, D. J. (1986). Classroom practice ： Teacher images in action. London ： The Falmer Press.

Cronbach,L.J.(1977). Educational psychology. New York ： Harcourt Brace Jovanovich.

Corno, L., & Edelstein, M. (1987). Information processing models. In

M. J. Dunkin(Ed.), The international encyclopedia of teaching and teacher education. Oxford : Pergamm.

Cruickahank,D.R.,Bainer,D., & Metcalf,K.(1995). The act of teaching. New York : Longman.

Doyle, W. (1978). Paradigm for research on teacher effectiveness. In L. S. Shulman(Ed.), Review of research in education. Itasca, IL : F.E. Peacock.

Doyle,W.(1990). Classroom organization and management. In W. R. Houston(Ed.). Handbook of research on teacher education. New York : MacMillon.

Davis,I.K.(1981). Instructional technique. N.Y. : McGraw-Hill Book Company.

Dony,W.(1978). Paradigms for research on teacher effectiveness. In L. S. Shulman(Ed.), Review of research in education. Itasca, IL : F.E. Peacock.

Driscoll,M.P.(1994). Psychology of being for instruction. Needham Heights, MA : Ally & Bacon.

Dunkin, M. J., & Biddle, B.(1974). The study of teaching. New York : Holt, Reinhart, & Winston.

Elbaz, F.(1983). Teacher thinking : A study of practical knowledge. New York : Nichols Publishing Company.

Elbaz, F.(1986). Teacher thinking : A study of practical knowledge. New York : Nichols Publishing Company.

Ericcson, K.A., & Simon, H.A.(1980). Verbal reports as data. Psychological Review,87,215-251.

Erickson, F.(1986). Qualitative methods in research on teaching. In M.C.Wittrock(ed). Handbook of research on teaching(3rd ed). New York : Macmillam.

Ennis,R.H.(1985). A logical basis for measuring critical thinking skills Educational Leadership,43(2).44-48.

Feman-Nemser,S.(1983). Learning to teach. In L.Shulamn & G. Sykes (ed.). Handbook of teaching and policy. New York ：Longman.

Freidson, E.(1986), Professional powers ：A study of the institutionalization of Formal knowledge. IL:The University of Chicago Press.

Frojen,Y.A.(1993). Classroom management ：The reflective teacher. New York ：Merrill.

Gage, N. L.(1963). Perface. In N. L. Gage(Ed.), HandBook of research on teaching. Chicago ：Reandx Mcnally.

Gage,N.L.(1978). The scientific basis of the art of teaching .NY ：Teacher College Press, Columbia University.

Gage, N.L.(1989). The paradigm wars and their aftermath ：A "Historical" sketch of research on teaching since 1989. Teachers College Record, 91(2), 135-150.

Gagńe,R.M. & Briggs,L.J.(1974). Principles of instructional design. New York ：Holt, Rinehart & Winston.

Gall,M.D., & Gillett,M.(1981). The discussion method in classroom teaching. Theory into Practice,19.pp89-103.

Gardner, H.(1983). Frames of mind:the theory of multiple intelligences. New York ：Basic Books.

Gardner, H.(1991). The unschooled mind:How children think and how school should teach. New York:Basic Books.

Green,T.F.(1971). The modes of teaching. New York ：MacGraw,Inc.

Groff,P.(1974). Some criticisms of mastery learning. Today's Education,63.

Grossman, P. L., Wilson, S. M., & Shulman, L. S. (1989). Teachers of substance ：Subject matter knowledge for teaching. In M. C.

Reynolds (Ed.). Knowledge base for the beginning teacher. Uxford：Pergamon.

Guba, E.G.(1978). Toward a methodology of naturalistic inquiry in educational evaluation. L. A.：University of California, Center for the Student of Evaluation.

Guba,E.G. & Lincoln,Y.S.(1988). Do inquiry paradigms imply inquiry methodologies？In.D.M.Fettman(Ed), Qualitative Approaches to evaluation in education, NY：Greenwood Press.

Guskey,T.R.(1985). Implementing mastery learning. Belmont,CA：Wad sworth Publishing Company.

Hall,K.A.(1981). New technology in education. The Encyclopedis of Educational Research.(5ed.)353-363.

Joyce,B.m & Weil,M.(1980). Models of teaching. New Jersey, Englewood Cliffs,NJ：Prentic Hall Inc.

Keller & Sherman(1974). The Keller lan handbook. Menlo Park, CA：W.A. Benjamin,Inc.

Knoles,M.S.(1975). Future shock. New York：Combridges.

Kohlberg,L.(1969). Stage and sequence：The cognitive developmental socialization. In D. Goslin(ed.)Handbooks of socialization theory and research. Chicago：Rand McNally.

Kohlberg,L.(1972). A cognitive developmental approach to moral education：The claim to moral adequacy of a highest stage of moral judgement. In The Journal of Philosophy.70(18).

Kohlberg,L., & Turiel,E.(1971). Moral development and moral education. In Gerald,S.L.(Ed.)Psychology and educational practice. Illinois：Scott, Foreman and Company.

Kyriacon,C.(1988). Effective teaching in schools. Oxford：Basil Blackwell Ltd.

Lortie, D. (1975). School teacher ： A sociological study. Chicago ： The University of Chicago Press.

MacKay, A.(1982). Project Quest ： Teaching strategies and pupil achievement. Occasional Paper Series. Center for Research in teaching, Faculty of Education. University of Alberta, Edmonton, Alberta,pp42-44.

Macmillan, C. J. B., & Garrison, J. W. (1984). Using the "new philosophy of science" in criticizing current research traditions in education. Educational Researcher, 13(10), 15-21.

Mahnaz, M. (1994). An experienced teacher's model of thinking and teaching ： An ethnographic study on teacher cognition, Paper presented at the Annual Meeting of the American Educational Research Association.(New Orleans, LA, April L4-8ED376 152)

Mayer,R.E.(1987). The relationship between the beliefs and practice of two student teachers and factors influencing their development ： Two case studies. Unpublished doctoral dissertation. The Pennsylvania State University.

Mayer,R.E.(1992). Cognitive and instruction ： Their historic meeting within educational psychology. Journal of Educational Psychogy, 84 (4).405-412.

McCown,R.,Driscoll,M., & Roop,P.G.(1996). Educational psychology ： A learning-centered approach to classroom practice. Boston ： Ally & Bacon.

McGraw,L.(1987). An anthropologist in the classroom ： A case study of Chris, a beginning social studies teacher. Stanford, CA ： Stanford University, School of Education.

Medly.D.M.(1977). Teacher competence and teacher effectiveness ： A review of process-product research. Paper presented at American educational Research Association, Washington, DC.

Milroy,E.(1982). Role-play ： A practice guide. Abardeen University Press.

Nespor,J.(1985). The role of belief in the practice of teaching ： Final report of the teacher belief study. Austin, TX ： Research and Development Center for Teacher Education.(ERIC Document Reproduction Service No.ED279 446)

Novak,J.D.(1980). Applying learning psychology and philosophy of science to biology teaching. The American Biology Teacher, 43, 12-20.

Peters,R.S.(1966). Ethics and education. London George Allen and Unwin.

Porter,A.C. & Brophy,J.(1988). Synthesis of research on good teaching ： Insights from the work of the Institute for Research on Teaching. Educational Leadership,45,74-85.

Rainer,B.(1982). How to analyze routines in teachers' thinking processes during lesson planning. Paper presented at the Annual Meeting of the American Educational Research Association.(ERIC Document Reproduction Service NO.223 546)

Raths,L.E. et al.(1966). Value and teaching. Columbus ： Charles.

Richert,A.R., Wilson,S.M., & Marks,R.(1986). Knowledge growth in teaching ： Research in progress on beginning secondary teachers. Paper presented at the annual meeting of the American Educational Research Association, San Francisco.

Rogers,C.R.(1961). On becoming a person ： A therapist's view of psychology. Boston ： Houghton Mifflin.

Rogers,C.R.(1969). Freedom to learn ： A view of what education might become. Columbia ： Charles & Merrill.

Rogers,C.R.(1974). Can learning encompass both ideas and feeling？ Education,95,2,103-114.

Romiszowski,A.J.(1982). A new look at instruction design：Part II Instruction：integrating one's approach. British Journal of Educational Technology,13.

Rosenshine,B.V.(1971). Teaching behaviors and student achievement. London：National Foundation for Educational Research.

Ryam,K. & Cooper,J.M.(1988). Those who can, teach. Boston：Houghton Mifflin company.

Sampson,E.E(1975). Ego at the threshold. New York. NY：A Delta Book.

Sarson, S.B.(1982). The cultural of the school and the problem of change. Boston：Allyn and Bacon.

Scanlon,R.G.(1970). Individually Prescribed Instruction：A system of Individualized Instruction. Educational Technology 10,(12),44 -66.

Schon,D.A.(1983). The reflective practitioner. New York：Basic Books.

Schon,D.A.(1987). Educating the reflective practitioner. San Fran-cisco：Jossey-Bass Publishers.

Shaftel,F.R. & Shaftel,G.(1982). Role-playing for social values：Decision-making in the social studies. New Jersey：Prentice-Hall.

Shavelson,R.J.(1973). What is the basic teaching skill？ Journal of Teacher Education,24(2),144-151.

Shavelson,R.J.(1976). Teachers' decision making. In N.L. Gage(Eds.), The psychology of teaching methods, Seventy-fifth Yearbook of the National Society for the Study of Education, part 1.(pp.372-414). Chicago：University of Chicago Press.

Shavelson,R.J.(1983). Review of research on teachers' pedagogical judg-

ments, plans and decision. Elementary School Journal,83(4), 392-413.

Shavelson,R.J.(1987). Interactive decision making. In Dunkin,M.J. (Ed) The international encyclopedia of teaching and teacher education. Oxford : Pergaman.

Shavelson,R.J. & Stern,P.(1981). Research on teacher's Pedagogical thoughts, judgement, decisions, and behavior. Review of Educational Research, Winter,51,(4).455-498.

Shulman,L.S.(1986). Paradigm and research program in the study of teaching : a contemporary perspective. In Wittrock, M.C. Handbook of research on teaching(3rd.ed). New York : Macmillan Publishers Company, PP3-36.

Shulman,L.S.(1987). Knowledge and teaching : Foundations of the new reform. Harvard Educational Review,57(1),1-22.

Shulman,L.S., & Elstein,A.S.(1975). Studies of problem solving, judgement, and decision making : Implications for educational research. In F.N.Kerlinger(Ed.), Review of Research in Education, 3,5-42.

Siegler,R.S.(1986). Children's thinking. NY : Prentice-Hall.

Simon,S.B.(1972). Value clarification A handbook of practical strategies for teachers and students. Hart.

Skinner,B.F.(1987). The technology of teaching. Cliffs, New Jersey : Prentice-Hall.

Smith,B.O.(1987). Definitions of teaching. In M.J. Dunkin(Ed.). The international encyclopedia of teaching and teacher education. Oxford : Pergamon.

Snook,I.A.(1972). Indoctrination and education. London : Routledge and Kegan Paul.

Snow,R.E. & Lohman,D.F.(1984). Toward a theory of cognitive aptitude for learning from instruction. Journal of Education Psychology ,76,347-376.

Spradley,J.P.(1980). Participant observation. New York ： Holt, Rinehart, & Weinston.

Stenhouse,L.(1975). An introduction to curriculum. Research and development. London ： Methuen.

Taylor,S..et al.(1974). The effectiveness CAI. A paper presented at the Annual Convention of Association for Educational Data System.

Taylor,S.J., & Bogdan,R.(1984). Introduction to qualitative research methods ： The search for meanings. New York ： John Wiley & Sons.

Toffler,A.M.(1979). Future shock. New York ： Random House.

Tough,A.M.(1989). Self-directed learning ： Concepts and practice In C.J.Titmus(Ed.), Lifelong education for adults-An international handbook. New York ： Pergamm Press.

Torrance,E.P.(1959). Developing creative thinking through school experience. Paper presented to Minneapolis Teacher League.

Torrance,E.P.(1963). Education and the creative potential. Minneapolis ： University of Minnesota Press.

Torrance,E.P., & Goff,K.(1989). A quiet revolution. The Journal of Creative Behavior,23(2),136-45.

Veenman,S.(1984). Perceived problems of beginning teachers. Review of Educational Research,54,143-178.

Walker,P.(1988). The sociology of teaching. Jhon Wiley & Sons.

Washburne,C., et al(1926). The Winnetka public schools. Bloomington, Illinois ： Public School Publishing Company.

West,C.K.,Framer,J.A., & Wolff,P.M.(1991). Instructional design. N. J. ： Prentice-Hill.

Wlodkowski,R.J.(1985). Enhancing adult motivation to learn. San Francisco : Jossey-Bass Publishers.

Woods,P.(1983). Sociology and the school. London : Routledge and Kegan Paul.

Woods, P.(1986). Inside Schools-Ethnography in Educational research. London : RKP.

Woolfolk,A.E.(1995). Educational psychology. Needham Heights, MA : Allyn Bacon.

Yinger,R.J.(1977). A study of teacher planning : Description and theory development using ethnographic and information process methods. Unpublished doctoral dissertation. Michigon State University.

Yinger,R.J.(1980). A study of teacher planning. Elementary School Journal,80,107-127.

國家圖書館出版品預行編目資料

教學理論與方法／林進材著.
—二版.—臺北市：五南，2000［民89］
面；　公分.
參考書目：面
ISBN-13　978-957-11-2046-1（平裝）
1.教學法
521.4　　89010449

1IF3

教學理論與方法

作　　者 — 林進材(134.1)
發 行 人 — 楊榮川
總 經 理 — 楊士清
副總編輯 — 黃文瓊
責任編輯 — 劉瑋琦
出 版 者 — 五南圖書出版股份有限公司
地　　址：106台北市大安區和平東路二段339號4樓
電　　話：(02)2705-5066　傳　　真：(02)2706-6100
網　　址：http://www.wunan.com.tw
電子郵件：wunan@wunan.com.tw
劃撥帳號：01068953
戶　　名：五南圖書出版股份有限公司
法律顧問　林勝安律師事務所　林勝安律師
出版日期　1999年2月初版一刷
　　　　　2000年3月二版一刷
　　　　　2019年3月二版八刷
定　　價　新臺幣550元

※版權所有·欲利用本書全部或部分內容，必須徵求本公司同意※

凝煉知識品味閱讀